女人要懂
交际心理学

刘晓利◎编著

中国纺织出版社

内　容　提　要

女人的幸福是自己争取来的。现实中，一个没有良好人际关系的女人，即使有知识、有技能，恐怕也难有施展的空间。所以说，掌握一定的交际心理对一个女人来说尤为重要。

本书旨在提高女性的交际智慧，书中系统地阐述了语言沟通、形象塑造、办事策略、人情世故等多方面的心理知识，内容丰富，语言清新明快，侧重实用，希望能够帮助女性朋友认识自己的新定位，发挥女性的聪明与睿智，绽放生命的光彩。

图书在版编目（CIP）数据

女人要懂交际心理学 / 刘晓利编著. —北京：中国纺织出版社，2017.7（2018.6重印）
ISBN 978-7-5180-3529-8

Ⅰ.①女… Ⅱ.①刘… Ⅲ.①女性–心理交往–通俗读物 Ⅳ.①C912.1-49

中国版本图书馆CIP数据核字（2017）第082129号

责任编辑：闫　星　　特约编辑：王佳新　　责任印制：储志伟

中国纺织出版社出版发行
地址：北京市朝阳区百子湾东里A407号楼　邮政编码：100124
销售电话：010—67004422　传真：010—87155801
http://www.c-textilep.com
E-mail: faxing@c-textilep.com
中国纺织出版社天猫旗舰店
官方微博http://weibo.com/2119887771
三河市宏盛印务有限公司印刷　各地新华书店经销
2017年7月第1版　2018年6月第4次印刷
开本：710×1000　1/16　印张：18
字数：226千字　定价：36.80元

凡购本书，如有缺页、倒页、脱页，由本社图书营销中心调换

前言

"女子无才便是德",这样的思想已然过时,如今的女性已经不再是过去的"大门不出,二门不迈"的闺中女子,她们的生活真可谓丰富多彩,她们为众人呈现的是一种姿态万千、谈吐优雅、气质高贵的形象气质,可以说是集美丽、智慧于一身。可是如花般绽放的女性怎样才能把最有魅力的自己展现给大家呢?成功秘诀之一:拥有良好的人际,烘托自己的人气。一个人气旺盛、交际自如的女性定能大放光彩,赢取更多的掌声和支持。此外,女性想要在社会上站稳脚跟,在职场上节节高升,在生活中处处顺心,"交际心理学"是必不可少的资本。女人不懂交际心理学,就像没有武器的战士直接冲到战场上,不到一个回合就败下阵来,还要赔上身家。因此,女人一定要懂得不断提高自己的交际能力,增强自身的心理战略,这样才能在交际中处于主动。

没有一个女人是完全脱离他人而独自存在于这个社会上的,人要想生存就要和各种各样的人打交道。在交往中,有些女人如鱼得水,走到哪里都能左右逢源、大受欢迎;有些女人却不善交际,举步维艰,处处受阻。她们不知道如何打开交际之门,赢得真挚的友谊;她们见到不熟悉的人就会紧张,和别人说话时找不到彼此感兴趣的话题;她们遇到困难也不知如何求助,总是在自己的圈子里苦苦挣扎……这到底是哪里出了问题呢?其实,这一切都源自于她们不善于交际。

善于交际的女人更会了解对方的心理。一个会交际的女人,能读懂他人的微妙心思,也能从肢体和行为习惯中看穿他人的心理秘密,了解他人最真实的想法。塑造良好人际关系的一个必备本领就是识人。练就读懂人心的本

女人要懂交际心理学

领，你便可以知道何事可以为，何事需善于为。掌握人际间的法则，用微笑主动赢得他人的心，用信任和珍惜好好维护你与他人的情谊。

善于交际的女人更懂得人情世故的处理。一个会交际的女人，说话有技巧，办事懂人情。她们神采奕奕，舌绽莲花，见什么人说什么话，让口才为魅力加分；一个会交际的女人，精通各种人际交往的妙招，她们能迅速获得他人的好感，在各种场合长袖善舞、尽显魅力，开辟出人生的璀璨舞台。

善于交际的女人更懂得拿捏脾气和性格的分寸，从而获取好人缘。在职场中她们永远不会因为一件微不足道的小事而大发雷霆，也不会把某个人不经意的话语牢记在心。她们能够合理运用温和的方式去待人接物，可以完美地平定职场中的一切纷争，将碰到好人和好机遇的机会扩至几倍。

善于交际的女人更懂得保护自己，做人更大气。她们修炼交际心理学，为的是保护自己，惠及他人，而不是坑蒙拐骗，逢迎谄媚，为达目的降低自己的人品；她们不市侩，不为胸中几斤几两的算盘斤斤计较，而是要处处从大处着眼，才能成就大事。这样的女人豁达、洒脱，可亲、可爱。

......

作为女人，不要羡慕别的女人运气多么好，不要羡慕别的女人拥有的幸福多么多。与其整天生活在幻想中，不如自己用心去搏一搏，只要你付出了努力，你也会成为幸福女人中的一分子。做一个有心计、会交际的女人，你也可以轻而易举地获得梦寐以求的幸福。

无论是在悠然的午后，还是在宁静的夜晚，拿起这本书，每天读那么一点点，你就可以轻松地掌握最实用、最精髓的交际方法。当你读完这本书后，会发现人际交往并没有想象的那么难。本书本着简单实用的原则，以女性独特的视角，通过大量贴近生活的事例和精练的要点，针对不同的场景、不同的主题，生动而具体地讲述了提高办事能力的方法和技巧，但必须牢记，所办的事必须是正事，绝不是歪事、邪事。如果能够认真地领悟，并不断地实践，相信各位女性朋友一定能成为一名受欢迎的交际达人。

编者著

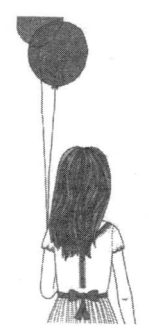

目录

第1章 交际心理学：一场人际交往的心理博弈 ·················· 1
    话不在多，关键要把话说到位 ································· 2
    管住自己的嘴，不搬弄是非 ····································· 4
    做个会说的人，先要学会倾听 ··································· 6
    学会称赞，让交际更顺畅 ··· 9
    对待优势，学会轻描淡写 ·· 11
    懂得察言观色，见机行事 ·· 14

第2章 塑造好形象：用女人的魅力赢取高人气 ·················· 17
    让魅力闪光，做最好的自己 ···································· 18
    拉近关系，做个有亲和力的女人 ······························ 20
    微笑，让你呈现最美的一面 ···································· 22
    切记点滴积累，感情投资很重要 ······························ 24
    好的形象，为你的交际成功加分 ······························ 27

第3章 掌握好手段：用好女性优势，拉近心灵距离 ··········· 31
    好的开始，离不开第一句话 ···································· 32

敢于承担责任的女人更受欢迎 …………………………………… 34
迎合对方的话题，从他喜欢之处谈起 …………………………… 37
主动认错，让关系更近一步 ……………………………………… 39
温柔一点，更能打动人心 ………………………………………… 41
感情需常常维护，才能坚定稳固 ………………………………… 44

第4章　办事讲策略：对症下药，没有办不成的事 …………… 47

求人办事，你要懂得巧妙变通 …………………………………… 48
软磨硬泡，感化对方帮助你 ……………………………………… 50
懂得感激，尊重为你办事的人 …………………………………… 53
看人说话，学会"区别对待" …………………………………… 55
激发对方的同情心，难题迎刃而解 ……………………………… 57
关注对方需求，用他人所需换取自己所愿 ……………………… 60

第5章　说话有分寸：小心言语伤人，点到为止即可 ………… 63

揭人短处，谁还愿与你交往 ……………………………………… 64
玩笑不可随便开，掌握分寸要牢记 ……………………………… 66
话该不该说，你清楚吗 …………………………………………… 69
不要急于开口，请三思而后言 …………………………………… 71
慎重对待他人的隐私 ……………………………………………… 74

第6章　话只说三分：保持好警惕，不可抛却一片心 ………… 77

话多之人要警惕，逢人只说三分话 ……………………………… 78
同情心不能随意泛滥，看清楚对象再行动 ……………………… 80
并非所有的人都适合听你发牢骚 ………………………………… 82
学会识人，避免在交际中上当 …………………………………… 84

关系再密切，也要顾及对方的脸面 ······ 87

适当收敛锋芒，免遭他人嫉妒 ······ 89

第7章 适度地伪装：大事不糊涂，小事不计较 ······ 91

小事不计较，大事不糊涂 ······ 92

太过精明，反招人反感 ······ 94

有心犯点小错，让人更亲近 ······ 96

学会装傻，做真正聪明人 ······ 99

适度伪装，更好地保护自己 ······ 101

第8章 交际的智慧：女人熟谙规则，才能左右逢源 ······ 105

好的开始，离不开美好的第一印象 ······ 106

伸出援手，就是帮助未来的自己 ······ 108

学会保护自己，远离损友 ······ 110

学会包容，让周围的环境更和谐 ······ 113

好脾气，交际成功的必备武器 ······ 115

做人没有诚信，何谈交际 ······ 118

第9章 人情早储备：扩大圈子，让身边多点贵人 ······ 121

热情待人，让更多人喜欢你 ······ 122

结交新朋友，建立新人脉 ······ 124

提升自我价值，扩大吸引力 ······ 126

圈子越大，身边的贵人越多 ······ 128

分享人脉，收获多倍资源 ······ 131

第10章　美妙的身体：从无声的语言窥探对方心理 ·············· 133
　　看懂眼神，才能猜透对方的心思 ····························· 134
　　想猜透人心，你会看人表情吗 ······························· 137
　　了解一个人，先看看他的穿衣风格 ··························· 139
　　说话方式反映一个人的性情 ································· 142
　　拥抱，拉近对方与你的距离 ································· 145
　　用握手来窥探对方的内心言语 ······························· 147

第11章　芬芳的友谊：女人与朋友交往相处的心理学 ·········· 151
　　礼尚往来，让情感更加牢固 ································· 152
　　懂得让步，才能更进步 ····································· 154
　　优势互补，让彼此共同进步 ································· 157
　　用你的温暖体贴打动对方 ··································· 159
　　你的想法，就是别人的想法吗 ······························· 161
　　先做朋友，交际将会容易得多 ······························· 163

第12章　做低调女人：掩去傲慢，不露锋芒才安全 ············ 167
　　低调一点，你会更强大 ····································· 168
　　与人交往，切忌狂妄自大 ··································· 170
　　自以为是，其实什么都不是 ································· 173
　　放低姿态，不做高冷女人 ··································· 175
　　懂得低头，才更有魅力 ····································· 177
　　谦逊有礼，切忌傲慢自大 ··································· 179

第13章　沟通心理学：女人与人保持愉快交谈的技巧 ·········· 183
　　举止优雅淡定，让魅力更闪光 ······························· 184

多鼓励他人，你将更受人喜欢……………………………………186

让你的善良打动更多的人………………………………………188

语言得体，沟通才能更愉快……………………………………191

积极沟通，人际交往更顺畅……………………………………193

口无遮拦，只会让你自毁前程…………………………………195

第14章　打开第六感：读懂周围人，别被假象所蒙蔽 …………199

读懂人心是一门社交技术活……………………………………200

识破他人谎言，巧妙避免欺骗…………………………………202

点滴细节，彰显真挚情感………………………………………205

看清一个人，需要的是时间……………………………………207

不要被第一印象迷惑了双眼……………………………………209

第15章　潜意识心理：聪明女人用暗示悄悄地影响他人…………213

巧妙暗示，让对方心领神会……………………………………214

给他人留面子，拒绝不要太粗鲁………………………………216

适当沉默让对方摸不透自己……………………………………218

有了好奇心，还怕话题没进展…………………………………221

巧用激将法，让对方顺着自己走………………………………223

努力成为对方喜欢的"自己人"………………………………225

第16章　人情留一线：给别人留面子，给自己留退路……………229

太刻薄，没人愿意与你做朋友…………………………………230

先赞美对方，你会办事更顺利…………………………………232

有理不蛮横，谦让一下又何妨…………………………………235

争一争，行不通；让一让，六尺巷……………………………237

　　主动化解干戈，避免拉起仇恨 …………………………………… 239
　　看破别说破，友情才能长留 …………………………………… 242

第17章　大胆秀自己：女人要敢于争抢，抓住机遇 …………… 245
　　放下身段，机会要靠自己争取 ………………………………… 246
　　提升气质，做个有内涵的女人 ………………………………… 248
　　积极改变，让自己更加闪光 …………………………………… 250
　　自卖自夸，让对方高看你一眼 ………………………………… 253
　　机会不是等来的，要敢于推销自己 …………………………… 255
　　走入他人心，混个脸熟很关键 ………………………………… 258

第18章　职场交际艺术：了解上下级，掌握沟通技巧 ………… 261
　　把成绩归功于上司，获得上司的好感 ………………………… 262
　　以讹传讹讨人厌，不做职场广播站 …………………………… 264
　　团结同事，但也不要忘记保持距离 …………………………… 267
　　注意察言观色，别撞到领导枪口上 …………………………… 269
　　用心爱护下属，赢取更多人的支持 …………………………… 272
　　批评下属，切忌简单粗暴的责骂 ……………………………… 274

参考文献 ……………………………………………………………… 277

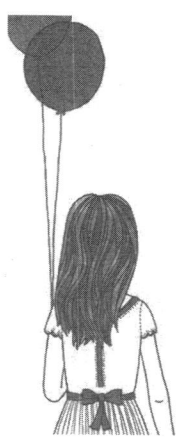

第1章　交际心理学：
一场人际交往的心理博弈

我们每天都要跟形形色色的人打交道，其实这就是一个交际的过程。同样是交际，有的人行走其中，相处得游刃有余；而有的人却处处碰壁，不知如何与人交往，一路走来可谓充满了"辛酸"。其实，当我们的人际交往被困扰，显得不顺畅时，这一切就会影响到我们的日常生活和工作，严重的话将阻碍我们一生前进的道路。所以说，想要在这个社会里站稳脚跟，请做一个会交际、善交际的人吧！

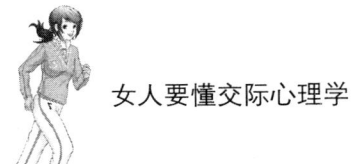
女人要懂交际心理学

话不在多，关键要把话说到位

正如莎士比亚所说：简洁是智慧的灵魂，冗长是肤浅的藻饰。一位气场强大的人说话绝不会拖泥带水，而是简洁精练。语言简洁是一个人果断性格的表现，是知识能力和思维能力高超的表现。言辞简洁，更能把话说到人心里。生活中，许多人喜欢在沟通上花费过多的时间，他们总是害怕对方听不懂、会误解，因此在与对方攀谈时总是不停地重复自己的话语，却不知这种累赘的重复，只会使沟通过于复杂。所以说，一个人想要在交际中站稳脚跟，关键是看你怎样把话说到点子上，说到人心里。

王江琦是一个喜欢说话的人。刚进一家公司，很多人会感觉生疏，但王江琦很快就能适应陌生的环境，见到同事主动打招呼，和同事在一起时也有说有笑，因此，同事都比较喜欢和她交往。但时间长了，同事们都有意地疏离她，王江琦当然感觉到同事对自己态度的转变，想了很久也想不出原因。

无奈之下，王江琦找到对自己比较好的老员工徐丽，王江琦对徐丽说："我平时和大家相处得很好，为什么现在大家都不愿和我聊天了？"徐丽对王江琦说："你难道没有觉察到自己的问题？你喜欢说话，对人也很热情，但大家和你说话都觉得很累。"王江琦不解地问："为什么啊？"徐丽说："你说话有时太过啰唆，明明很容易就能表达清楚的意思，你说了一大堆，别人理解起来很费劲，自然没有好感，当然不愿和你多交流，这不是浪费别人的时间吗！"

听了徐丽的话，王江琦无言以对，徐丽笑着说："你也不必太往心里去，从现在起注意改变一下说话方式，别人自会喜欢和你交往的。"经过徐

丽的一番开导，王江琦认识到自身的不足，努力改正缺陷。很快就克服了说话"天马行空"的缺点，同事们发现王江琦说话突然变得自信，再加上王江琦的性格本身就比较活泼，又都愿意和王江琦交往了。

"言不在多，达意则灵。"这一点对于女人来说尤为重要。无论在什么场合，女人在讲话的时候一定要力求做到言语不烦，字字珠玑，简练有力，使人不减兴味。倘若冗词赘语，唠唠叨叨，不得要领，必然令人生厌。由此可见，说话言简意赅，简洁明了，是多么的受人推崇。那么，如何才能做到这一点呢？

1.减少话语的重复

例如，许多人在好奇的时候常常会说："怎么回事怎么回事？"其实，一个"怎么回事？"就足以表达你的疑惑之情，为什么偏要多加一个呢？还有的人答应别人一件事情的时候，常常说："行行行……"一连说上好几个，其实，说一个"行"就足够了。如果你有这个毛病，还是改一下比较好。

2.说话顺序要明确

在表达一个观点的过程中，不光是靠那些文采卓越的话语，也要靠内在的逻辑去吸引人，这样才有深度。要较多地采用由近及远、由浅入深、由已知到未知的顺序安排。时间顺序最好按过去、现在、未来进行安排。这样沟通对方更容易理解。

3.把握好语气、节奏、声调

谈心时，语气要和缓、委婉，不能声色俱厉，咄咄逼人。和缓委婉的语气能冲淡对方的敌对心理，能给对方一种信任感、诚实感，不至于造成双方心理上的压抑，不至于激化矛盾。声调不要太尖锐。语言的节奏要有舒有急，有快有慢。

4.懂得概括

在沟通的过程中，为了让对方能够很快了解自己的说话意图，领会要领，往往要使用高度概括、十分凝练的语言，提纲挈领地把问题的本质特征描述出来，以达到一语中的、以少胜多的效果。概括就要学会分析形势，懂

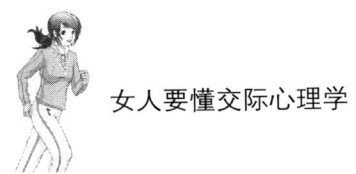

得抓住问题的关键，懂得运用极为精练的语言，当你能够很好地抓住这几个关键点，你的概括能力就会大大提升。

心理小贴士

老舍说："简练就是话说得少，而意思包含得多。"尤其在我们这个讲究效率的时代，千万不要用你的长篇大论来浪费彼此的时间，折磨别人的耳朵，简洁明晰地表达自己的观点才能收到更好的效果。所以说，把话说出境界之高，说出价值来，就需要简化语言，做到凝练，因为往往说话的精髓并不在"量多"，通常哪怕是寥寥数语，只要能打动人心，便真正达到了谈话的境界。

管住自己的嘴，不搬弄是非

一位著名的美学家曾经说过："要想成为一个有气质的优雅女性，就要千万注意，不可做一个长舌妇，不要陷入是非中。"静坐常思己过，闲谈莫论人非。爱说别人闲话不仅伤害他人，对自己也没一点儿好处，甚至会引起别人反感。这种有害无益的事情，还是不做的好。

周一早上，小梁刚到办公室，这时乔乔就神秘兮兮的凑了过来，还没等小梁缓过神来，乔乔就告诉了她一个惊人的秘密。乔乔说："小梁，你知道吗？我们的经理夫人是经理的小老婆哎！经理夫人当年不过是个打工妹，没学问，没背景，做着一些低级别的工作，还总想着傍个大款，于是就到婚介所登记了自己的名字，没想到真给她傍上了现在的经理，没什么本事就是有几分姿色罢了！经理之前的老婆可有气质了，又很能干，和经理一起奋斗，多年打拼成就了现在的公司，可惜啊，她不能生育，没办法分了家产离婚了，其实经理还是靠他大老婆才有今天的，他的大老婆比经理还厉害呢！现

第1章 交际心理学：一场人际交往的心理博弈

在的这个小老婆太逊色了！"小梁也没听说过这个消息，听得很兴奋，一点儿不亚于听哪个大明星的丑闻，女孩子总免不了会交流，于是小梁把这个消息告诉了她的好朋友小丽，小丽又转告给了她的朋友王艳，于是整个办公室都知道了这件事。

大家议论纷纷，终于被现在的经理夫人听见了，经理夫人很生气，于是她就找到了公司里的几位同事，问是谁散布的这个谣言，大家你推我，我推你，最后推到乔乔的头上。经理夫人把乔乔狠狠地批评了一顿，并将一封辞退信丢在乔乔面前："我们不养破坏公司和谐、散布流言和说是道非的人！像你这样没素质的人，不适合留在我们公司。"

乔乔无奈地收拾自己的东西走出公司，却没有一个人敢理她，生怕被连累。乔乔自己闯的祸，只能自食其果。

《伊索寓言》里早就阐述了这样一个道理，世界上最好的东西是人的舌头，因为它能言善辩。世界上最坏的东西也是人的舌头，因为事情往往总是祸从口出。因此，职场女性想要让自己远离办公室的纷争，就要懂得管好自己的舌头，千万不要让自己像乔乔那样，否则后果不堪设想。

那么，管住自己的嘴，做一个不搬弄是非的女人，需要做到哪些呢？

1.背后不说人坏话

有一句话叫作："谁人背后无人说，谁人背后不说人。"这话说得虽然有点绝对，却也揭示了一个事实，即大多数人或多或少都在背后说过别人。不过有一点，经常在背后说别人坏话的人，肯定不会受到欢迎。不管跟谁在一起，不要总是批评别人，不管那个人在不在场都不要这样去做，隔墙是否有耳，你了解吗？你会暗地里批评别人，他们也会这样去做，也许比你还狠，所以不要轻易的冒险。

2.说话之前想一想

比如可以问一问自己：这是真实的吗？真的需要讲吗？这样的闲话讲出来以后，会造成什么样的影响呢？等之类的问题，闲话也就扼杀在萌芽状态了。所以，无论是在什么样的情况下，背后说人闲话都会给别人造成巨大的伤害，不说别人闲话是一种做人的美德。

3. 学会尊重别人的隐私

尊重隐私，就是尊重人，每个人都应该把主要精力用在关心自己的发展、社会的发展上，而不要把兴趣放在他人的隐私上。尊重隐私，就意味着个人的行动要自重。对于女性来说，如果你想要得到别人的认可，那就先学会尊重他人吧，一个不懂得尊重他人的人是不会有好人缘的，交际的道路也会越走越窄。

4. 多花时间修养自己的品格

古话说，静坐常思过，闲谈莫论非。每一个女人都应该培养自己的这种修养，因为这是每一个女人都应该具备的最起码的素质。一个总爱说人闲话，搬弄是非的女人只能是一个满身俗气的女人。如果你的时间很充裕，那就去做一些有意义的事情修炼自己的品格吧，不要把时间浪费在说长道短的无聊中。

心理小贴士

无论在什么地方，都要管住自己的嘴，不要嚼舌根，不要到处搬弄是非。无论是毫无根据的谣言，还是他人的隐私，不要随便去打听，也不要随便去传播。闲聊的话题很多，闲聊也是惬意的，但容不得是非的搅和。如果在闲聊中招惹了是非，则是典型的没事找事，害人害己。

做个会说的人，先要学会倾听

很久以前，有一个小国派使者到中国朝拜，这名使者带来了3个一模一样的小金人，活灵活现，皇帝非常高兴。使者不仅送来了3个金人，而且还提出了一个问题："这3个金人哪个最有价值？"

皇帝想了很多办法，命人去称3个金人的重量，并且让能工巧匠去研究

第1章 交际心理学：一场人际交往的心理博弈

小金人的做工，但是比较了半天，也没发现这3个金人有任何差别，皇帝便着急了，心想天朝上国怎么能连小国的问题都答不出来。这时，有一位大臣站了出来，他准备了3根稻草，当稻草插入第一个金人耳朵里的时候，就从另外一只耳朵里出来了；当稻草插到第二个金人耳朵里的时候，就从嘴巴里出来了；当稻草插入第三个金人耳朵里的时候，就到了肚子里，再也没出来。大臣说："第三个金人最有价值。"

皇帝若有所悟，奖赏了大臣，使者听了皇帝的答案后也点头称是："真正有能力的人，是会倾听、会思考的人，而不一定是最能说的人。"

"上帝给人类两只耳朵，一张嘴，意思就是要我们多听少说。"懂得倾听，有时比会说更重要。在生活中，一个有魅力的女人一定是个好的倾听者，而不是那些整日东家长西家短，喋喋不休的人。在社交过程中，最善于与人沟通的高手，就是那些善于倾听的人。

陈哥下班回家后，兴致勃勃地对媳妇敏敏嚷道："媳妇儿，今天对于我来说不同寻常，下午的时候我们老板召见我，让我独自接手一项工作任务……"

陈哥话音未落，敏敏就急不可耐地说："哦，是吗？那就好。不过，现在你还是先去买一袋面粉吧，一会儿做饭等着用呢！"陈哥一脸无趣，无可奈何地去买面粉了。

吃晚饭的时候，陈哥忍不住又提起老板让他开发项目的事情，因为这是他第一次独立接受这么重大的任务，也是进公司以来第一次得到老板这么大的器重，所以，陈哥心里非常兴奋，又有点胆怯，渴望得到敏敏的理解与鼓励，更渴望敏敏能为他高兴。可是，敏敏却又一次打断了他的话："我说你别净想着自己的事好不好？儿子的成绩在倒退，你也该管一管了，你最好明天抽空去学校一趟，与他的班主任老师见个面，谈谈情况……"

于是，陈哥默默地吃完饭，然后闷闷不乐地坐到沙发上抽起烟来。从此，他在单位里不论遇到了什么事情，回家后再也不愿向敏敏倾诉了，他心里觉得很孤单。

很多女性因为生活的烦琐而忽视了倾听另一半的心声，其实这样对于婚

姻关系来说非常不利，会让彼此的距离越来越远。倾听可以让你感受到对方心底的声音，让你更了解对方；倾听可以给别人一种随和的感觉，还可以让别人感觉到你的真诚。倾听是我们每个人内心的需求，我们需要别人了解自己，需要朋友知心，最重要的就是需要对方的倾听与理解。

所以说，学会倾听，才能更好的交际。

1.听出对方全部的表达

听，就要听说话者所说的全部意义，而不是断章取义。仅仅听说话者在说些什么是不够的，积极地倾听要听出"弦外之音"，包括说话的感情和语气对他所说的内容的润色，也应当毫无遗漏地一一听进去。

2.倾听的心态要正确

一位著名心理学家说：好的倾听者，用耳听内容，用心"听"情感。倾听是一项技巧，是一种修养，是一门艺术，倾听并不是简单地听，而是全身心地投入、专注地听；它不仅仅是听听而已，还要借助各种技巧，真正听出对方所讲的事实、所体验的情感、所持有的态度。

3.目视对方，让对方把话说完

聆听时，必须看着对方的眼睛。人们在判断您是否在聆听和吸收说话的内容，是根据您是否看着对方来作出的。让人把话说完整并且不插话，这表明您很看重沟通的内容。人们总是把打断别人说话解释为对自己思想的尊重，但这却是对对方的不尊重。

4.倾听要给予对方一定的安慰和支持

倾听要适时进行鼓励和表示理解，谈话者往往都是希望自己的经历受到理解和支持，因此在谈话中加入一些简短的语言，如"对的""是这样""你说得对"等或点头微笑表示理解，都能鼓励谈话者继续说下去，并引起共鸣。当然，仍然要以完全聆听为主，要面向说话者，用眼睛与谈话人的眼睛作沟通，或者用手势来理解谈话者的身体辅助语言。

第1章 交际心理学：一场人际交往的心理博弈

> **心理小贴士**
>
> 话说多了，就会让人生厌，也容易"祸从口出"，这时，最好的办法是学会静心倾听。注意听，给人的印象是谦虚好学，专心稳重，诚实可靠；认真听，能减少不成熟的评论，避免不必要的误解；善于听，能让你拥有丰富的人脉资源。善于倾听的人与他人的关系基本上都很融洽，更何况，别人说的越多，我们了解的就越多。所谓"知己知彼，百战不殆"，倾听所带给我们的信息往往是最有价值的。

学会称赞，让交际更顺畅

心理学家威廉·詹姆斯说："渴望得到赏识是人最基本的天性。"是的，赞美能给他人带来成就感和自信心，是一种不可多得的拉近彼此距离的有效方法。无论对方是男女老少还是伟人或者平凡人，在听到真诚的赞美的时候，都会感到十分受用。赞美别人，就仿佛用一支火把照亮别人的心田，也照亮自己的心田，有助于发扬被赞美者的美德和推动彼此友谊健康地发展，还可以消除人际间的不和睦和怨恨。

周六早上九点，王美玉正在家里休息，接到了领导琳姐的电话：有时间吗？陪我逛街去吧。虽然琳姐的语调很平和，和蔼可亲，但王美玉也不好拒绝，毕竟琳姐是领导，可不是自己那些朋友。而且，王美玉作为琳姐身边的得力助手，自然不应该怠慢琳姐的盼咐。于是，她简单地收拾了一下，就出门了。

下车之后，王美玉走到商场门口，远远地，王美玉看见琳姐穿着白色圆领T恤，外套是黑色小西装，下身是最近流行的哈伦西裤，既像是职场丽人，又像是邻家姐妹，琳姐年纪并不大，三十岁左右。王美玉走近了一些，忍不

住惊呼："哎呀,琳姐今天穿得真漂亮!"然后指了指旁边的花儿,说道:"你瞧,把花儿都比下去了。"女为悦己者容,琳姐一听马上喜形于色:"哪里,这都是两年前买的,我还没怎么穿过呢,你觉得很好看吗?"王美玉兴奋地说:"当然了,但不是任何人都能穿出这样的气质,主要还是琳姐你人长得漂亮,如果是我穿起来,估计就是扔进人群里都找不出来。"琳姐听得心花怒放,边笑着,一只手已经主动地挽起了王美玉的手肘,如此亲密的动作让王美玉有点受宠若惊。

赞美是一门学问,巧妙地赞美别人,不仅会赢得对方的尊重,还会提高你在别人心目中的地位。只要是优点、是长处,对别人没有害处,你就可以毫无顾忌地表示你的赞美之情。因为它代表欣赏一个人的某个特点,并肯定这个特点。那么,赞美有什么技巧吗?

1.背地赞美效果更好

当直接赞美对方时,对方极可能认为那是应酬话、恭维话,这样效果并不能令对方有荣誉感,而只觉得这是上司对自己的一种安慰罢了。赞美若请第三者代为转达,效果便截然不同了。此时,当事者必认为那是认真的赞美,毫无虚伪,于是真诚接受,感激不已。

2.赞美的话说得明白一点

交往中,应从具体的事件入手,善于发现别人哪怕是最微小的长处,并及时进行赞美。赞美用语越翔实具体,说明你对对方越了解,也就代表你越看重他的长处和成绩。让对方感受到你的真挚、亲切和可信,你们之间的人际距离就会越来越近。

3.在赞美中传达你鼓励的话

用赞美来鼓励对方,能达到事半功倍的效果,尤其是"第一次"。无论任何人干任何事情,都有第一次的时候,如果对方第一次干得不好,你应该真诚地赞美一番:"第一次有这样的表现已经很不容易了!"别人会因为你的赞美而树立信心,下次自然会做得更好。

4.做到恰到好处

过度夸张不是赞美而是奉承。赞美令人高兴,奉承则令人尴尬,更令正

第1章 交际心理学：一场人际交往的心理博弈

直的人讨厌。对一个脸上有疤痕的女性说"你真漂亮"，那等于是在骂她丑八怪。对一个字写得七扭八歪的人说"你的字真漂亮"，他认为你不是在夸他，而是在损他，他不记恨你才怪呢。

5.自然而然的流露出你的赞美

会说英语的中国人遇到欧美人，往往会获得很高的评价，虽然你的英语水平很烂。西方国家直白而又夸张，随时随地的赞美别人已经成为一种习惯。一个资深经理在谈到如何激励员工时说，其实我用得最多的话就是"你真棒"，然后他们就都变得真棒了。所以，不要吝惜你的赞美，让自己形成一种喜欢赞美的习惯吧。

心理小贴士

对于女性朋友来说，学会赞美别人，可以给你带来远见卓识，可以让你拥有宽广的胸怀，这些是一个人走向成功必备的性格和修养素质，同时，学会赞美别人，可以使你获得真挚的友情，可以有很好的人际关系。俗话说，朋友多了路好走，此路不通还可以走彼路。

对待优势，学会轻描淡写

不知大家是否发现这样一个现象：当你比其他人优秀时，难免会遭到周围人的嫉妒，如果你不能适时地隐藏锋芒，则会给你的日常交际带来非常不利的后果。其实，这种事情是非常普遍的，但是懂得巧妙化解这种不利状况的人又有多少呢？生活中，更有一些女人在具备一定的优势之后，会变得目中无人，这样常常招致他人的反感，渐渐远离了人群，而她自己却不以为然，还认为是别人在嫉妒自己。其实，这类人需要做的就是淡化自己的优势，只有懂得淡化优势的人才能更好的淡化你身边的嫉妒。心理学认为，所

女人要懂交际心理学

谓淡化优势就是淡化忌妒：当自己明显比别人强时，你在感情上还是要和大家在一起，这样别人就不会再忌妒你了，从而认可你的努力以及依靠努力所取得的优势。

一次，张青和王云云在超市买东西，王云云在超市买了一袋包装干果后，在张青面前说："你们买的散装干果很多都是生虫子的，还是买包装的好。"

张青故作惊讶地回应："天哪，你不早说，我刚才还买了三斤呢，我看你试吃的时候说好，就买了，要知道，你可比我识货得多。"

王云云对张青的回应好像很满意，或许张青这么说满足了她的虚荣心。但其实那是张青对付她贬低别人抬高自己的一种方式。

张青心想："不就是想抬高你自己吗，我满足你。其实我心里很不高兴的，即使你买的是上等货，为什么你要事后才说我买的干果不好呢？"

还有一次，高考第二批本科各大院校上线的分数线公布时，王云云的儿子没有达到第一志愿的大学录取分数线，只能寄望去到第二志愿的大学。于是她就到处说第一志愿的大学只是一纸招牌，其实第二志愿的大学要好得多。其实明眼人都明白，如果王云云儿子考进了第一志愿的大学，她就不会这么说了。

如果一个女人总是喜欢不断强化自己的优势，那么她的人际关系就岌岌可危了。因为谁都会在自觉不自觉地强烈维护着自己的形象与尊严。假如你总是在别人面前显示你的高高在上，摆出一副无人可及的优越感，那么你就会无形中给他人带来一种蔑视感，随后排斥心理乃至敌意便会应运而生。

我们继续看一下下面这个案例：

谭丽丽是一家大公司的高级雇员。两年前，她还是这家公司的普通员工，与一大群姐妹做着最下层的基础工作。那时，她与众姑娘是"平起平坐"，大家情深意切，相互关心，相互爱护，生活可谓其乐融融。现在，她是高级雇员了，却感到极其空虚，大家都在疏远她，认为她是个怪物，不愿与她亲近。不在"大家庭"中的谭丽丽被姐妹开除了友籍，而且有些姑娘借一些穿着打扮来讽刺谭丽丽，不久这种讽刺升级为谣言和诋毁。

第1章 交际心理学：一场人际交往的心理博弈

谭丽丽失去了立足之地，不得不换到另一家公司。在那儿，她又开始从基层做起，但她却不知这次自己的命运将会如何，不知是否会旧难重演。

成熟的谷穗总是低着头。女人千万不要因具备了一定的优势就趾高气昂，否则，你将为此付出沉重的代价。只有学会了谦虚处世，淡化优势，时时将自己视为一个普通人，才不会因一些表面的东西而影响自身前进的脚步。那么，女人如何淡化自己的优势呢？

1.谈论优势时，态度要谦和

人处于优势自是可喜可贺的事。加上别人一提起一奉承，更是容易陶醉而喜形于色，这会无形中加强别人的嫉妒。所以，面对别人的赞许恭贺，应谦和有礼、虚心，不仅显示出自己的君子风度，淡化别人对你的嫉妒，而且能博得对你的敬佩。

2.多说"我们"，学会平摊彼此的成功

当你和同事一起被领导派出去办事，同事没办成，你却办成了。此时，如果你开口闭口都是"我"字，会让同事觉得很不舒服，所以，一定要多用"我们"，将成功的因素多归结为前面同事的努力所做的铺垫。这样能使同事感觉到心理的平衡，也会更加敬重你。

3.低调做人，高调做事

"高调做事，低调做人。"聪明的女人，从来都是低调内敛的，她们从不会自恃有才而骄傲自大，目中无人。"淡化优势"即在别人面前故意装傻，装糊涂，以此来掩盖自己的聪明才智，照顾到别人的自尊心，从而赢得他人的好感。

心理小贴士

俗话说"淹死的都是会游泳的"。之所以有这么一句俗语，是有一定道理的。很多时候，优势所在，正是危险所在，因为有所凭借的人往往会疏忽大意，从而遭遇危险。因此，有了优势，一定要善加利用。

🌸 懂得察言观色，见机行事

"出门观天色，进门看脸色。"观天色，可推知阴晴雨雪，携带行具，以不受日晒雨淋；看脸色，便可知其情绪。面部表情的色彩不同，人的情绪也不同。学会察言观色，是不可忽视的为人处世之道。知道情绪，便能善相处；善相处，便能心相通；心相通，便能达到一致。对于女性来说，想要在交际过程中更为顺利，我们不妨多学点儿察言观色的本事，一个懂得看人脸色的人才不会在谈话中说错话、做错事，才会把话说到人的心坎里。

杨勤在一家空调公司做销售，刚开始她并不懂得销售里面所蕴含的种种门道，因此总是处处碰壁。一次，杨勤来到一户人家做推销，进门时，正好看见家里一位五十多岁的大叔在清洗空调，便走上前说："叔叔，您家的空调时间太久了，您就是清洗干净也会影响使用的，而且不但费电对身体也不好！"

结果杨勤还没说完，这个大叔就非常不高兴地打断了她的话说："姑娘，你说这话我就不爱听了，我家的空调已经用四五年了，从来没有修过，而且无论制冷还是制热都非常好用，我们才不打算换新的呢！真是的，现在的人为了推销，什么招都想的出来。"听了那位大叔的话，杨勤只能无奈地走了。上班一个多月，杨勤一台空调也没推销出去，她觉得很苦恼。于是，她去找比她有经验、业绩很好的同事刘姐帮忙，结果发现他们在推销空调时，常常不会一个人说个不停，反而会先去观察对方，并根据对方的举止来判断对方的心思，之后再进行推销就容易多了。

从刘姐那里回来后，杨勤明白了很多，又来到了一户人家做推销，但是此时她没有急着说出自己的意思，而是仔细观察对方的一举一动，发现对方家中的空调经常出现空挡，而从外观上来看也用很久了，但对方却时不时走上前擦擦。于是杨勤对那家的主人说："阿姨，看来您对这台空调很有感情，一定是有什么令您怀念的事情吧！"

第1章　交际心理学：一场人际交往的心理博弈

那位妇人一听，立即说道："姑娘，你怎么看出来的呢？这台空调啊，是五年前我老公给我买的，我这人一到夏天特怕热，但是那个时候空调又很贵啊，我老公就攒了很久的钱给我买了这台空调！"

"阿姨是个幸福的人，您有一位如此爱您的丈夫！看来这空调的意义真是不小哦。"

"确实如此，但是毕竟也用了好多年了，我老公说看看换一台新的。"

这时，杨勤马上从口袋里拿出了自己公司的空调介绍，递给那位阿姨，说："如果您真的打算换一台的话我可以帮您推荐一下。"

终于，杨勤成功地推销出去了一台空调。

女人一定要记住，与人相处，就必须懂得看脸色行事，如果继续保持之前莽撞无知的个性，你很容易得罪人，也很难办成事情。因此，要学会察言观色，留意对方的表情，互谅互让，该进则进，该躲则躲，当止即止，就可避免许多不必要的纠纷，求得和睦相处。

那么，如何才能在交际中做一个察言观色、见机行事的人呢？

1.会"听话"

要学会察言观色，就首先要学会聆听，任何一句话，认真去听，都可能听出某些道理，不可能毫无价值。但是，我们常常不在乎这些道理，却斤斤计较于对方表达时的态度和语气。换句话说，我们不认真听对方在讲什么，却十分介意对方是怎么讲的。所以说，"听话"也要会听，否则难以琢磨对方的意图。

2.抓住"决定性瞬间"

任何一个人，对自己神情的掩饰，都不可能达到绝对的滴水不漏。关键问题是，你在对方错综复杂的神情变化中，能否准确判明哪一个变化是有决定性的。对于机智的人来说，其弥补失误的本领也是异常高超的，他不可能让你长时间地洞悉到他的破绽。

3.不要认死理

察言观色，重在见机行事，重在察言和观色同时进行，总体分析。和他人打交道，千万不要认死理，如果只认对方口头上说的话，或只认自己眼中

女人要懂交际心理学

所见的表情，这都会让你进入察言观色的误区，最终导致"死无葬身之地"的后果。

心理小贴士

　　有些人不管在什么样的人群当中，不管与什么样的人交往，都能表现得游刃有余，其原因就在于他们能从他人的言行举止当中捕捉到他们内心的变化。做到这一点对你而言，也许不那么容易，但是不必着急，慢慢地积累经验，你也会修成正果的。

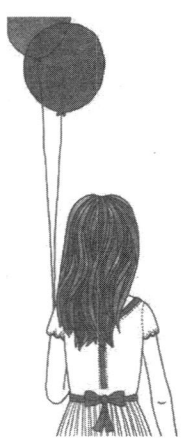

第2章　塑造好形象：
用女人的魅力赢取高人气

　　好的形象会给人带来很大的魅力，一个魅力四射的人也一定会拥有很高的人气。所以说，女人在交际中想要收获好的人缘，一定要让自己的形象气质不断为自己增分。那么该如何做呢？比如，不断完善自己，你就能让自己的魅力闪光；做一个有亲和力的人，你就能拉近彼此的关系；面带微笑，你的美丽将会感染更多的人；点滴积累平日的感情，关键时刻就会有人为你挺身而出……其实，塑造形象、赢取魅力的方法有很多，只要你善于发现，不断总结，你就能在交际中获取更高的人气。

🌸 让魅力闪光，做最好的自己

莎士比亚有一句名言："世界是一个大舞台，每个人都扮演一个重要的角色。"的确，一个人要想赢得家庭成员的尊重，就必须先明确自己在家庭中的角色；一个人要想在社会上取得成功，就必须要确定自己在社会上的角色。一个人只有正确认识自己，让自己做得更好，才能收获好的评价，才能用自己的魅力赢取更高的人气。所以说，女性朋友们一定要坚信，专心致志地做好自己的事，做最好的自己，你就能在不知不觉中超越众人，跨越平庸的鸿沟，在众人中脱颖而出。

很久以前，曾经有三只形貌相似的小鸟，它们一起出生，一起长大。等到羽翼丰满时，又一起飞出巢去，一起寻找安家立业的位置。

它们飞过了高山、河流和丛林，来到一座小山上。一只小鸟落到一棵树上说："哇，这里真好，真高。你们看，那成群的鸡鸭牛羊，甚至大名鼎鼎的千里马，都在羡慕地向我仰望呢。生活在这里，多满足多开心呀！"它决定在这里筑巢，不再飞走了。

另外两只小鸟却失望地摇了摇头说："你既然满足，就留在这里吧，我们还要到更高的地方去看看。"这两只小鸟继续着飞行旅程，它们的翅膀变得更强壮了，终于飞到了五彩斑斓的云彩里。其中一只小鸟陶醉了，情不自禁地引吭高歌起来，它沾沾自喜地说："我不想再飞了，这辈子能飞上云端，就很不错了。你不觉得已经十分了不起了吗？"

另一只劝说道："我们明明还有力量，还可以飞得更高更远，为什么现在就要停止呢？我们再到前面去看看吧。"云彩中的小鸟停下歌唱。不悦

地说:"管它前面还有什么美景呢?我能飞到这里来已经很开心了。要去你去吧。"

另一只无奈地说:"好吧,我坚信一定还有更高的境界。遗憾的是,现在我只能独自去追求了。"

说完,它向着太阳,飞速地翱翔而去……

最后,落在树上的成了麻雀,留在云端的长成了大雁,飞向太阳的则变成了雄鹰。

这三只小鸟象征着我们社会上不同的人群,这样的例子我们可以举出很多,在如今这个多元化的时代里,处处有实现自我、做到最好的自己的人。虽然他们没有高学历、没有好背景、不是富二代,但他们还是崭露头角、吸引大众,仅仅因为他们是实现了自我的人,他们让大家仰慕、惊叹、佩服。所以说,女性要想让自己的交际魅力不断闪光,那就先学着去完善自己,做最好的自己吧!

1.正确认识自己

把自己估计过高,会脱离现实,守着幻想度日,怨天尤人,怀才不遇,结果小事不去做,大事做不来,一事无成;把自己估计过低,会产生强烈的自卑感,导致自暴自弃,明明能干得很好的事,也不敢去试,最后抱怨终生。因此,认识自己非常重要。

2.发现自己的闪光点

每个人都有自己的优势,这一优势能为你指引前进的方向,而不至于南辕北辙。其实,正确认识自己不单单是要发现自己的优缺点,还要根据我们的"发现"来选择一条属于自己的道路,这才是成功的保障。

3.不断完善自己

不断努力完善自己,你就需要树立远大的目标,拥有一颗积极向上的心。明确的目标加上积极的心态,这是一切成功的起点。如果我们的目标确定了,其他的成功因素也会随时自动发挥作用,为我们的目标贡献力量。我们能在内心构思和信任什么,那么就能通过自己积极的心态去获取什么。

4.超越自己,做到更好

女人要记得超越自我、勇于创新,敢于向历史挑战,敢于向现在挑战,敢于向未来挑战,这是一种勇气,更是一种力量。只要我们用实际行动不断地努力,不断地超越自己,在自己的人生中创造出价值,取得更大的成功。当你的力量足够强大时,你的魅力也会不断提升,你在交际中也会越来越顺利。

> **心理小贴士**
>
> 上天绝不会亏待任何一个人,上天会给我们每个人无穷无尽的机会去充分发挥所长。只要我们能将潜能发挥得当,我们也能成为爱因斯坦。无论别人对我们评价如何,无论我们面前有多大阻力,只要我们相信自己,相信自己的潜能,我们就能有所成就。

拉近关系,做个有亲和力的女人

太阳与风争辩着谁的力量更大,争来争去没有结果。这时,一位老先生迎面走来,风就与太阳打赌,谁能让这位老先生脱下自己的外衣,谁就是最强的。

风得意地说:"我先来,我马上就能把他的外衣脱下来。"说罢,它开始往那位老先生身上猛吹,以为可以靠自己的力量把他的外衣吹掉。

可是,风吹得越猛烈,那位老先生反而将外衣裹得越紧。最后风放弃了,并扬言说谁也没法让那位老先生脱下自己的外衣。

太阳见风放弃了努力,就从云端探出头来,暖暖地照在那位老先生身上。很快,那位老先生就已经满头大汗,于是他就脱下了自己的外衣赶路。

太阳这时微笑着对风说道:"看到没有,不论何时何地,仁慈、友善终究是要比愤怒和暴力强大得多。"

第2章 塑造好形象：用女人的魅力赢取高人气

看完这则寓言故事，相信大家明白了很多。人与人交往，热情永远比冷漠更容易让人接受。你选择冷冰冰的对待别人，那你就得不到对方的喜欢；你选择用富有亲和力的热情对待别人，你的人脉将会越来越广。只有当我们把自己的内心换成太阳的态度时，我们才能用自己的魅力照耀这个世界。

我们再看下面这个例子：

杨燕现在是一家鞋厂的老板，可以说在这个行业混得非常好，很多人都对她赞不绝口。杨燕的一切全是自己多年打拼而来，可以说是白手起家。当年，她的公司还只是一家小小的作坊。五年前，杨燕办鞋厂时，只请了三个师傅和几个打工的小姑娘，杨燕支付的工钱不高，但是杨燕的特点是亲和力强，富有人格魅力，员工都愿意跟着她干。她不仅面容亲切，喜欢嘘寒问暖，而且在言谈上能够让员工感觉到她是一个值得托付和跟随的人，而杨燕也确实没有辜负员工的厚爱。如果员工家里有困难，杨燕会先支付一部分工资给他们应急，并经常跟他们谈心，及时疏导他们心理上的困难和矛盾。所以，那些身在异乡的师傅和打工小姑娘都把杨燕视为知己和朋友，愿意为她效力，即使加班加点也没有一句怨言，公司规模不断壮大，杨燕亲和力依旧，经常为员工举办生日会，还亲自去医院看望生病的员工，让手下的员工感受到了家庭的温暖，公司的凝聚力大大增强，发展必然蒸蒸日上。

杨燕的成功来自一群甘心为她努力卖命的员工，那么这些员工为何如此效力呢？主要因为杨燕是一位深得人心的领导，她能用自己的亲和力感化自己的员工，让他们感受到自己的温暖与真诚。这样的领导怎么可能不会在与员工的交际中受到欢迎呢？其实，如果你仔细看看，就会发现，凡是具有良好人际关系的人，几乎无一例外地都拥有很好的亲和力。亲和力就像冬天的火，能在人与人之间传送温暖和真情，把陌生的寒冰融化。亲和力能让人散发出一种独特的气质，促使双方产生和谐的交际氛围。

那么，怎样做才能让人感觉自己是一个有亲和力的女性呢？

1.与人交谈，多一点微笑

微笑之所以能感染人，是因为它是一种积极的象征，带着正能量和感召力，这也是每个人的本性中最不容拒绝的东西。如果你想要让自己具有亲和

力，那么就学着面带微笑吧。有句话不是这样说的吗？爱笑的人运气都不会太差。

2.做一个大度的人

女人要学着主动做一个善良、大度的人，懂得做到包容和谅解，这样你的人际关系就会越来越好，别人也会反馈给你更温暖的行动。比如，当出现问题的时候，如果你懂得主动做出一点让步，宽容地对待他人，对方也一定会为你的行为感动，你的善良和亲切的态度也会让对方佩服。

3.大智若愚是一种智慧

过分彰显自己的个性，会导致职场人失去其应有的亲和力。因此，不妨将自己的个性、聪明和才能适当收敛，做到有所保留。正如古语"难得糊涂"那样，表现得锋芒毕露，对自身亲和力的建立没有太多好处。当然，在工作中，还是应该尽量充分地展示工作能力。其间的度，需要大家好好把握。

心理小贴士

或许你在某一方面有过人之处，或许你在每一方面都普普通通，在与人交流的时候，不要抬高自己，也不要贬低自己，用你的亲和力去凸显你的诚恳和善良。只有这样，才能拉近人与人之间的距离，得到更多人的青睐。

微笑，让你呈现最美的一面

卡耐基是一位著名的人际关系大师，他曾经讲过这样一个故事：

威廉·史坦哈是纽约证券市场成功的一员，他说他年轻的时候是个讨人嫌的家伙，他脸上没有微笑，不受人们的欢迎。

第2章 塑造好形象：用女人的魅力赢取高人气

后来他决心在脸上展现开朗的、快乐的微笑。于是，在第二天早上梳头时，他对着镜子中满面愁容的自己下令说："你得微笑，把脸上的愁容一扫而光；现在立刻开始，微笑。"于是，史坦哈转过身来，跟他的太太打招呼："早安，亲爱的。"同时对她微笑，她怔住了，惊诧不已。史坦哈说："从此以后你不用惊愕，我的微笑将成为寻常的事。"

过了两个月，史坦哈每天早上都对妻子微笑。微笑改变了他的生活，两个月中他的家所得的幸福比以往一年还要多。

现在，史坦哈对大楼的电梯管理员微笑；对木楼门廊里的警卫微笑；对地铁的出纳小姐微笑。当他在交易所时，对那些从未见过他的人微笑。于是他发现每一个人都对他报以微笑。

是的，一个及时真诚的微笑，是与人交往的敲门砖。经常微笑会让人感觉很有亲和力，会让人感受到你积极阳光的一面，同样这种快乐的情绪也会传染给每个接触你的人。微笑不仅可以拉近你与陌生人的距离，同时也是欢迎新朋友的最好方式。一个喜欢微笑的人会让人感受到温暖，也会给人留下一个好的印象，多一点微笑，多一份美好。

晨晨大学毕业后只身来到北京。偌大的城市对于晨晨来说既是陌生的但又充满着说不出的兴奋，一直以来这里就是她梦想的所在地。随后晨晨就在北京安顿下来，开始了自己的求职生涯。晨晨在网上投了许多简历，有一天一家公司给她发来了面试的通知。让她高兴的是，她在众多竞选者中脱颖而出，被公司录取了。

工作后的一次偶然机会，晨晨问上司刘总，为什么会在那么多参加应聘的求职者中聘用她。刘总的回答有些出乎晨晨的意料："你的微笑感染了我，通过微笑，我能看到你有一种其他求职者所不具有的自信。"

晨晨在平常的工作中也总是一脸的微笑，无论是对上司还是普通员工，她都会用善意的笑容来面对大家，很快她就跟同事们打得火热了。

当然，对于女人来说，不仅在职场中需要微笑。在一切人际关系中我们的微笑都必不可少。无论你在什么地方，也无论你在做什么，微笑都是人与人之间最通用的语言，它能够消除人与人之间的隔阂，缩短你与他人的距

离，同时让你的社交形象熠熠生辉。

1.微笑可以化解矛盾

在恰当的时候、恰当的场合下，一个简单的微笑可以创造奇迹，可以使陷入僵局的事情豁然开朗，可以使刻骨的仇恨变得烟消云散。比如，两个死对头，有一天突然和好了，大家握握手，成了朋友，这就叫相逢一笑泯恩仇。

2.微笑可以营造好的形象

如果你每天都春风满面、笑容可掬，别人对你的感觉和印象一定会特别深刻，你就能获得巨大的魅力和良好的人缘。轻轻露齿一笑，能胜过千言万语，它还是"消除一切障碍的良方"。

3.微笑能开启你的好人缘

不要低估了一句话、一个微笑的作用，它很可能使一个不相识的人走近你，甚至爱上你，成为你开启幸福之门的一把钥匙，成为你走上柳暗花明之境的一盏明灯。有时候，"人缘"的获得就是这样"廉价"而简单。

> **心理小贴士**
>
> 真诚的微笑是交友的无价之宝，是人脉沟通的最好名片，是社交的最高艺术，是人们交际的一盏永不熄灭的绿灯。因此，无论你走到哪里，都要面带微笑，笑脸相迎。这样，你就会有颇丰的人生收获。

切记点滴积累，感情投资很重要

徐娇与米艾在一起工作了多年，是关系非常密切的朋友。徐娇在工作中非常的平凡，尽管已经有了八九年的工作经验，但是她依旧是一位普普通通的职员；而米艾能力很强，成绩突出，如今已是销售部经理。由于两个人在

第2章 塑造好形象：用女人的魅力赢取高人气

工作中没有什么来往，私底下也仅是点头之交。

曾经，米艾因为工作上出现了很大的失误，她在公司里的待遇一落千丈，一时间米艾立刻从公司的管理层掉了下来，成为了一名普通职工。祸不单行，米艾的父亲正好因为疾病去世。工作的失意、亲人的离去，这种种不幸让米艾难以接受，可以说是悲痛欲绝。

这时候，徐娇很同情米艾的境遇。在米艾父亲下葬的那天，徐娇主动过来帮忙。当时正是寒冬腊月，北风大作，其他人都躲进了屋里，只有徐娇一直在外面帮助米艾处各种事情。

徐娇的举动深深地感动了米艾，她没想到在此情况下是徐娇一直陪伴自己。真是患难见真情，觉得徐娇这时候的形象突然高大起来。从此，徐娇与米艾过从甚密，不管是工作还是生活，只要徐娇有需要，米艾就主动帮助她，她们的关系胜似姐妹。

一年以后，米艾在公司东山再起，因为作出突出的贡献，她重新当上了销售经理，不久又升任总经理。她忘不了徐娇在她患难时的帮助，就提拔徐娇为销售经理。

如果你拥有了好的人际关系，那你就不怕在社会上无法立足。但好关系的建立不是一朝一夕就能做到的，必须依靠平日情感的积累。"积土成山，风雨兴焉；积水成渊，蛟龙生焉。"只有通过不断的构建和巩固，人际关系才能牢固。情感投资，聚沙成塔。有了关系垫底，何愁求助无门？

刘华是一家服装公司的老板，是一个非常关心职工生活冷暖的好老板。有一次，员工李琛的妈妈生了病，急需一笔费用动手术，可是李琛的家境并不富裕，如今母亲患重病，他不惜放下工作，请假去四处筹钱给母亲看病。

刘华看到李琛心急如焚的样子，关切地询问："李琛，你最近怎么了？你家到底出什么事情了？我能帮上忙吗？有事情不要一个人扛着，记得公司还有这么多的同事，也许我们可以帮到你！"

李琛见老板如此诚恳，忍不住流了泪，并向刘华倾诉了实情，刘华一听，二话不说立即让财务给李琛预支两万元钱，并叮嘱李琛好好照顾妈妈，公司这边给他带薪请长假。这事让李琛对刘华感恩戴德，发誓一定一辈子对

公司忠心耿耿。

后来，由于市场竞争激烈，刘华的服装公司濒临倒闭。就在这时，李琛远在美国的一个好友杨哥打电话给李琛，让李琛帮忙找几个国内不错的项目，因为在美国服饰大集团担任要职的朋友即将被调回中国来负责开拓中国市场，寻找中国合作伙伴，并要注入一部分资金扶植几家有潜力的公司。李琛一听，赶紧说服杨哥把钱投给刘华的服装公司，杨哥让李琛好好考察一番后再决定，李琛便给杨哥讲起来几年前的往事："杨哥，你那时还在进修深造，我妈妈身患重病，若不是刘老板及时伸出援助之手……"

杨哥听了李琛的倾诉，不但给刘华的公司投资了一大笔资金，让其起死回生，还与刘华分享了大批新款服饰，提供了成套的设备，让其转亏为盈。

常言道："授人滴水之恩当涌泉相报。"人与人之间的感情在我们的生命中有着重要的位置，它甚至能够改变我们的人生轨迹。所以，我们要抓住每个人感情这条软肋，来经营自己的人脉，让更宽广的人际资源成为自己办事时的助力。

那么，女性朋友们，对于感情投资方面我们该注意哪几点呢？

1.感情投资要长期为之

俗话说："路遥知马力，日久见人心。"感情投资也一样，它不能急功近利，需要较长的时间才能得到回报，甚至没有回报。因为人与人之间的理解与信赖需要一个较长的过程，这个过程需要较长的时间去验证。因此，感情投资贵在真诚持久，需要一点一滴的去积累。

2.多分享给别人一点爱

曾经有学者这样概括天堂与地狱的区别——天堂里的人更爱别人，地狱里的人更爱自己。如果职场里的人都爱自己胜过爱别人，那么职场就是地狱。而你可以改变这种局面，成为受同事喜爱的小天使，只要你能爱别人胜过爱自己。

3.给他人一点特殊对待

人都希望别人重视自己，对待自己与众不同。因此，当你给别人一些异于常人的对待，稍多一点的好处，会引起对方的好感。赢得别人好感的一个

重要方法就是给人一些特殊的对待。这种特殊不在于利益的多少，只在于对方感觉你待他与众不同。

> **心理小贴士**
>
> 平时不屑往冷庙上香，临到办事时再来抱佛脚，恐怕再慈悲的菩萨也不会领这份情的。一般人总以为冷庙的菩萨不灵，所以才成为冷庙。其实英雄落难，壮士潦倒，都是常见的事。只要一朝风云际会，仍是会一飞冲天、一鸣惊人的。

好的形象，为你的交际成功加分

莎士比亚说："外在形象往往可以表现人格。"世界著名的服装心理学家高莱讲："着装是自我的镜子。"在人际交往中，一个人的外在形象在很大程度上反映了一个人的社会地位、身份、职业、收入、爱好，甚至一个人的文化素质及思想情感等非文化心理的非语言信息。所以说，女人想要在交际中获取好的印象，那就请记得塑造好自己的形象吧。

某公司的总经理助理王晨因出国深造而突然提出离职，在当时来说，想要迅速找到一个合适的助理并不是一件容易的事情，于是公司的人事部门决定从本公司选出一名优秀员工接替王晨的位置。可是选谁好呢？这时人事部的李姐就提出来一个好的建议：从行政部的那些年轻人里面挑一名优秀员工做助理。其实，总经理助理的职位听起来并不是那么诱人，但是有一点，对于年轻人来说是一个锻炼人的好机会。可以学到很多东西，认识一些重要的客户，积累一定的人脉资源，也能为将来提升为公司的部门经理奠定基础。因此，行政部的几个年轻人对此次选拔非常看重。

经过几天内部考核，大家选出了三个能力都还可以的员工，分别是顾曼

曼、陈静和王青。为了公平起见，人事部决定要通过最民主的方法，让大家投票选举。

选举的结果让大家颇为震惊，有九个人参加选举，其中竟然有七个选择了王青。为何有如此大的偏差呢？据同事们反映，在平日看来，王青总是给人带来一种非常认真、踏实、谨慎的印象，感觉她是一个非常认真做事的人，平日的穿着打扮和形象气质就是很好的体现。

其实，顾曼曼、陈静和王青是差不多一个时间段来到这个公司的，这几个女生的年龄相仿，能力都差不多，但是为何大家都"偏爱"王青呢？其实，主要是在工作领域，王青让人看起来比另外两个女孩成熟多了。王青从上班之后就一改学生时代的稚气，表现得非常职业化，每天上班都穿着一身职业装，用水晶发夹将长长的头发盘起来，脸上化着淡妆，工作的时候不苟言笑，给人一副干练高效的样子。大家觉得，王青的气质更适合担任总经理助理的职务，所以这一票都果断地投给了她。

顾曼曼是同事的"开心果"，她喜欢穿卡通衣服，是个十足的"小孩"，虽然工作了，但也没有改变之前的孩子气，连她的电脑屏幕都是蜡笔小新的图像，虽然能力是有的，但是平时跟着总经理，总让人觉得像是带着一个稚气未脱的孩子。而陈静是一个非常文静优雅的女生，举手投足间总是给人一种温婉动人的气质。陈静常常穿着一条过膝长裙，一头秀发披散到腰间，举手投足间都显露出一种优雅和温顺，大家觉得她不太适合从事助理这种忙碌繁杂的工作。显然，总经理助理这个职位是需要满足各种交际需求的，而顾曼曼和陈静形象上给人的印象已经不适合担任此职了。

那么，怎样在交际中让自己的形象为自己加分呢？

1.穿着要得体

穿着得体的人给人的印象就好，它等于在告诉大家："这是一个重要的人物——聪明、成功、可靠。"反之，一个穿着邋遢的人给人的印象就差。它等于在告诉大家："这是个没什么作为的人，他粗心、没有效率、不重要，不值得特别尊敬他，他习惯不被重视。"所以说，女人一定要根据不同的场合选择合适的装扮，让自己的外表不断为自己增光添彩。

2.对自己有一个好的认识

在交际过程中,如果你不能正确的认识自己,那你该如何与人相处呢?那你又给别人留下一个什么样的印象呢?所以说,只有正确认识自己才能实现更好的沟通。我们只有清楚地知道自己想做什么,能做什么,做了会付出什么,付出之后会得到什么,才能更理智地去面对人生中的多项选择。只有认识自我,才能开发出更大的自我潜能,从而升华自我,达到一个全新自我的境界。

3.热情的力量感染人

有些人对人缺乏热情,不论在什么场合,总是绷着脸,没有一丝笑容,给人一种冷冰冰的感觉,这种形象,自然也会让人望而却步。反之,在与人相处时谦和有礼、态度热情、和颜悦色,自然会给人留下和蔼可亲、平易近人的良好印象。

心理小贴士

一个拥有良好形象的女人,总是给人带来一种向上而又强大的力量,她也一定会有让人欣赏的人格魅力和人际吸引力。有良好自我形象的人,人们乐于与之交往,从而有着广泛的社交活动;相反,则缺朋少友,难以被人所接纳。

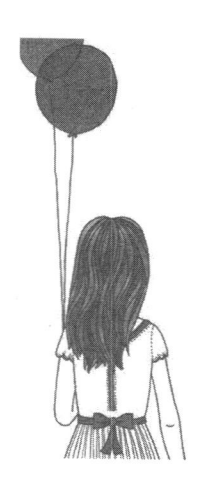

第3章　掌握好手段：
用好女性优势，拉近心灵距离

　　社交活动中，我们与人交谈，尤其是在初次见面时，最终能否达到沟通目的，取决于我们和对方心理距离的远近。善于社交的人，可以与对方一见如故，相见恨晚，赢得交际的主动；不善社交的人，只能导致四目相对，局促无言。那么，女人如何才能拉近与对方的距离，让交际变得更为顺利呢？本章我们将会为大家揭开谜底。

好的开始，离不开第一句话

艾小米是一家服装店的导购员。第一天上班时，走进来一位身材比较肥胖的女士。艾小米赶紧迎上去说："大姐，实在是不好意思啊，我们这里不卖孕妇服。"

"什么？你说谁呢？会不会说话啊？谁是孕妇？"女士很不高兴地瞪了她一眼。艾小米这才明白过来，赶紧解释说："大姐，不好意思啊，我看着你肚子那么大，我还以为怀孕六七个月了呢。"

这女士一听更生气了，大声说："你这人真行，不会说话就别说话，真是搞不懂了，就你这样还做导购呢？"说完气呼呼地走了。艾小米委屈地说："这位大姐怎么这样呢？脾气真是够大的，我不过说了几句实话而已，至于发这么大的火吗？"

艾小米是一名导购，作为导购就免不了要与各种各样的顾客打交道，因此，说话是非常核心的问题，案例中的艾小米不仅不会说好开头语，连基本的如何交流的问题都掌握不好，这样怎能留住顾客呢？连顾客都留不住，怎么创造业绩呢？

想要在交际中顺利的沟通下去，说好第一句话就显得尤为重要，如果开头就把人给得罪了，想必没人会愿意与你开展下文。

不仅是在社会交际中需要说好交谈的第一句话，和自己的亲人之间沟通的时候也要做到好好说话，把第一句话说好，这样彼此的感情才会更深厚。

阿龙最近在外面忙碌一些生意上的事情，但是不小心将随身携带的一万块钱弄丢了，他心里非常着急，本来家庭条件就不富裕，这一万元是妻子珍

珍辛辛苦苦、奔波忙碌攒下来的，想到这里，他不停地责骂自己，不知道该如何向珍珍交代。无奈之下，阿龙拨通了家里的电话，当珍珍接通电话后，阿龙支支吾吾地说："媳妇，我有点儿事要告诉你，我事情办得不太顺利，而且，还把那一万块钱给丢了。"

珍珍听了以后说："你不要着急，你最近在外面办事很辛苦也很麻烦，你的安全最重要，人没有丢就好，赶快回家吧……"听完珍珍的话，阿龙感动得不知所措，傻傻地站在大路旁，过了好一会儿才回过神来，其实，珍珍非常节俭，丢了钱，她心里一定非常难过，可是珍珍很懂得道理，知道事情发生了，埋怨也没有用。

阿龙和珍珍二人结婚整整六年了，阿龙从来没有给妻子做过一次饭，那天阿龙亲自买菜下厨房，为珍珍做了几道菜，虽然做得不是非常好，可珍珍却吃得比往常更香。

从那件事以后，珍珍和阿龙更能体贴、理解对方了，感情加深了许多。

人与人之间的交际是人类活动的主要内容，想要沟通得更为顺心，你就要有一个好的开始，这第一句话说好说坏，关系重大。那么在开口说话之前该注意一些什么呢？

1.表达对对方的赞赏

第一句话可以对对方表示仰慕或者敬重之情，但需要你掌握好说话的分寸，千万不可说一些过头的话，如"如雷贯耳"等。可以说"我在上学时，非常喜欢读你写的作品，没想到今天竟然能在这里见到你""能在这里见到您这位德高望重的老师，真是不胜荣幸"等。

2.要彰显出你的礼貌，让人更欢心

也就是说，这句开场的话最起码应该是礼貌的，让人听起来悦耳顺心，能赢得对方的好感甚至强烈的情感共鸣。比如，与一位带着孩子的妈妈交谈，你可以说："您的孩子好可爱，比电视广告里的童星更招人喜欢！"这样的开场白绝对能让对方笑逐颜开。

3.开口提问要有度

有些问题，当你并未得到满意的答复时，是可以继续问下去的，可有一些问题就不该再问。譬如，你问对方住在哪里，他如果只说地区却不愿说出具体地址，你就不宜再问在某路某号。如果他愿意让你知道的话，他势必会自动详细说明的，而且还会补充上一句，如果对方没有详细介绍，你就不要继续深问，否则对方会感到非常反感。

4.从涉及对方切身利益的话题开始

有经验的谈话者，往往善于将自己的讲话与对方的切身利益联系起来。有时为了开始时能吸引对方，往往会绕个弯子，讲一些对方关心的事，待对方兴趣已起，而后转入正题。如果你对对方的基本情况一无所知，那么就需要选择一些大家都知道的话题，如天气、体育、股市、明星、时尚等。一个话题不行就换另一个，总之，说的话要让对方能接着谈下去。如果你们正在参加派对，聊聊你们正在吃的食物，也是一个不错的话题。

心理小贴士

好的开始是成功的一半，与人沟通和交流更是如此。在与人沟通的过程中，很多女性往往抓不住说话的关键点，不能说好第一句话。因此，在与人沟通交流的过程中缺乏主动，不能有效地表达自己的观点，实现自身的沟通目的。所以说，女性一定要不断挖掘谈话的技巧，让自己的交际圈子越来越好。

敢于承担责任的女人更受欢迎

艾文和露西新到一家公司，她们两个是同一个小组的伙伴，然而一件事却让两个人的工作生涯发生了很大的变化。有一天，艾文和露西负责派送一件很重要的工艺品。在艾文把那件工艺品递给露西时，露西却没接住，这件工艺品掉在地上摔坏了。

趁着艾文不注意，露西偷偷来到老板办公室对经理说："经理，真不是我的原因，当时我已经把东西递给了艾文，她没有好好拿住，结果掉地上摔坏了。"随后，经理把艾文叫到了办公室，问道："艾文，这件事你给我说清楚，到底是哪里出了问题？"艾文就把事情的原委告诉了经理，最后艾文说："经理，我知道是我们不够小心才导致这样的结果的，我真的非常愧疚，我愿意承担责任。"

后来，老板把艾文和露西叫到了办公室，对她俩说："其实，物品的主人张姐已经看见了你俩在递接时的动作，张姐跟我说了她看见的事实，我也看到了问题出现后你们两个人的反应。我决定，艾文留下继续工作，用你赚的钱来偿还客户；露西，明天你不用来上班了。"

一个女人要敢于承担责任，努力解决问题，这样才能赢得更多的掌声和尊重，否则，一味地推卸责任，只会让人鄙视和厌恶。一个女人即使没有良好的出身、优越的地位，只要她能够勤奋地工作，认真、负责地处理日常工作中的事务，就会赢得别人的敬重和支持。

李小莲是一名普通员工，由于她没有什么经验，进入公司后，她的上司让她先从一些简单的事情做起，主要负责一些稿件的复印、收发等工作。李小莲虽然不太乐意，但还是很积极地投入了工作。

当部门的同事有要复印的资料时，都会抱过来找她。这时，李小莲非常负责，在复印的过程中如果发现文件有问题，她就会及时地告诉同事。李小莲的认真负责，使同事们少犯了很多错误。

李小莲的上司匆忙地拿着一份合同让李小莲复印，她习惯性地把合同看了一遍，上司看到李小莲拿到文件不去复印，反而在那里仔细地看，便很不耐烦地催她。这时，李小莲指着合同中的一个地方，告诉上司她发现的问题。她的上司看到后吓了一身冷汗，要不是李小莲发现这个问题，公司可能要给供货商多付几百万元。

上司没有想到李小莲对工作这么负责，不久之后，就让李小莲担任了自己的助理，他对李小莲说："有你这样的员工做我的助理，我是一百个放心。"

一个对工作负责、敢于承担责任的女人是受人喜欢、尊重的人，因为她能让人们感受到自己的责任感和认真踏实的态度，这样的人谁不喜欢呢？敢于承担责任的女人在遇到难题时从来不回避，她们敢于承担，能够勇于面对，并且想办法去克服。这样的女人或许在刚开始时会很困难，但是危机背后往往意味着转机，当她们克服困难，通过努力弥补失误和过错之后，她们会得到更多的信任和青睐。

一个勇于承担责任的女人需要做到哪几点呢？

1. 不推及他人

因自己的失误而犯下错误，我们要敢于正视，知错就改，这样才是一个受人尊重的女人。不要总是推来推去，埋怨别人，试想一下，自己真的没有一点错吗？生活中不免有一些小摩擦，如果真的是我们错了，那就勇于正视自己吧，推及他人，伤害友谊，也会造成别人对自己不负责任的反感。

2. 成熟而又有胸襟

女人，你可以不够聪明，但一定要成熟，成熟的女人一定不会让自己沉沦在无尽的错误中。勇于承认错误，需要一定的勇气，懂得承担责任，则需要一定的胸襟。一个"知错必改，知错能担"的女人不仅会得到别人的尊重，更会得到很多人的赞赏。

3. 不断反省自己

自己的事情出了问题，首先要从自己身上好好检讨一下，看自己是否做得够好，是否做得没有一点失误，如果一味地找借口，把错误归结于别人或者客观因素上面，无疑会养成一种消极逃避的习惯，不敢对自己的行为负责，不敢对自己的人生负责。

心理小贴士

有一句话想必大家早已耳熟能详："今天工作不努力，明天努力找工作！"其实我们也可以这样说："今天你糊弄工作，明天工作也会糊弄你！"而一个真正认真负责的人，即使在工作岗位干到最后一秒，他也不会改变对工作一贯认真负责的态度。

第3章 掌握好手段：用好女性优势，拉近心灵距离

🌸 迎合对方的话题，从他喜欢之处谈起

美国耶鲁大学的威廉·费尔浦斯教授，是个有名的散文家。他在散文《人类的天性》中写道：

在我8岁的时候，有一次到莉比姑妈家度周末。

傍晚时分，有个中年人慕名来访，但姑妈好像对他很冷淡。他跟姑妈寒暄过一阵之后，便把注意力转向我。

那时，我正在玩模型船，而且玩得很专注。他看出我对船只很感兴趣，便滔滔不绝讲了许多有关船只的事，而且讲得十分生动有趣。

等他离开之后，我仍意犹未尽，一直向姑妈提起他。姑妈告诉我，他是一位律师，根本不可能对船只感兴趣。

"但是，他为什么一直跟我谈船只的事呢？"我问道。

"因为他是个有风度的绅士。他看你对船只感兴趣，为了让你高兴并赢取你的好感，他当然要这么说了。"

在人际交往的过程中，如果你想跟对方快速地进行沟通，那么你必须懂得迎合对方的话题，从他喜欢的地方入手，这样更能让你们交谈下去，拉近彼此的距离。

王楠楠是一名销售，一次，她去拜访一位大客户，某公司的经理张志。见面之后，王楠楠先对自己公司的品牌作了大体说明，使张总经理有所了解。但是，张经理在听的过程中明显有了走神的迹象。

这可怎么办呢？这样下来，事情肯定办不成。这时，王楠楠发现张经理背后的书橱里放着许多关于"帝王"方面的书，并且办公桌的案头也有一本关于武则天的书籍。于是王楠楠眼前一亮，找到了突破口。王楠楠说："张经理是不是对中国的古代帝王非常感兴趣，尤其是武则天，您应该有高妙的见解吧？"

本来昏昏欲睡的张经理听到王楠楠谈到武则天，一下又有了精神，说：

"嗯，我对帝王方面的书籍非常感兴趣，对于电视上那些各个专家讲坛，有的地方是赞同的，有的地方也是有保留意见的。"

王楠楠顺势说："其实，我也看过电视上很多介绍帝王类的综艺节目，但是我研究不多，听不出上面讲的还有不对的地方！如果有时间还希望张经理您能不吝赐教。"

张经理马上被吸引了过来，一下子有了兴致，和王楠楠讨论起来。而且，在讨论的过程中，两个人简直就是相见恨晚，保单也顺利地签成了，王楠楠还和张经理成了朋友。

交际就是如此，两个不熟悉的人聚到一起，如果想要植入你的思想，你就必须找到方法，否则失败就在不远处。女人一定要记住，成功的交际离不开共同话题，想要抓住对方，你必须挖掘他的兴趣点，这样才能与对方成为朋友。

迎合对方的话题，你知道该怎么做吗？

1.找到对方的兴趣点

每个人都有自己的兴趣爱好，因此，在谈判过程中，我们要想办法找到对方的兴趣点。可以在与对方交谈之前做好准备工作，了解对方有什么兴趣爱好；也可以通过自己的观察或提问来获得对方感兴趣的事情。

2.从对方"在行"的话题谈起

女人在与人交流时，要接近对方，可以从他最精通的话题谈起，常常能够引发他的谈话兴趣，唤起他的成就感，让他觉得与你有共同语言，有"酒逢知己千杯少"的感觉，交谈就会有好的结局。而对于你所熟悉的专门学问，对方不懂，也没有兴趣，就请免开尊口。

3.要懂得察言观色，找准交流的切入点

一个人的心理状态、精神追求、生活爱好等，都会或多或少地在其表情、服饰、谈吐、举止等方面有所表现，只要你善于观察，就会发现你们的共同点。

4.从对方引以为傲的话题入手

每一个人都有自认为得意的事情。这事情的本身，究竟有多大价值，是

另一个问题，而在他本人看来，却认为是一件值得终生纪念的事。你如果能预先打听清楚，在有意无意之间，很自然地讲到他得意的事情，他一定会高兴地听你说的。

> **心理小贴士**
>
> 卡耐基说："即使你喜欢吃香蕉、三明治，但是你不能用这些东西去钓鱼，因为鱼并不喜欢它们。你想钓到鱼，必须下鱼饵才行。"简单地说，在交际中，当我们在与对方进行语言交流时，需要"忘记"自己的兴趣与爱好，用对方的兴趣爱好来展开话题，这样会使彼此之间的沟通更加顺畅。

主动认错，让关系更近一步

失败的时候，我们为了取得成功，会想办法积极补救。做错事的时候，也可以补救，并且办法就在身边，这个办法就是主动认错。与其因做了错事、置之不理直接给自己造成损失，坐等失败，不如主动认错、消除隔阂，换得对方的好感来避免损失甚至收获友谊，获得成功。所以说，在与人交际的过程中女人如果犯了错千万不要含糊，要懂得主动承认错误，一个敢于认错的人才能得到对方的认可，才会让彼此的距离更近一步。

多年前，乔冉冉在某电视台从事记者工作，有一次她要去美国参加一个电影节的采访。那时出国的手续很难办，不但各种证件必须齐全，而且还必须请公司的人事和安全单位出函，于是她托电影公司的一位朋友代办。

几经周折，乔冉冉备妥了各项文件，给那位朋友送去，心想终于完事了，可是才刚到单位，就接到朋友的电话，说少了一份东西。

"我在交给您之前检查了所有的文件，都是齐全的啊！"乔冉冉说。

"你的文件都在这里呢，可是没有！我没看到！"对方斩钉截铁地回答。

乔冉冉立刻赶到那位朋友的办公室，当面说明她确实已细细点过。

朋友举起乔冉冉的信封，抖了抖，说："没有，就是没有！"

"我敢以人格担保，我装了！"乔冉冉大声地说。

"我也以人格担保，我就是没有收到！"朋友也大声吼回来。

"你现在就给找找看，一定是你掉在了什么地方！"乔冉冉吼得更大声。

"这还用你提醒，我早找了，我还不至于糊涂到那种地步，你一定没给我。"朋友也吼得更响。

眼看采访在即，乔冉冉气呼呼地赶回单位，又去重新"求爷爷、告奶奶"地办那份文件。就在快要办完收拾资料的时候，她发现自己将那份文件夹在别的资料里了。

"真是对不起，是我不对，是我不小心夹在别人的文件里了，我真不是人……"乔冉冉对那位朋友说。

从那以后，乔冉冉与朋友的关系更密切了，因为朋友觉得她是一个足够坦诚的人。

多年以后，乔冉冉说虽然那件事是自己的错，根据当时的情形，自己完全可以不向对方道歉，现在她都十分敬佩自己敢于承认错误的勇气。主动认错能提升自我形象，这对女人增加人际吸引力具有不可估量的作用。

女性朋友们，当我们有理的时候，我们就要试着温和地、有技巧地使对方认可我们的观点；而当我们错了，要立刻而真诚大方地承认。因为主动认错，会给人以谦恭有礼、勇于负责的好印象，收获也会高出预期很多。一个人做错了一件事，最好的办法就是老老实实认错。

1.学会自我批评

自我批评是自我反思、自我归罪、自我总结和自我提升的过程。人无完人，孰能无过？所以，犯错误在所难免，也不可怕；可怕的是，我们不知道自己犯了错误，知道后不思悔改甚至一味地加以掩饰。犯了错误就要努力地

去改正错误，我们应该正视而不是逃避。

2.少为自己找借口

"借口"是假托的某种理由，是人们在不知不觉中养成的一种不好的习惯。一旦养成了找借口的习惯，你的工作就会拖沓、没有效率。在这种坏习惯的作用下，哪怕是做出了不好的事，你也会觉得那是理所当然的。所以说，想要做一个有素质、有气度的女人，请远离那些乱七八糟的借口吧。

3.要有担当、有勇气

人会犯错，但承认错误却是一种伟人的勇气，一个人所犯的错误越大，他迈出承认错误的这一步就越艰难，而越是在这种情况下，敢于说出"这是我的错"的人，他的人格才越经受得住考验。胜利不一定能得人心，而坦白直率往往却能打动人。

> **心理小贴士**
>
> 小到一个平民百姓，大到一个君王、一个国家，只要做错了，就应该承认错误，这不仅是一种勇气，更是一种处世智慧。高情商者敢于面对自己的错误，懂得即使低下高傲的头颅，自己并不会损失什么，相反，还会使自己的形象在众人心中有所改观，赢得别人的欢迎。

温柔一点，更能打动人心

在与人交往的过程中，一个温柔的女人更容易让人接纳、尊重。温柔是真性情，是骨子里生长出来的本能的东西。温柔是人人都能感觉到的。一个女人站在面前，说上几句话，甚至不用说话，就能感觉出这个女人是温柔还是不温柔。温柔的女人给他人如沐春风的爱恋，也给了自己最美丽的幸福滋味。

有这样一件广为人知的趣事：

一天，英国女王伊丽莎白与丈夫闹别扭，丈夫气得闭门不出。半天过去，英国女王心疼地叫丈夫开门，说："快开门，我是女王。"

对方硬是装聋，不开。

英国女王又说："我是伊丽莎白，请开门。"

对方仍不理睬她。

英女王灵机一动，温存地说："老公，开门，我是你的妻子。"

整日生活在女王影子下的老公，受压抑已久，听了如此温柔的话语，如沐春风，于是忙眉开眼笑地开门迎妻："进来吧，夫人。"

是啊，温柔的力量就是这样强大，生活中有很多摩擦，但是如果你选择硬碰硬的方式，那么矛盾就会越来越大，但是如果你巧妙的用温柔的语气来化解，问题定会圆满解决。因为，温柔是一种打动人心的极佳方式。

婷婷和她的男朋友小李结婚了，但是从结婚到离婚相处了都没有一年的时间。

为什么会在这么短的时间里两个人就离婚了呢？事情是这样的，虽然两个人谈恋爱的时候比较幸福，但是结婚之后婷婷却跟变了一个人似的。结婚后，婷婷就开始对丈夫奉行高压政策，小李的所有生活都必须经过婷婷的严格把控。除了管生活小事，婷婷还要管小李的钱包、社交，结婚后第三个月的时候，矛盾就已经十分明显了。

婷婷这个女孩非常要强，她受不了小李普普通通的生活方式。婷婷一直希望小李能够有所作为，成为一个顶天立地的男子汉，成为人上人，于是想方设法、旁敲侧击地施压，给予小李很大压力。长时间下来，小李感觉喘不过气，即便自己非常努力的工作，但是他觉得每次都被婷婷残酷的否定了。另外，婷婷也唯恐自己丢了面子，所以，总是想方设法地抓紧婚姻，恨不得把小李掌握在手心里，容不得小李有一丁点儿的隐瞒。

对于婷婷的状态，她的好闺蜜都曾劝过她，让她不要这样逼迫小李，否则小李会接受不了，两人出现矛盾。但是，婷婷她却认为：自己为家、为小李付出了一切，当然应该享受这份婚姻，享受到小李更多的爱。婷婷甚至还

想：我所做的一切都是爱小李，爱这个家，想要让彼此的生活更好，让小李更有出息，别人她还懒得管呢！

终于，在某一天小李终于爆发了，他对婷婷大喊了一顿，表达了自己的不满和压抑，小李提出离婚。婷婷的这一套理论得到了现实残酷的否定。小李说："你的强势我已经无法忍受，哪怕你温柔一点，哪怕你能听听我的心声，我们之间也不至于到这个地步，既然你需要更强大的男人，那我们离婚吧。你的爱太压抑，我已经无法呼吸。"

是啊，婷婷的强势已经让小李无法呼吸，长时间的压抑只能让他选择了离开。如果婷婷能够温柔一点，耐心的与小李沟通，那么他们之间或许不至于走到这一步吧。一个女人的温柔更能打动人心，只有温柔耐心的说服才会让沟通顺利进行。

想要在交际中展现自己的魅力，女人首先要懂得温柔待人，那么做到这一点有哪些要求呢？

1.认识"温柔"的力量

"温柔"这两个字很自然地就和关心、同情、体贴、宽容、细语柔声联系在一起。温柔有一种无形的力量，能把一切愤怒、误解、仇恨、冤屈、报复融化掉。在温柔面前，那些喧嚣吵闹、斤斤计较、强词夺理、得理不饶人，都显得可笑又可怜。

2.懂温柔，要会用口头工夫

夸赞与表扬能给他人莫大的成就感，如果你一直都批评他做得不好，总有一天他会厌烦的。但是如果你多多表扬，适当提建议，对方就会尽量把事情做得更好，作为女人，你也可以轻松一点。聪明的女人多说话，愚蠢的女人多做事。虽然片面，但是不能说没有一点道理。

3.没事不要瞎唠叨

在办公室，费力不讨好的总是爱发牢骚的人。家人也会因为你的唠叨而无法体谅你，容易同你产生冲突。一个有修养、有气质的女人不会对什么事都看不惯，更不会在他人背后说三道四。女人不妨宽容一些、豁达一些。

4.善解人意，为人宽容

温柔的淑女善解人意，会像尊重自己一样尊重他人，她每一个动作都是表达，也是感受。温柔的淑女对人一般都很宽容，她们为人很懂得谦让，对别人很体贴，凡事喜欢替别人着想，绝不会让人难堪。

> **心理小贴士**
>
> 作为一个女人，应当通过学习，通过认识自己、认识社会和切身体会等途径，去培养自己的温柔。温柔，对于一个女人来说，是其生活和工作中的最好的特性，既有助于她独立地生活于社会中，又能使她拥有迷人的娇媚。

感情需常常维护，才能坚定稳固

有这样一则寓言故事：

狗与啄木鸟因为饥饿难耐，所以去请求农夫给一些东西吃，并答应付给农夫丰厚的回报。啄木鸟向农夫许诺它可以给桃树捉虫，让桃树长得更好，结出更多的果实；狗则表示它能替农夫看守葡萄园，一旦有人来偷，它就会去咬他。农夫并不感兴趣，对狗和啄木鸟说："你们不饿的时候，怎么没想到要替我做事呢？"

这则寓言告诉我们这样一个道理：如果平时不注意与人交往，建立亲密的关系，等到你有求于人的时候，想要别人挺身而出，救你于危难之中，那未免就太迟了。

相信大多数人都曾遇到过这样的经历：当自己遇到了困难，认为某人可以帮自己解决时，本想马上去找他，但后来想一想，过去有很多时候本来应该去看人家的，结果都没有去，现在有求于人了就去找他，是不是太唐突

了？甚至因为太唐突了而担心遭到他的拒绝。但是这有什么办法呢？与人打交道，你就要懂得把关系处理好，有事没事常联系，临时抱佛脚是难以完成目标的。

王阳在一家公司做技术，是一名普普通通的小职员。在这个公司，王阳有个非常要好的朋友叫李振，本来这两个人也不熟悉，因为之前一起吃饭的时候比较聊得来，于是慢慢的两个人的关系越来越好。李振是开发部的一名主任，他很有能力，王阳也跟他学到了不少知识。最近一些同事私下谈论，传闻说李振即将升迁为技术部门的经理，如此一来王阳在未来就有可能会跟着步步高升，成为李振的得力干将。但是天有不测风云，年底人员升职调度之后，李振被调到了一个"冷衙门"，做了行政部门的经理，这下可好了，原来那些围着李振转的同事一个个都溜了，大家都觉得在他那儿没什么好处可得，就不再刻意讨好他了。突然之间，李振终于明白了什么是人情冷漠。

可是就在李振士气低沉的时候，王阳却登门拜访，并且带来了好酒好菜，俩人依旧感情深厚。李振此时的心情可谓是拨开乌云见明月，从此以后俩人时常相互走动，逢年过节俩人更是互相拜访，没事就聊聊天，品品茶，喝喝酒。不论谁遇到了什么事情，对方都会施以援手，尽量帮助。

转眼间一年过去了，公司又迎来了人员调度的时候，这回李振否极泰来，被新上任的领导提拔为主管人事的副经理。理所当然地，王阳也因此而频频升职，不久之后就成为了技术部门的主管。

人脉需要精心经营和维护，在与朋友的交往中需要培养一种习惯，没事的时候也要记得与朋友保持联络，尤其是在对方需要帮助的时候，更应该多加走动，联络感情。如果平时连一声问候也没有，等有事相求时再去联络，结果就可想而知了。

1.打个电话，慰问对方

如果好朋友生活在另一个城市，或者即使与你同居一城但彼此很忙，那么打电话就是最方便的联系方式。打电话时，不要以为朋友看不见就不知道你有小动作，在打电话的过程中最好不要有喝茶、吃零食等行为，就算只是懒散的姿势，对方也能"听"出来。

2.寄点小心意，表表情感

你刻意给朋友邮寄一些意想不到的小礼物，让对方在感到惊喜的同时还能大开眼界。比如，自己所在地的土特产；对方居住的城市没有的小物件；便宜却非常精致的手工工艺品等，要知道，这些或许都能让朋友高兴一番。

3.对方困难时主动提供帮助

有句话说的好，锦上添花不如雪中送炭，雪中送炭的情谊更让人难以忘怀。如果对方有难处，你及时伸出援手，这时候你的这份情谊更能让人难以忘怀。这何尝不是一种维系感情的方式呢？当你有需要的时候，即便你不主动招呼，相信对方也会及时给你援助的。

4.用好网络，方便又温暖

互联网早已成为一种流行的交往方式，QQ上一句留言，微信上的一句问候，都可以让你的朋友感受到来自你的友情。所以，不要以为网络只是认识新朋友的一个重要途径，要知道，它也是联系老朋友的一个重要工具。

心理小贴士

生活中，很多女人都对朋友关系处理不当，在相聚时漠然处之，分开后互不来往，直到遇到困难才想起朋友，那就为时已晚了！晴天留人情，雨天才好借伞，朋友之间经常聚聚，关系就会越聚越亲近，你的人际面也就越广泛，办起事儿来，路也比别人多几条！

第4章　办事讲策略：
对症下药，没有办不成的事

　　生活中，我们并不是所有的事情都能自己完成，每个人都不是万能的，都需要借助外界的力量。所以说，求人办事是不可避免的。求人就一定能得到对方的反馈吗？这是不一定的。但是我们可以发挥自己的聪明才智，说服对方，其实这其间也是需要讲究交际策略的。其实，做事的实质就是做人。一个真正会办事的人，必然可以做到：能够帮助别人，就不推托；此路不通，懂得另寻他路；触发对方的同情心，让不可能的事情变为可能……办事的策略就是既达到自己的目的，又让人家满意。只要你懂得巧妙利用一些小策略，对症下药，就没有办不成的事。

求人办事，你要懂得巧妙变通

在国内上完大学，陈燕燕成功出国留学了。作为一名学生，最好的安身立命之地就是学生宿舍了，而这其中竟也大有文章可做。一开始，陈燕燕被告知得等一两年的时间才能住进宿舍，没办法，对于这个消息，陈燕燕只能接受。直到一个比她晚申请宿舍的同学拿到了宿舍的门钥匙，陈燕燕这才大吃一惊。原来，出乎陈燕燕意料的是，之所以很多人比自己顺利，那是因为他们懂得送礼之道，他们都知道得给房管送礼，例如那些中国结之类的小玩意儿。于是陈燕燕也下决心送个小礼品。她给房管送了一小罐泉州的铁观音，不料真有奇效，早上送的礼，当天下午她就接到了房管的电话。其实这个礼，只是个小礼，但却让陈燕燕折腾了这么久。回想一下，当时到房管处三番五次地苦苦哀求，却没有任何效果，如今一个小礼物，竟然消除了那么多担心和忧愁。

求人办事遇阻怎么办？是一条路走到黑，还是灵活变通另辟蹊径？女性应该明白，如果你总是失败，那就应该及时反思，寻找新的出路，否则你所做的努力很可能是在浪费时间。比如，在求人的过程中你的请托直接被拒绝了，那你不妨使出欲擒故纵的手段，稳坐钓鱼台——方法对头，不怕你不"就范"。这样的灵活变通之道出自聪明人的头脑，往往是"一招制敌"的"上乘功夫"。

在房屋中介公司工作的程小樱最近遇到了一个难缠的客户，这名客户想购买一间房子，条件只有一个，那就是要求和自己现在所租住的地段一样，能够眺望远处的风景。

一开始，程小樱认为这并非难事，财神爷主动送上门来，简直是天大的喜事。随着程小樱筛选房屋来源的工作越来越多，她头上开始冒出冷汗。以客户的条件，找到一处能够眺望远处风景的房子简直太难了，也就是说客户现在所居住的地方是独一无二的。

如果直接把找不到房子的事告诉客户，不仅损失一大笔生意，弄不好还会惹客户生气。这该如何是好呢？

程小樱来到客户的住处，装作不经意地询问："这间房子您有什么不满意的吗？"客户回答："没有，只不过稍微旧了点儿。"程小樱继续说："您家的两个孩子都是在这里出生的吧！""是的，我儿子和女儿都是在这里出生的，他们都很优秀。"提及孩子，身为父亲的客户眼睛里放出慈爱的光芒。"那么，您有没有想过，继续居住在这间房子里，将这温馨的气氛永远保留住呢？"

经过程小樱一番劝解，客户想了想自己确实没有换房子的必要，于是爽快地购买下当时所居住的房子。

经过一番巧妙的变通，程小樱顺利解决了难题。遇到问题就应该这样，换个思路、拐个小弯，事情就没有自己想象的那么麻烦了，这就是变通的力量。有些话不能直言，便得拐弯抹角地去讲；有些人不易接近，就少不了逢山开道、遇水搭桥；有时候为了使对方减轻敌意，放松警惕，我们便绕弯子、兜圈子，甚至用"王顾左右而言他"的迂回战术，将其套牢。

女性朋友们，想要在求人的过程中巧妙变通、顺利办成事情，你知道有哪些心理技巧可供自己选择吗？

1.不急躁，保持耐心很关键

求人办事，无疑会给对方带来麻烦。对方可能会因此而面露难色、态度冷淡，也可能细询原委、与你互诉甘苦等，各种情况都有可能出现。这种情境下，有人会觉得自尊心受到了伤害，是很没面子的事；甚至感到是被人侮辱，遭受嘲弄。于是他们拂袖而去。

2.不催促别人，要懂得知足

求人办事千万不要穷追猛打，一定要别人做到什么地步，否则就觉得不够意思。也就是说,求人办事要知足,别人能办多少就办多少,不要勉强别人办很难办的事。别人即使是举手之劳,你也要十分珍惜。

3. 软磨硬泡,感化对方

"软磨硬泡",就是耐心地"泡",积极地"磨"。灵活善变地采取积极的行动影响对方、感化对方,以促进事态向好的方向转化。不管双方认识上的差距有多大,只要你善于用行动证明你的诚意,就会促使对方去思索,进而理解你的苦心。

心理小贴士

别人答应帮你办事就已经是对你的一种恩惠了,说明他还把你当成他的朋友。事情办成了,自然要好好谢谢人家。即使办不成,他也为此付出了努力,同样应该对他表示感谢。一味地抱怨和咄咄逼人,只会让别人将你拉进交往的黑名单。

软磨硬泡,感化对方帮助你

在琳琳的眼中,公司的业务主管陈小翠就是个软磨硬泡的高手,她被大家视为很有手段的角色。

陈小翠人长得漂亮,说话细声细气。每当在工作中遇到什么困难,陈小翠总是要请求公司各部门的同事们帮忙,有时候同事没什么事也就答应了,有时候同事不愿意帮忙,但陈小翠总是有办法说服那些不愿意帮忙的同事们。

虽然对方会摆脸色,但陈小翠仍旧细声细气地央求他们,软磨硬泡,同事们拿她没有办法,最后往往都会伸出援手。

身在职场,求人帮忙遭到拒绝并不新鲜,不少人都被这种情形搞得无能

第4章 办事讲策略：对症下药，没有办不成的事

为力、无可奈何、无计可施。在这样的情况下，有的人可能就会打退堂鼓，撤回去了事，也不再另行组织进攻了，心想："反正是公司的事，不帮就算了，我也只做力所能及的。"

有人形容求人难，简直是"跑断腿，磨破嘴"。而所谓的"不厌其烦"，也可以说是"软磨硬泡"。它作为一种特殊的求人办事方法，能以消极的形式争取积极的效果，以影响对方的心理和态度，达到求人办事的目的。

海琪是一家经营办公用品公司的销售人员，现在在推销一种新型打印机。她来到一家公司，刚向人家介绍她们的产品，就听到人家说："我们对打印机没兴趣！"她听了后"咯咯"笑了起来，然后微笑着道歉说："我忍不住要笑。你令我想起另一家公司的老板，他也说他没兴趣，后来他成了我们最好的主顾之一。"随后海琪就讲了那位老板的一件趣事，逗得在场的人都哈哈大笑，气氛一下子活跃了很多。接着海琪继续展示她的打印机，老板又委婉地表示他对这东西没兴趣，她把头埋在臂弯里，又笑了起来，然后又说一个故事，同样是说某人在表示不感兴趣之后，买了一台新的打印机。海琪就这样和老板说了好几个回合，周围充满了笑声，那位老板最后笑着说："好吧，我们试一试。"就这样海琪推销出去一台打印机。

俗话说："好事多磨，水滴石穿。"把事办好，很多时候免不了要求人，有时求人办事就是"磨"出来的，缠着对方不放、穷追不舍，这是一种特殊的求人方式，它以消极的形式争取积极的效果，既表现出毅力，又给对方增加压力。但是软磨硬泡也是需要技巧的，否则会造成对方的反感，以下几点就是女性在"磨人"方面该注意的地方。

1.控制情绪，理智"磨人"

既然用到了这一招，一定是所求之人没有立即答应，甚至给我们吃了闭门羹，所以不能烦躁、失意、恼火甚至发怒，然而，这无助于事情的解决。此时，足够的耐心是"磨人"的前提和基础，你必须能够理智地控制自己，采取忍耐的态度。

2.切记,"磨人"不是浪费时间

我们千万不要认为"软磨硬泡"就是"多花时间"。如果你对别人总是说些不着边际的话,对方便会对你产生反感。你应该善于采取必要的行动方式去影响对方、感化对方,阐述其中的利害关系。接下来,你再动之以情,晓之以理。

3.激发对方的同情心

如果你锲而不舍,隔一段时间就"打扰"一次,当对方看到你大汗淋漓的时候,觉得如果不帮助你会很过意不去。甚至雨雪天气也是上门求助的好时机。外面下着雨,别人都躲在家里,只有你还为了某些需要到处奔波,"人心都是肉长的",相信对方定会有所感触。

4.注意言辞,巧妙攻心

有时候,你若仅仅靠行动去"泡",很难奏效,甚至会把对方"泡"火了,缠烦了,更不利于办事。如遇这种情形,嘴巴上的功夫就显得十分重要了。要善解人意,抓住问题的症结,巧用语言攻心。话是开心的钥匙。当你把话说到点子上时,就会敲开对方心灵的大门。

5.修炼自己的厚脸皮

社会的发展要求每个人要直面现实,为生活、为家庭、为事业要不断地和人交往。而如果因为过于羞涩而难以表达自己的意思或过于胆小,都不能成大事,与人交往最重要的就是要脸皮厚,只有脸皮够厚,才能够通达人事,终成正果,这也是一种社会现实。

心理小贴士

很多事情,不是一时半会儿就可以解决的,你要找出问题的症结,考验对方的实力、找出对方的弱点或者要改变对方的期望程度,甚至应该知道对方处于压力下会作出什么选择等,这一切都是需要时间的。如果没有坚强的意志、毅力,是不会达到你理想的目标的。

懂得感激，尊重为你办事的人

方美玲由老家转到了上海的总公司工作，春节时准备回家过年。但是因为工作繁忙，实在是抽不出身提前去火车站买票。为此她托付给了一个好朋友小茹去买票。

因为临近春节，人又多，结果小茹去火车站排了将近四个小时的票后，依旧没有买到。小茹只好给方美玲发了个短信返回了。结果当方美玲看到短信知道小茹没买到票后，心里十分不高兴，于是赶紧一个电话打过来，让小茹继续回去排队买后两天的票。但是电话那头小茹已经告知返回了，方美玲一听十分生气。

等到第二天见到小茹时，方美玲不仅认为是小茹耽误了自己的行程，而且还给了对方一个不好看的脸色。小茹见到自己排了三小时的队，方美玲一句感谢的话都没有，反而还埋怨自己，心里也十分不好受，当场就与方美玲断绝了朋友关系。这下，方美玲不仅失去了一个朋友，而且再也不能请对方帮自己办事了。

人生在世，要学会感激和奉献，而不是一味地索取。对他人的帮助，说声感谢是最起码的尊重。对那些提供极大帮助，甚至作出牺牲的人，我们要做的则是回馈。不知道这些常识，做人就是失败的，在人生道路上也不会走很远。面对小茹的帮助，方美玲不仅不懂得感激，还埋怨对方，这样的为人处世原则，怎么可能会留住自己的朋友呢？

张美宁是一家电脑公司的编程员，一次在工作中遇到一个难题，他的同事主动过来帮助他，同事一句提醒的话使他茅塞顿开，很快就完成了工作。张美宁对同事表示了他的感谢，并请这位同事喝酒，张美宁说："我非常感谢你在编那个计算机程序上给我的帮助……"

从此，他们的关系变得更近了，张美宁也因此在工作上获得了很大的成绩。

张美宁很有感触地说:"是一种感恩的心态改变了我的人生。我对周围人的点滴关怀和帮助都怀着强烈的感恩之情,我竭力要回报他们。结果,我不仅工作得更加愉快,所获得的帮助也更多,工作也更出色,我很快获得了公司加薪升职的机会。"

看来,在职场上,以感恩的心态努力地工作是获得成功的最好捷径,其实每一个成功者成功的秘诀基本上是相似的,他们心里都会有相同的答案:他们以感恩的心态珍惜自己的工作和事业,因此总是比别人更努力、更用心,并且千方百计去做到最好。相信只有这样,我们才能维系好彼此的感情,让自己的工作及生活更顺心。

那么,女性该用怎样的心态对待那些为自己办事的人呢?

1.多表达自己内心的感激

恩惠不论大小,都要表示感谢。对那些帮助你或试图帮你的人,不仅要立即说谢谢,更要保持联络,让他们知道由于他们的引导或观念而使你进步的情况。知道自己施恩于人是件令人高兴的事——要以满足感来回报那些帮助你的人。

2.尊重他人,不要总认为理所当然

即便关系再好,别人也没有理由总是给予你方便,所以不要总打着朋友的名义去要求别人为你做这做那,理所当然的心态是一种不尊重人的体现。长此以往,就连自己最好的朋友也会离自己而去。所以说,女人一定要懂得尊重他人的付出,这样才会让情感持续延伸下去。

3.在他人需要时尽力帮助

如果他人在你需要的时候伸出援助之手,你不仅要记住这份情义,还要懂得回馈,在他人身处困境的时候及时帮助,这才能更好地延续彼此的情感。有些人用人靠前,不用人靠后,这是一种非常不受欢迎的行为,当他再次需要他人帮助的时候,身边就再也找不到一个可以依靠的人了。

心理小贴士

在求人办事时，有许多人存在这样的心态，对方帮自己办事，如果办成了，理所当然地要感谢对方；如果事情没有办成，就认为不必感谢对方了，甚至埋怨对方。其实，这种心态是不对的。谁也不能保证自己能百分之百完成某件事，只要对方尽力帮我们，这就已经足以让我们感受到对方的那片真心，如果自己还心存埋怨，那就应该反思一下了，如果不改掉这种心态，我们将会失去更多的朋友，最后也就没有人愿意与我们继续交往了。

看人说话，学会"区别对待"

"到什么山唱什么歌，见什么人说什么话。"这是我们经常听到的一句谚语，其实里面也是暗含着很多道理的，尤其对于人们的日常交际。在与人交际中，说话做事是需要分清对象的，如果不分对象，那就极易导致沟通不畅，甚至疏远彼此的距离。相反，有针对性、有目的性的交流则会让彼此之间的谈话更为默契，也会让人感到舒适、亲近。所以说，女性不要认为看人说话是心机过重的体现，在适当的时候这是一种交际策略，能让彼此感到更为舒心，所以说，学会"区别对待"，会让你交流起来更便利。

毕加索的妻子弗朗索瓦兹·吉洛特十分爱好绘画，一入画室便不容有人打扰。一次她正在作画，儿子小科劳德想让妈妈带他去玩，便敲响了门，可吉洛特已全身心投入到绘画上，听到敲门声和儿子的喊声，只是回应了一声"哎"，仍旧埋头作画。停了一会儿，门还没开，儿子又说："妈妈，我爱你。"可得到的回应也只是："我也爱你呀，我的宝贝儿。"

门还是没开。儿子又说："我喜欢你的画，妈妈。"

吉洛特高兴了，她答道："谢谢！我的心肝，你真是个小天使。"可仍旧不去开门。儿子又说："妈妈，你画得太美了。"吉洛特停下笔，但没有说话，也没有动。儿子又说："妈妈，你画得比爸爸好。"吉洛特的画当然不会比丈夫——绘画艺术大师毕加索——画得更好，但儿子的话却句句说到了她的心里，她也从儿子那夸大的评价中感受到了儿子的迫切心情，于是，把门打开了。

"见人说人话，见鬼说鬼话"，并不是对处世圆滑者的讽刺，而恰恰是一种人际交往的策略。聪明的人说话前一定要看准对象有的放矢。在与人说话前先要了解对方的个性，若说话方式能与对方个性相符，自然能一拍即合。

一次，孔子的学生仲由问："听到了，就去干吗？"孔子说："不能。"又一次，另一个学生冉求又问："听到了，就去干吗？"孔子说："干吧！"公西华在旁听了犯疑，就问孔子："两个人的问题相同，而你的回答却相反。我有点儿糊涂，故来请教。"孔子说："求也退，故进之；由也兼人，故退之。"孔子的意思是说，冉求平时做事好退缩，所以我给他壮胆；仲由好胜，胆大勇为，所以我劝阻他。

相信女性朋友从孔子的教育理论中也明白了说话要有针对性的重要意义。一千个读者，一千个哈姆雷特，每个人有着每个人不同的思想。据此，在为人处世中，要学会对人的性格作具体分析，看人说话。在说话之前，一定要充分地考虑说话的对象，然后再酌情说话，这样可避免一些不必要的敌对情绪，使自己成为受欢迎的人。

那么，女人在说话中该如何分清对象，巧妙对待呢？

1.从对方地位入手

聪明人都是懂得看对方的身份、地位来办事的，这也是自己办事能力与个人修养的体现，平常我们所说的"某某人会办事"。很大程度上就体现在"见什么人说什么话"的才智上。这样的人不只当领导的器重他，做同事的也不讨厌他。这样，他们办起事来就比较容易。

2.从对方文化层次入手

某些自命清高且文化层次较高的人自以为比别人高明,他们不愿与常人交往,却希望同有才华的人结交。因此要顺利地叩开这种人的大门,最有效的办法就是善于表现自己,设法展示出自己的才华,引起他的爱才心理。

3.从对方年龄入手

长辈教育后辈时常说:"我走过的桥比你走过的路还多。"这有一定的道理,老年人虽然接受的新知识比后辈少,但是无论怎样,其经验要丰富得多。因此在与长者谈话时,要保持谦虚的态度。

4.从对方性格特点入手

人各有其情,各有其性。有的人喜欢听奉承话,给他多戴上几顶"高帽",他就会使出浑身解数帮你办事;有的人则不然,你一给他戴"高帽",反而引起了他敏感的警惕,以为你是不怀好意。所以说,我们在交际的时候一定要懂得看清对方性格,这样才能更好地办事。

心理小贴士

在求人办事的过程中,说话是很有技巧的,而"见什么样的人说什么样的话"就是极为关键的一个技巧。会说话的女人懂得因人而异,遇到不一样的人说不一样的话,尽量符合对方的心理需求,从而取得对方的好感。

激发对方的同情心,难题迎刃而解

同情心是一个人与生俱来的本能,是一个人作为一种群居动物根深蒂固的习性。如果一个人的同情心得到满足了,他的自尊心也会随之得到满足。所以说,如果我们能够充分地调动对方的同情心,直接撞击其心灵深处最为

薄弱的环节，那么就算再难的问题，也都会迎刃而解。

某市房地产开发公司新竣工了一幢职工宿舍，按照刘佳玉的级别和工龄，是分不到新宿舍的，但她确实有许多具体困难：她所住的房子只有15平方米，里面住着自己和老公还有年幼的儿子，一家三口感觉完全迈不开步，这倒也罢，主要是家里的爸妈来的时候就非常难办了。于是刘佳玉只好去找经理，一开口就对经理说："经理，您好，我想问您一个问题，如果在我们公司有员工把年迈的爸妈丢在老家不管，这样的员工您觉得做得对不对？"

"这还用说吗？当然不对啊，孝顺父母是分内的事情，怎么能不管不顾呢？"经理满脸的不高兴。

"经理，实话跟您说吧，做这件事的人就是我。"刘佳玉垂着头，眼里含着泪花。

"佳玉啊，平日里看你是个不错的姑娘啊，不管是对待工作还是对待同事，大家都挺喜欢你的，你为什么在对待父母的问题上却这么糊涂呢？"

刘佳玉耐心地听完经理数落，才缓缓开口说道："其实是这样的，经理。我爸妈就只有我和姐姐两个孩子。姐姐嫁到了广西，离家非常远，一年也见不到几次，而且她家条件特别不好，家里的孩子都在上大学，可以说是自顾不暇。我不忍心让姐姐把爸妈接去，并且爸妈也适应不了那边的生活，所以就一直在老家待着。何况我是大学生，又分在这样一个响当当的单位。在您这位能干、有威信的领导手下工作。一辈子含辛茹苦的农村父母，培养一个大学生多不容易呀，乡亲们都说我父母有福分，今后有享不尽的福。可是事实上，我并没有给他们带来好的生活，就连接他们来住一段时间我都无法满足，家里实在太小，一家三口住着一个十几平方米的小房子，爸妈来了，连个落脚的地方都没有。想把爸妈接到城里来，自己又没有条件；不接来，把两个年老体弱的老人丢弃在乡下，我心里时常像刀割般难受。我这心里，一想起我可怜的父母……"刘佳玉说到这里，落下了伤心的泪水。

"佳玉啊，其实你也知道，你并不符合咱们公司的条件啊，我也很为难……"经理犹豫着说。

"是的，经理，我知道，我也不能强迫您。我希望经理体恤我那年老多

病的爸妈，哪怕只给我分一间半间的，我爸妈来了，有个遮风挡雨的地方就行了。如果经理实在为难，我也不勉强，如果能有机会，还是希望经理能帮帮忙。"

此刻，经理什么也说不出来。

"佳玉啊，你不要说了。我尽量给你想办法。"

一周之后，刘佳玉拿到了一套两居室房子的钥匙。

人心都是肉长的，很多时候想要成功地办成事，你必须懂得打感情牌。让对方产生同情心的方法有很多，如苦肉计、悲情计、眼泪计等。只要是运用得当，就一定能引起对方的同情心。哪怕他是一个铁石心肠的人，在你的祈求之下，也会网开一面，或者助你一臂之力。

那么，女性该如何巧妙利用对方恻隐心理，成功激发对方的同情心呢？

1.用你的情义和真诚黏住对方

当一个人被别人一再请求时，往往会形成一种心理压力，这种压力会促使他的态度软化。所以说，女性要善于用自己真诚的情义和满心的热忱缠住对方，这样才能更感化对方。不过，也要注意时间、场合和对方性格等客观因素，因为这种多次纠缠如果使用不恰当的话会产生副作用。

2.适时流几滴泪，感化对方

有时人们流泪并不是因为他们真的软弱，而是以此来激发别人的同情心，它是人们争取利益的一种谋略。主动向他人诉说自己的苦难，使人感到你需要帮助，这是一种接近他人的最好方法。

3.诉说的内容要有情有理，真切打动对方

然而，要引起对方的同情，必须在人之常情上下功夫，必须把自己所面临的困难说得在情在理，令人痛惜惋惜和可悲可惜。所以，越是那一点给自己带来遗憾和痛苦的地方，则越是要大加渲染，这样，对方才愿意以拯救苦难的姿态伸出手来帮助你办事。

女人要懂交际心理学

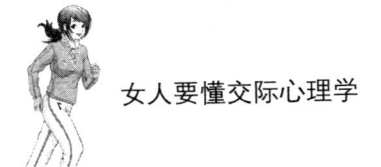

> **心理小贴士**
>
> 大多数人都具有同情心，即使铁石心肠的人也不例外。取得他人的同情，也就取得了别人对你的理解，有了理解求人办事就顺利了。所以，在很多时候，女人要想求人办事，用感情打动别人，常常比滔滔不绝地讲大道理会更有效果。

关注对方需求，用他人所需换取自己所愿

你想让他人给予你帮助，但是你又为他人做过什么呢？其实，这是个很现实的问题，人际交往是一个互动的过程，不可能只是一方的无限制的付出或者是索取。所以说，女人想要让他人助自己一臂之力，那就要懂得满足他人所需换取自己所愿的道理。

杨海妹在北京打拼多年，终于跟朋友开了一家属于自己的网络公司。一切在兴奋与欢乐中兴办起来，杨海妹和朋友租了一处明亮的办公地点，置办了一系列所需的办公物品，聘请了一些年轻的工作人员，看着眼前的一切，她们非常的欣喜，准备好好开展自己的事业。

公司开业的时候正是春天，员工们早上来上班时经常是睡眼惺忪、呵欠连天的。这也难怪，公司的位置是处于比较好的地段，物价和房价都非常昂贵，对于在外打拼的年轻人来说是不可能在此附近租房子的。他们大多数都住在北京的偏远地区，每天一大早就要挤公交车、挤地铁，北京的拥堵大家都是有目共睹的，路程最长的要倒两次车，坐上两个半小时，而时间最短的也有一小时的车程。他们经常坐在车上就睡着了，到公司时自然又累又困。

交通是一个问题，此外，吃饭问题也是需要面对的。俗话说：民以食为天。每到中午吃饭的时间，有的人拿出自己带的面包、三明治就凑合一顿，

第4章　办事讲策略：对症下药，没有办不成的事

有的人出门去买些包子、煎饼、肉夹馍，而大多数人则要走上十几分钟找一家干净的餐馆吃盖饭或点菜。一句话，填饱肚子就是大家的目标。别说交通和吃饭是小事，时间一长，员工们疲惫困倦，偶尔还有营养不良的问题出现，这就影响到了他们平时的工作状态。杨海妹看在眼里，急在心里：如果没法满足员工的基本生活所需，那么公司的效率是很难提升的。

杨海妹跟合伙人商量置办公司宿舍，征求了员工的意见，员工非常欣喜，于是杨海妹立即在网上找房，在公司不远的地带租了一套房子作为公司宿舍，如此一来，大家上班都非常便捷，不用花费几个小时的时间在路上，从公司到宿舍，只需一二十分钟即可。然后，杨海妹又联系了一家中式餐馆给单位员工长期送餐。

每逢节假日，杨海妹会带领大家一块出去聚餐，组织一些文体活动，或者进行长途旅游，让大家都能调剂一下紧张压抑的情绪，好好休息，从而精神放松。

几个月之后，杨海妹发现办公室里的气氛越来越融洽，员工们工作的积极性和热情都明显高涨了。单位的效益越来越好，身为老板，杨海妹自然是喜笑颜开了。

面对他人的需求，我们要有清醒的认识，要予以重视，因为这有可能就关系到自己的切身利益，有可能关系到自己的未来。想长远而持久地成功，就必须把焦点放在人际关系上，人际关系是第一生产力。《孙子兵法》中的"知己知彼"就是处理好人际关系的关键，我们只有先了解了对方需求什么，才能给他最想要的，只有当你能为别人提供帮助的时候，别人才有与你交往的价值。

生活在世间的人，如果愿为社会作出贡献，就绝不能无视于别人的需求。世间是由众多人结合所构成，意即人间社会是因为有人与人之间相互的需求才得以成立的。反过来说，正是因为彼此有需要，才会出现社会共同体。

那么女人该如何获取他人需求，满足对方心理，成功办成自己的事呢？

1.了解对方这个人

了解他人需求,首先我们要了解对方是什么样的人。我们要收集关于他的一些资料,分析发现他的需求,这样我们就能事先作好准备,面对对方时不至于太过慌乱。不论你要和谁交谈,都要事先了解他的兴趣爱好、家庭情况、工作情况、住过什么地方等。

2.满足他人的成就感

在与人交往的过程中,要想达到自己的目的,满足他人的成就感是相当重要的一个策略,只有首先满足了他人的成就感,别人才会满足你的意愿,你也才能越来越受到大家的欢迎。真诚地赞美别人是一件于人于己都十分有益的事,我们何乐而不为呢?

3.多为对方考虑问题

一般人习惯站在自己的立场去思考问题,而不是站在对方的立场,因为人的本性是以自己的利益为主,往往从自己的角度出发,比较难以换位思考去想别人怎么想。如果你还改不了这个习惯,那你就很难从心理上获取对方的认可。所以说,女性想要在社会交往中顺利得到对方的帮助,就要懂得换位思考,多为他人考虑,这样才能征服对方的内心。

心理小贴士

记住,人的需要是各不相同的,各人有各自的癖好偏爱。只要你肯花心思去探求对方的想法,特别是与你的计划有关的,你就可以照方抓药、打有准备之仗。你首先应当适应别人的需要,然后才有可能达到自己的目的。

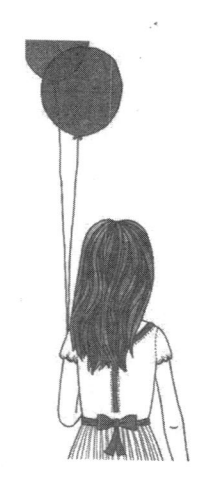

第5章　说话有分寸：
小心言语伤人，点到为止即可

　　俗话说：一句话可以把人说跳，一句话也可以把人说笑。语言的力量就是这样神奇，既能给人带来沮丧和烦恼，也能给人带来勇气和欢乐。那么说好一句话的关键是什么？关键是把握住说话的"度"。是的，若想在人际交往中做一个受人欢迎的女人，就要分场合说话，掌握时机说话，还要懂得有分寸，在说话前多考虑下措辞，斟酌哪些话该说、应该怎样说，这样才能获得好的交谈效果。如果说话不思考，不讲究分寸，可能因不小心说错话而给自己惹来麻烦。那么，女人在说话时该注意哪些问题呢？本章我们将会为大家一一讲解，希望大家能从中找到自己需要的答案。

揭人短处，谁还愿与你交往

"揭短"有时是故意的，那是互相敌视的双方用来作为攻击对方的武器。"揭短"有时又是无意的，那是因为某种原因一不小心犯了对方的忌讳。不管有心无心，在待人处世中揭人之短都会伤害对方的自尊，轻则影响双方的感情，重则导致合作的破裂，产生负面影响。女人一定要管好自己的嘴，千万不要随便戳对方的痛点，否则你的交际之路将会越走越艰难。

出身贫寒的明太祖朱元璋做了皇帝后，很多昔日的穷哥们儿来到京城找他，满以为朱元璋会念在昔日共同受罪的情分上给他们封个一官半职，谁知朱元璋最忌讳别人揭他的老底，觉得那样会有损自己的威信，因此对来访者大都拒而不见。

有位和朱元璋一块光屁股长大的好友几经周折总算进了皇宫。一见面，这位老兄便当着文武百官大嚷大叫起来："哎呀，朱老四，你当了皇帝可真威风呀！你还认得我吗？当年咱俩一块儿光着屁股玩耍，你干了坏事总是让我替你挨打。记得有一次咱俩一块儿偷豆子吃，背着大人用破瓦罐煮。豆还没煮熟你就先抢起来，结果你吃得太急，豆子卡到嗓子眼儿里了，还是我帮你弄出来的呢……"

这位老兄还在那儿喋喋不休唠叨个没完，宝座上的朱元璋再也坐不住了，心想此人太不知趣，居然当着文武百官的面揭我的短处，让我这个当皇帝的脸往哪儿搁。盛怒之下，朱元璋下令把这个穷哥们儿杀了。

看到上面的故事，女性应该明白揭人短处的害处有多大，严重的时候真的是能给自己的生命造成威胁。所谓金无足赤，人无完人，谁都有缺点，

都有自己的忌讳之处，如果这些被人当面说出来，无疑是打了人家一个大耳光，太不给人留情面、留余地了，而揭人之短的人除了招致对方的怨恨、报复外将一无所得。

张丽丽是一位25岁的姑娘，从小她就长得很胖，吃了不少减肥药也不见效，心里很苦恼，也最怕有人说她胖。

公司有一个同事叫王小米，王小米总喜欢开玩笑，平日大大咧咧的，周一早上，她看见张丽丽，笑着对她说："丽丽啊，周末这两天你吃了什么呀，像气儿吹的似的，才两天工夫，又胖了一圈儿。"

张丽丽立马恼羞成怒："我胖碍着你什么了？不吃你，不喝你，真是狗拿耗子，多管闲事！"王小米不由闹了个大红脸。

在这里，王小米明知张丽丽的短处，却还要把话题往上赶，这自然就犯了对方的忌讳，不找麻烦才怪。

有句话说得好，"女人何苦为难女人"，肥胖是女人不可触及的话题，王小米明知道张丽丽对自己的身材很敏感，还拿此打趣，这样的行为的确让人反感。俗话说，"打人不打脸，揭人不揭短。"我们要想与他人友好相处，就要尽量体谅他人，维护他人的自尊，避开言语"雷区"，千万不要戳人痛处。

那么，为了避免因戳到对方的痛处而影响以后的交际，女人应该注意什么呢？

1.对对方有所了解，以免祸从口出

了解对方可以做到在交际中"知己知彼，百战不殆"。因为每个人都有自己的个性和习惯，有自己的需求和忌讳，如果对交际对象的优缺点一无所知，那么交际起来，难免会踏进"雷区"，触犯对方的隐私。

2.少散播他人不得意的事情

人生在世，总希望自己能一帆风顺、有所作为，实现人生的价值。但是，月有阴晴圆缺，人难免有失意之处，失意之处暂时忘却倒也轻松，有人有意无意提起就使人心灰意懒，沮丧不已。万事如意、踌躇满志之人则多以昔日的失意为忌讳，生怕传播开去，有失脸面。

3.不提及别人的尴尬事

每个人都会遇到一些尴尬的场面，如果你知道对方的糗事，请你保持沉默，当你说出口的那一刻，对方又受到一次伤害，这样他会加剧对你的厌恶。所以说，别没事找麻烦，多一个敌人并不是一件多么幸福的事情。

4.说话有尺度，三思而后行

与人交际，女人嘴边一定要有所收敛，很多时候我们都要在说话时留个心眼儿，三思而后开口，什么是自己应该说的，什么是不应该提到的，要始终在自己的心里有个谱，以免遇到尴尬的状况，让人产生误解与怨恨。

> **心理小贴士**
>
> 人群相聚，都不免要找个话题闲聊。天上的星河，地上的花草，眼前的建筑，身后的山水，昨日的消息，今天的新闻，都是绝好的谈话内容，何必去说东家长西家短，无事生非地议人家的短处呢？好说人家短处是一种不道德的行为，我们必须克服。

玩笑不可随便开，掌握分寸要牢记

张妮和杨月在同一个公司上班，平时两人关系也不错。一年愚人节，张妮故意装作气喘吁吁的样子跑到杨月的办公室，说："杨月，你姐姐在公司出事了。"杨月一听就着急了，赶紧往他姐姐的单位打电话，结果弄得那单位的人莫名其妙。

杨月后来才知道这天是愚人节，但他觉得张妮咒他姐姐出事的这个玩笑开得太过了，张妮却认为，本来就是愚人节，一个玩笑有什么大不了的。两个人最终还是因此发生了激烈的争执，甚至反目成仇，再也不相往来。

陈小林是一个爱八卦的中年妇女，平时就爱开玩笑，经常因为开玩笑而

第5章 说话有分寸：小心言语伤人，点到为止即可

惹出事端，可她仍不接受教训。一天，陈小林与几个同事在一起喝酒，在酒精的作用下，她又开起了玩笑，说："大家快看啊，陈大哥家的闺女长得不像他，倒像他家隔壁的张大哥。"惹得同事们一阵大笑。

陈大哥是一个一根筋的中年男人，平时行事跟其他人不一样，别人看来是玩笑，但是他却容易当真。不了解情况的陈小林这下可算是惹了大麻烦。陈小林本来只是想幽默一下，谁知说者无心，听者有意。陈大哥回到家就仔细盯着闺女看，越看越像陈小林开玩笑说的那样，顿时恼羞成怒，指着他老婆破口大骂。陈大哥的老婆莫名其妙，委屈极了，等明白过来之后，便矢口否认。粗鲁的陈大哥接着又大打出手，连给他老婆说话的机会都没有。陈大哥的老婆越想越委屈，气得当晚割腕自杀，幸亏抢救及时才保住了命。

后来，陈大哥找到陈小林想要问个明白，陈小林笑着说："哈哈，陈大哥不会当真了吧？没有的事，就是想幽默一下而已。"陈大哥气愤地说："哪有你这样说话的？你这个人简直是不可理喻。"

从此以后，陈大哥和陈小林的关系就疏远了，除了工作需要，他们基本不说几句话。

玩笑应该带给别人快乐，而不是给对方带来痛苦和愤怒。不论和谁开玩笑，我们一定要掌握好开玩笑的分寸。也许你认为做人没有必要那么谨慎，或者觉得大家彼此已经很熟悉了，但是请不要忘记，每个人的心中都有着自己的底线，如果你不好好掌握住这个度，你的交际将会出现很大的危机。

那么，开玩笑需要如何把握住这个度呢？

1. 开玩笑，切忌过分搞恶作剧

恶作剧有时虽然可以引起哄堂大笑。例如，某人要坐下时，你抽掉椅子，他冷不防摔了个四脚朝天。人们可能因此发出笑声，但这样的笑声是廉价的，这种恶作剧非常要不得。

2.开玩笑，内容要高雅

笑料的内容取决于开玩笑者的思想情趣与文化修养。内容健康、格调高雅的笑料，不仅给对方启迪和精神的享受，也是对自己美好形象的有力塑造。

3. 开玩笑，切忌不怀好意

与人为善，不仅是做人的根本，也是开玩笑需要掌握的一个原则。如果有人借开玩笑对别人冷嘲热讽，发泄内心不满，即便是傻子也会轻易把他识破。你也许会因为一时逞口舌之利而占到上风，但玩笑中潜藏的挖苦会使别人认为你对他不够尊重，你们的关系自然会慢慢疏远。

4. 开玩笑，不要牵扯工作内容

在公司，休息时间你可以开开玩笑缓解一下疲劳，活跃一下气氛，但是对于工作上的问题还是谨慎一点为好。为何呢？你不妨想一下，或许你本意只是打趣一下，但是万一对方信以为真呢？那么你的一句玩笑将会导致工作出现问题，不仅影响彼此的感情，还会给公司带来麻烦，到时候你就哭笑不得了。

5. 开玩笑，少牵扯对方隐私

女人开玩笑时必须要注意尺度和分寸，尤其不要拿别人的隐私开玩笑。因为每个人都有隐私，而且也不允许别人触及自己的隐私。一旦有人喜欢拿别人的隐私开玩笑，那他必定是一个不受欢迎的人。

6. 开玩笑，要分清人

每个人的性格都是不一样的，有些人喜欢开玩笑，你越跟他开玩笑，他越觉得你把他当朋友，和这样的人可以适当开开玩笑。有些人正好相反，天生严肃认真不苟言笑，说笑稍微过了他就当真，所以，你最好不要和他开过火的玩笑，万一他没笑，反而较真起来就麻烦了。

7. 开玩笑，要注意场合

女人不要任性而为，否则你的行为就成了一个"笑话"。身处安静的环境下，不要开玩笑。例如，大家都在安静的学习或者是忙碌工作的时候；场合比较正式或者紧张严肃的时候，不宜开玩笑。例如，参加庄重的会议或社会活动的时候。如果不分场合随意开玩笑，那么你在对方眼里一定是一个没有高素质的人。

第5章 说话有分寸：小心言语伤人，点到为止即可

> **心理小贴士**
>
> 那些说话诙谐的人通常会受到大家的欢迎与喜爱，他们总能为自己营造一个轻松愉快的交际氛围。但是，如果不注意开玩笑的方式，可能会适得其反，不仅会破坏融洽的气氛，还会伤害对方的感情。因此，在我们与人交往时，一定要把握好开玩笑的尺度。

话该不该说，你清楚吗

一个成大事的人，首先要做的就是管住自己的嘴，知道什么话该说，什么话不该说，该闭嘴时就闭嘴，该沉默时就沉默，因为这可以让自己更清晰地思考。然后，且闲庭信步，看花开花落。

谭玉玉刚刚参加工作不久，初入职场的她难免有些兴奋。谭玉玉本来就是一个很活泼的女孩子，有她在办公室的气氛活跃多了。小到芝麻，大到西瓜，无论什么事她总是能说上两句。同事们似乎都不错，谭玉玉也很开心能找到这么个不错的工作。

进公司两个月后谭玉玉就发现，销售部经理和行政部经理常常起冲突。销售部经理和行政部经理本也没有什么利益冲突，可就是单纯的相互看不惯。行政部经理是老员工，又比销售部经理年长，可是工资却不敌新来的销售部经理。行政部经理心中不舒服，想要以自己老员工的身份排挤销售经理，可是销售部经理也不是省油的灯，于是就这样相互抵触着。

事实上，他们俩都不是什么省油的灯，行政部经理仗着自己是老员工，不仅挤兑新员工，有时还会滥用职权，态度很不友好，令人发指。销售部经理则想独揽客户，掌控大权，和老总一较高低，而后转身单干，这样的做法确实影响手下和公司的发展，让人无法忍受。谭玉玉刚入职场，很单纯地为公司的利益担忧，所以她也渐渐有了牢骚，这样下去公司怎么会好呢？自己是新人，被欺压没关系，可是他们影响到公司了，这可如何是好？可是在两个经理面前，谭玉玉又不敢多说，毕竟自己只是个小人物。

李姐也是公司的老员工，为人相当老实厚道，所以自然而然成了行政部经理欺压的对象，也许是因为大家都是被上级欺压的对象，谭玉玉和李姐之间的关系越来越好，两人也常常谈起办公室的种种。

谭玉玉看李姐是老实人，又同是受欺压一辈的，也就毫无顾忌地把心里的不满和牢骚讲了出来，将自己对两位领导的看法以及对公司的担忧一股脑儿说了出来。谭玉玉说得很痛快，李姐也点头赞同，两人有种相见恨晚的感觉。

一夜长聊，谭玉玉很开心。可是早上一进办公室就遇上行政部经理满是凶光的眼，接下来的时间行政部经理不停地为难谭玉玉，谭玉玉很是不解。下午销售部经理又将谭玉玉叫到办公室，很直白地问道："你对我是不是很有意见？"谭玉玉一时不知该说什么。谭玉玉是老板亲自面试招来的，更何况老板很看重她，所以她也不舍得离开。可是面对两位经理的双重打压，谭玉玉确实已经没有精力去应付工作，不得不选择辞职。事后，谭玉玉很后悔，正是因为自己的口无遮拦，最终误了自己的前途。

在职场中，女人的说话问题就要尤为重要，不要什么都说，否则后果不堪设想。什么话该说，什么话不该说，一定要清楚，话一说出口就收不回，所以当着同事的面一定要有所警惕。

那么，为了避免说错话，女人应该注意什么呢？

1. 为人低调，少自夸

如果自己在某些方面比其他人都强，这些方面是否应该成为你炫耀的资本呢？再有能力，也应该小心谨慎，因为这不是让你露一手的地方。再说了，强中自有强中手，倘若在座的有比你厉害的，那你一定马上成为别人的笑料。

2. 学会沉默，多听别人发言

沉默本身不是金，只是一个炼金的过程，将各种情况进行综合分析，得

出一个相对合理的结论后，再谨慎发言，这样，给人捧出来的总是金子，自然会被人认为是一个极有价值的人，因而受到重视和信任。适当的时候，我们要懂得沉默。

3.不谈自己的私生活

别把情绪带到工作中来，更别把故事带进来。办公室里容易聊天，说起来尽图痛快，不看对象，事后往往懊悔不迭。可惜说出口的话泼出去的水，再也收不回来了。千万别聊私人问题，也别议论公司里的是非短长。

心理小贴士

女人要注意，普通的一句话，会因分寸感平添几许力量，话少又精到，给人感觉深思熟虑。说话的分寸决定与你谈话的对象、话题和语境等诸多因素的需要。换句话说，要言之有度。

不要急于开口，请三思而后言

很多时候，我们无心出口的一句话，很可能会给他人造成伤害。所谓"失之毫厘，谬以千里"，语言表达的一点偏差可能会导致意义的离题万里。若想避免这种不必要的麻烦，最重要的一条便是：管好自己的嘴巴。说话前一定要三思，要用大脑考虑一番再出口。

女性朋友应该听过关于杨修的故事：

杨修，字德祖，东汉末文学家。出身名门望族，与曹植是好朋友。他博学睿智，才识过人，但为人恃才傲物，数犯曹操之忌。表面上曹操对其才华非常赞赏，但其实心甚忌之。虽说曹操素来爱才，但一定是可以驾驭之才。像杨修这样恃才狂妄、牙尖嘴利的人，最终只能给自己带来杀身之祸。

杨修总是自认为绝顶聪明，有事没事就爱炫耀。一次，曹操的院宅翻新修建好了，但曹操嫌工匠造的园门太宽了，就在门上写了一个"活"字。别人看不懂是什么意思，杨修一看，立刻就明白了曹操心中所指，于是赶紧就宣布答案说，不就是说门太"阔"吗。

杨修也好为人师。曹操欲考察儿子曹丕和曹植的能力，经常给他俩出出难题。按理说这是家事，外人不应该跟着掺和，可是杨修却管不住自己的嘴，经常给曹植出谋划策。有人把此事告诉了曹操，杨修的处境可想而知。

曹操兵进斜谷时吃了败仗，正在进退游移之间，随口传令以"鸡肋"为夜间口号。杨修非常理解曹操进退两难的心情，猜到他可能会退兵，于是让随从准备归程。一时大家都知道曹操欲归之意，于是纷纷作起了退兵的准备。曹操夜里心烦意乱，出军帐散心，正好看到这个情景，肺都快气炸了。他把杨修叫来质问，杨修却振振有词："鸡肋不是食之无味、弃之可惜吗？由此知王意。"而此时，曹操正担心军心涣散，影响局势，于是盛怒之下就斩了杨修。

看完上面的故事，大家应该明白，如果杨修在每一次开口之前能懂得思考一下话该不该说，说出来会造成什么样的后果，说话的对象合不合适，那么他就不至于落个被斩的下场。古话说得好"三思而后行"，其实也很适用于说话这方面。"三思而后说"。就是讲慎言，就是说在说话前要多加考虑，切不可信口开河，不知深浅，没有轻重。

有个名叫陈芸的女孩，就因为说话不当丢掉过两份工作。事后，每次想起来她都是痛恨不已，后悔莫及，但一切都已无济于事。

第一次是因为不小心泄露了主管人事的副经理外出"约会"的消息。那天，陈芸和男朋友在一家西餐厅吃饭，两人边吃边聊，吃完饭的时候，他们正要埋单走人，恰好看到副经理和一个身材高挑的女孩相依着走进餐厅。陈芸一眼就看到了他们，因为她早已知道副经理是有妇之夫，女儿都已经4岁了，而且一向是谦谦君子模样，个人生活很有口碑，陈芸对这样的花心男子一向深恶痛绝……

后来在办公室，有一次大家在谈论什么样的男人是好男人时，忽然有人说主管人事的副经理就是一个重感情、有责任感的难得的好男人，又列举了

一大堆事例加以证明。刚开始陈芸还沉得住气，没有言语，最后，见大家一致认为副经理是个好男人，简直是完美无缺，她实在气不过，就把那天见到的情景添油加醋地向大家叙说了一番。大家听到此，禁不住面面相觑……

第二个月，陈芸就被炒了鱿鱼，副经理还把她喊到办公室，给她看了一张照片，并说，这就是那天你见到的和我一起吃饭的女孩，她是我的亲妹妹；接着，他又拿出一张全家福……陈芸这才发现两人长得非常相像，但是一切都晚了……

陈芸第二次被炒鱿鱼是因为业务的缘故。她接待一个客户时，为了让对方更看重自己，增加成功砝码，大谈公司的经营之道。公司经理最终有所耳闻，害怕这女孩有一天会一不小心泄露了公司的商业机密，尽管对她的工作能力一向很是赞赏，但仍然不得不忍痛割爱，将她辞退，以防后患。

女人一定要注意，如果你不知道自己说的话会不会惹出麻烦，那就请你一定要耐住自己的性子，先思考几分钟，斟酌斟酌自己要说的话，这样才能将你说话造成的危害降到最低。

那么，女人在交际中如何防止失言呢？

1.心态很重要，要做到从容淡定

语言总是受控于大脑神经，当大脑神经过度兴奋时，思维就杂乱无章，表现在语言上就是语无伦次，信口开河。为了防止因紧张而失言，我们要进行必要的心理训练的模拟演习，视讲坛如家，视陌生人如同朋友，在师长、领导面前保持良好的心态。相信经过一番练习，女人将不会出现失言后悔的现象。

2.说话要慢，不要急

说话前，不要急于脱口而出，而应先把想说的话考虑一下再说，想问题的时候要做到周到、细心。回答别人的话时，语速要慢，但大脑转得要快。这样就可以给别人一个比较完美的答案了。

3.对自己言行负责

女人应对所说的每一句话负责，要做到一言九鼎，才能树立自己的公信力，才能赢得朋友的心。如果说话不经大脑，信口开河，又随意反悔，那么只会把别人对你的信任践踏在脚下,最后让你失去自己的信任度。

> **心理小贴士**
>
> 三思而后行,三思而后说。在行动之前要考虑好所有的情况,才能够顺利地达到自己的目的;同样,在说话之前也要仔细过滤,才能够达到预期的效果,否则,就有可能把事情搞砸。

慎重对待他人的隐私

王宁宁和李清是大学的同班同学,也是很好的朋友,两人平时几乎无话不说。王宁宁是班里的班花,追求者自然无数,可是王宁宁一直没有遇到自己真正有感觉的,所以这些追求者不是被拒绝也只能等着被拒绝。

这天,李清从宿舍出来,无意中看到王宁宁正和一个陌生帅哥讨论着什么,还有说有笑的。李清凑了上去,望着王宁宁笑了笑。王宁宁和那个陌生帅哥同样望着李清笑了笑。"男朋友吧?"李清很是好奇地问道。"别乱猜了。"王宁宁看了看帅哥,笑着说道。"还怕羞了,我是你最好的朋友,都舍不得告诉我,什么时候偷着交的男朋友。"李清认真地说道。"真不是,我们就是普通朋友,别乱说。"王宁宁有些生气地说道。李清似乎根本没有注意到王宁宁的表情跟语气,大有打破砂锅问到底的精神:"他哪个班的?叫什么名字?介绍下吧?"王宁宁更加生气了,大声嚷道:"让你别乱说了,要说多少次,你听不懂啊?"两人就这样争了起来。

最终还是在那个帅哥的劝说下,停止了争吵。没想到的是,第二天,王宁宁刚刚走进教室就听到李清在大声对同学说:"别看王宁宁平时清高,其实她有男朋友,不知道背着我们什么时候交的,连我都不告诉,要不是我昨天看到他们亲密地在一起聊天,我还不知道呢。"王宁宁故意气冲冲地从他

们面前走过，见王宁宁突然出现了，李清和同学们也就赶紧停了下来。但王宁宁发誓此后再也不和李清来往了。其实，那个人并不是王宁宁的男朋友，而是学校里新来的一个学生，两人前两天打球时认识的。由于老家是一个地方的，所以没事就聊聊天。

马克·吐温说："每个人像一轮明月，他呈现光明的一面，但另有黑暗的一面从来不给别人看到。"罗曼·罗兰说："每个人的心底，都有一座埋葬记忆的小岛，永不向人打开。"这座埋葬记忆的小岛和月亮上黑暗的一面，就是隐私世界。朋友之间，关系即使再亲密，也都会有一些不愿让对方知道的东西，即所谓的隐私。与朋友相处时，对其隐私我们要给予绝对的尊重，不能认为这是朋友对你的隐瞒而千方百计地探问，否则，很可能与朋友产生间隙，甚至导致关系破裂。

在大学时，李晓慧和陈丹玉是一个寝室的，两人关系非常好，无话不说。后来，李晓慧发现陈丹玉从来不提起自己父母的事，便随口问了问，陈丹玉眼睛一下子就红了，说出了实话：父母在自己上小学时就离婚了，后来爸爸病逝，妈妈嫁了别人，自己一直跟着小姑生活。

为了安慰陈丹玉，李晓慧也说出了自己的一个秘密，说自己也有难以启齿的事，就是自己有体臭，以前做过手术，可伤口才恢复不久，就发现根本没有除干净，洗过澡后没有什么，可是一出汗，味道就又来了。为这个事，李晓慧很害怕和他人靠得太近。两人就这样互相安慰着对方。

转眼半年的时间过去了，李晓慧有了男朋友，一次，她不小心说出了陈丹玉没有父母的秘密，没想到男朋友是个大嘴巴，没过多久这件事就在班上传开了。陈丹玉很生气，便把李晓慧有体臭的事告诉给其他人，大家一下子看李晓慧的眼神都变了。因为这事，李晓慧的男朋友和她分了手，并且李晓慧和陈丹玉曾经那么深厚的友谊也随之破碎了。

别人将隐私告诉你，是对你的信任。我们一定要懂得对别人的隐私守口如瓶，这样才能得到他人的信赖，友谊才能不断加深。反之，如果不把"保密"作为一种义务，一种责任，而热衷于流言蜚语，不但会失去朋友，甚至会失去周围的人对你的信赖，最终成为"孤家寡人"。

那么，面对隐私引发的一系列问题，女性应该怎么做呢？

1.不该说的话，只字不提

我们一定要善于控制自己，明白什么是可以说的，什么是不可以说的。不应说的话，不管在什么情况下，也不管对什么人都一定不要泄露，坚决做到守口如瓶。不要让他人的隐私从自己的口中传出去，否则自己就很容易受到伤害，苦果最终还得自己品尝。

2.必要时，对某些事情要装作不知道

如果你在偶然的情况下得知了他人的隐私，一定要装作不知道，千万别当众谈论。唯有如此，对方在与你相处时，才不会觉得尴尬，更不会对你产生敌意。否则，说不定在什么时候，对方就会给你难堪，或者是找你麻烦。

3.得知他人隐私，要讲信用，不散播

有人把你当作真心的朋友对你倾诉衷肠，你获得了同事的隐私，切记千万不可得意，因为在无形之中你已经增加了一份担子。不管有意还是无心，若他人的隐私从你口中暴露，既会使他人难堪，又会使你的信誉大打折扣。所以，千万不要散播他人隐私，否则你真的是难以立足。

心理小贴士

如果你在偶然的情况下得知了他人的隐私，一定要装作不知道，千万别当众谈论。唯有如此，对方在与你相处时，才不会觉得尴尬，更不会对你产生敌意。否则，说不定在什么时候，对方就会给你难堪，或者给你制造困难，你将很难在职场上立足。

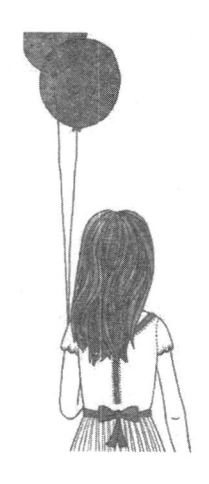

第6章　话只说三分：
保持好警惕，不可抛却一片心

所谓"害人之心不可有，防人之心不可无"，生活并不像我们幻想的那样十全十美，我们所遇到的人也并不是都会真心真意的对自己，所以说必要的戒备之心还是应该有的。与人交际中免不了说话，如果做不到有所保留、什么都说，那么你就很有可能遭到小人的算计。大家都知道"有话只说三分"，其实这不就是为了避免招来祸患吗？说话是有技巧的，怎样才能让自己避免在交谈中掉入陷阱呢？本章将会为大家详细讲解。

话多之人要警惕，逢人只说三分话

赵敏刚来单位时，根本没有意识到办公室里那种微妙的关系。有一天他与同事张诚一起出去吃饭，结果张诚便当着的面说了不少部门经理的坏话。赵敏觉得人似乎应该真诚，于是在后来的一次出差途中，干脆把这些话反映给了部门经理。部门经理一气之下，对张诚破口大骂。赵敏觉得这种事情很好玩，于是出差回来后，一次偶然的机会又把部门经理骂张诚一事告诉了张诚，张诚对此事耿耿于怀。后来，张诚和部门经理大吵了一架，结果这一吵闹，二人终于知道，双方虽然有过节，但是还不至于到撕破脸面的地步，之所以会如此，关键原因就在于赵敏的搬弄是非、挑拨离间。所以，老板为了避免再发生这样的事情，把赵敏辞退了，这才平息了张诚和部门经理的怒气。

祸从口出，说话太多往往容易惹祸上身，坦率不是错，但是毫无保留的坦率就是笨了。俗话说，"逢人只说三分话"，还有七分话，不必对人说出，这是一种变通的说话手段，更是一种自我保护的方法，毕竟不是所有的人都是跟你交心的。这一点，女人一定要注意。

然然和晓琳是好姐妹，关系一直很好，是能一个兜里花钱，可以换穿彼此衣服的那种。用她们自己的话来形容，她们之间可谓无话不谈。彼此以对对方没有秘密为坦诚。

有一次，然然向晓琳借了三千元钱，一直没有还。晓琳很多次想问她，但由于关系太好，碍于面子一直没能开口。时间一长，然然也给忘了这事。晓琳心里想着然然肯定是不想还了，因此，两人之间话越来越少了，关系越

来越疏远。

晓琳把然然借她钱的事告诉了其他的好朋友，说是然然故意不还她钱，想赖账，为人不好，让别人也要注意然然。还向别人说了些与然然的其他不为人知的事和秘密。

一来二去，这些话终于又传到了然然耳朵里，然然听说后很是不舒服。认为晓琳这是在背后中伤攻击自己。她找到晓琳，把钱扔在她面前，还说了让晓琳很伤心的话，并要找出传话的人一起对质说清楚这事。最后闹得两个无话不说的好朋友成了见面如仇敌的关系而收场。

这个世界没有你想象的那么大，更何况是对着熟悉对方的人谈论另一个人呢？当你肆无忌惮地吐露你的不满时，你们之间的情谊也就临近终点了。

其实，"逢人只说三分话"，并不是说要你完全封闭自己，而只是一种保护自我的手段，它是一种可以变通的说话方式，要求自己能看清对方，再选择说几分话。若是知己之人，或对方是一个坦荡的君子，自然可以推心置腹，否则说话没有保留就会伤害他人、伤害自己。

1.对于小人，尽量不说

世界上充满了斗争与矛盾，社会上的小人真的是非常多，"易退易涨山溪水，易反易覆小人心"。身边充满了陷阱，说话稍有不慎，便有被套进去任人宰割的危险。虽说逢人只说三句话，但是遇到小人，三句话都会过多，重要的信息最好一句都别透露，否则吃亏的就是自己。

2.少说多听，礼貌又不失言

在社交场合中，少说多听是一条永恒的法则。能说会道固然会让你吸引很多的目光和关注，但是也有可能会让你陷入多说则多错的境地。所以，一定要管好自己的嘴巴，少说多听也是一种智慧。

3.不同的人，不同的对待

对待不同的人，说话做事一定要有区别！逢人只说三分话，这三分都是真话，那七分不说的，也是真话。未可全抛一片心，抛出来的是真心，藏在心里的当然也是真心！所以在为人处世过程中，我们可以忠厚，但绝对不能当傻瓜。

心理小贴士

逢人只说三分话，不是不可说，而是不必要说的话不要说。善于处世的人，说话圆滑而保守，是不必说、不应该说的缘故，绝不是他不诚实，更不是狡猾。因此，换句话来讲，说三分话是一种修养。此外，女人说话必须看对方是什么人，如果对方不是可以尽言的人，我们说三分话，已经很多了。

同情心不能随意泛滥，看清楚对象再行动

《伊索寓言》里有这样一则故事：

一头年迈的狮子，无法再凭力量驰骋沙场，去争夺领地和食物了。想要活命就必须获取食物，不能力拼怎么办呢？就只能靠智取了。

足智多谋的老狮子很快心生一计，决定躲进一个山洞，然后躺在里面装病。因为洞口常有小动物经过，它一旦听到有小动物经过的声音，就开始痛苦地呻吟起来，借此引来好奇的小动物，同时激发它们的怜悯心。等到小动物一进洞，就突然扑过去，把它们吃掉。

这个办法果然奏效，许多小动物因为同情老狮子而进到洞里被老狮子吃了。泛滥的同情心，使许许多多无辜的小动物就这样白白地送进了老狮子贪婪的大口，成了老狮子的美餐。聪明的狐狸经过细心观察，发现了这个奇怪的现象，许多小动物只要经过洞口，总是有去无回。它开始怀疑洞里的老狮子在玩什么鬼把戏，便决定去一探究竟，彻底揭穿老狮子骗人的把戏。一天，狐狸悄悄来到老狮子的洞口，只远远地观察老狮子，看它能玩出什么花招，却丝毫不敢贸然前进一步。正在假寐的老狮子感觉有小动物来了，偷眼一瞧，好家伙，这回来了一只狐狸，真是太好了，我正饿得肚子咕咕叫呢，

第6章　话只说三分：保持好警惕，不可抛却一片心

不过狐狸很狡猾，我得想想办法，不能让这送上门的美味跑了。于是老狮子又开始故伎重演，痛苦地呻吟起来："哎哟，哎哟，我的脚怎么这么痛啊。"

狐狸心里暗暗发笑，可还是假惺惺关切地问："大王啊，你怎么啦，哪里不舒服啊？"老狮子痛苦地答道："我老了，不中用了，前天散步，一不留神就把脚崴了。朋友，我估计不久就要和你们永别了。"狐狸忙说："瞧您这么强壮威武，这点小病怎么会有事呢？"老狮子说："我可不是装病，不信你过来瞧瞧。"狐狸笑了："我可不敢过去，只怕我这一去，就会像其他动物一样，成了你的一顿美餐。"

老狮子的呻吟声更加痛苦了，它要装得更逼真一些，来赢得狐狸的同情。狐狸见老狮子还在装病，只冷冷地瞥了老狮子一眼说："别再装了，我早已识破你的诡计了，难道我是瞎子吗，没看见这里只有进来的脚印，没出去的脚印吗？我怎么还会上你的当呢？"

看完上面这个故事，女人应该明白滥用同情心的可怕。所以说，女人在遇到事情时要多思考，不要滥用自己的同情心，要学会审时度势，及时预见可能发生的危险，避免不幸的发生。

张卿和李玉是多年的老相识了。李玉最近离婚了，独自生活了一段时间。最近，李玉因经济情况将自己的房子卖了。于是张卿邀请她搬到自己的家中居住。

张卿同情李玉，总是尽己所能地帮助她。为了减少她的生活开支，张卿管她吃喝，分文不收。张卿用自己的积蓄来满足李玉的一切需求。半年后，李玉搬走了，从此以后再没跟张卿联系过。

这一事件使张卿感到自己受到了伤害和虐待。她告诉朋友说："我太快而且毫无保留地敞开自己的胸怀和钱包，慷慨地给予一切。我难以抑制自己的同情心，可是李玉最后却翻脸不认人。"

看完上面的故事，我们不免为张卿感到寒心，长时间的倾囊相助到最后换来的却是永不联系。同情是一种良好的心态，而不是盲目地去为别人做很多事。为了真正做到与人为善，而不被伤害，务必要抑制自己过分行善的欲望。

社会上戴着面具的人有很多，我们不否认其中有真实的苦难者，但是我

们也不可否认确实存在着一些骗取他人同情的骗子，那么女人该如何提高自己的警惕，防止在交际中被骗呢？

1.坚定立场做事

有些忙牵扯到自己的立场问题，不能帮就不要勉强自己，因为在你释放自己同情心的那一刻，你的麻烦正在悄悄走进你。所以说，一定要有自己的立场，不要耳根太软，否则你就会被他人利用。

2.自己多留心

仅仅进行道德上的谴责，指望骗子们良心发现，显然是远远不够的。还需要我们提高警惕，不可让同情心泛滥，以免助长这些风气。其实，自己经历的多了，慢慢的就能培养出一定的意识，这就需要自己多留心观察，长点记性。

> **心理小贴士**
>
> 对于我们来说，同情心不是说不应该有，而是要在施予中认清对象。真正的善做人者大都懂得把握同情的分寸，不会不分对象不加节制地慷慨付出一切。否则，一不小心，不但会使宝贵的同情心白白浪费掉，自己也容易深受其害。

并非所有的人都适合听你发牢骚

莉莉和王姐是同事，俩人在公司都做设计，王姐是一名老员工，莉莉是年轻气盛的新员工，难免会有意见不一致的时候。然而每次王姐的意见都会被领导采用，而莉莉的主张每次都显得很多余，因此，莉莉常常在其他同事面前发牢骚，说王姐会讨好上司。有同事提醒她不要随便发牢骚以免被领导听到，但是莉莉不当一回事。

一次，领导派王姐出去办事，同事阿米来找王姐商量问题，阿米问王姐的去处，莉莉说："我可不知道，王姐今天没来上班，我一大早就没见到

她"。阿米说："不可能啊，没听说王姐请假啊！"莉莉说："王姐和领导什么关系，哪里还用请假啊！"这句话正好被过来看王姐办事回来没有的领导听见，领导黑着脸说："莉莉，你到我的办公室来一趟"。结果，莉莉被以毁谤领导的罪名开除了。

生活中无奈的事情太多，发发牢骚调节心情也是正常的。但是切忌对着自己不太了解的人发牢骚，那样会给自己带来不必要的麻烦。

王晓燕的领导浩哥是个脾气暴躁的人。有一次，浩哥在没有问清楚事情原由的情况下就开始发脾气，委屈的王晓燕哭了……

下班之后，王晓燕和张凯琪一起去坐车，在路上谈起了上班时被骂的这件事。张凯琪说："大家都知道，今天浩哥是不对，反正他就是个乱发脾气的人，你别往心里去了，我们是好姐妹，你这个样子我看着也挺难受的……"

王晓燕刚刚平复的心情一下子就乱了，眼泪立刻掉了下来："是啊！真的不是我的错。浩哥怎么这样呢？平日里总是不把下属当人看，每次都发疯似的，搞不清楚对象就开始嚷嚷着怪我，我能怎样？跟我没关系！"

张凯琪赶忙安慰说："人家是领导啊！得罪了领导可不好，这可是关系到你的生存大计的问题，劝你还是忍一下吧！"

王晓燕一听张凯琪这么说，更加泣不成声："我还能怎么忍啊？就浩哥那个臭脾气谁能受得了啊！简直就是地痞无赖！对了，我跟你说，那天我逛街看到他跟一个年轻女人非常亲密，一定是外面的第三者。哼，都这么老了还这么不检点！一天到晚就知道对我们这些好欺负的发脾气，没有涵养。"听到这些，张凯琪没敢吱声，只是劝王晓燕别太激动。

没一周的时间，王晓燕被调到一个非常偏的分公司去打杂了。王晓燕为什么突然间被调离当前的公司？难道是因为浩哥上次对王晓燕发脾气？当然不是。

张凯琪跟王晓燕不是同一伙，跟浩哥才是同一伙的。王晓燕在下班路上的"倾诉"，虽然只是发发牢骚而已，但是被张凯琪一五一十地"原音重现"给浩哥了。那么，王晓燕被调职也是不可避免的事了。

女性朋友们，你们是不是也喜欢发牢骚？那么请你注意了，偶尔的牢骚是可以的，能缓解一下当前的压力，但是如果你一味地发牢骚，那么你的好朋友都会对你产生反感。最严重的是，有些女性像上文中的莉莉和王晓燕一样，发牢骚不分场合和对象，其实这样的行为是最不可取的，因为早晚有一天你的牢骚会被他人散播，你的处境就会十分艰难。

其实，改变一下自己的心态，尽量避免发牢骚，对一个女人来说是非常重要的，这会减少很多麻烦，但是，大家知道怎么克服自己爱发牢骚的心理吗？

1.学会转移

当自己遇到不愉快的人或事，怨气怒气即将涌上心头时，赶紧进行回避和转移，多想些使人高兴的事，避免消极情绪进一步恶化。女人可以把牢骚中的"不满"转化为激励自己的力量，尽自己的最大努力克服客观条件中的不利因素，这就是一种更为积极的力量。

2.培养良好的心态

没有任何抱怨，不仅是一种平和的心态，更是一种非凡的气度。没有人欣赏好抱怨的女人，就是因为这不是有出息的行为，真有志气、有出息的女人从来不会抱怨。女人要学会在顺境中感恩，在逆境中依旧心存喜乐，远离愤怒，认真、快乐地生活，怀大爱心，做小事情，就能达到理想的人生境界。以乐观、包容的心态去正视现实吧，眼下的世界会越来越广阔。

心理小贴士

女性朋友们，同一个世界，换个角度去思考，你会发现一个崭新的世界。思路决定出路，思路的突破决定你人生的突破。不必抱怨，试着站在他人的立场上思考问题，多为别人着想，你就能收获更多的好人缘。

学会识人，避免在交际中上当

一个女人，在这个节奏飞快、竞争激烈的社会中，要有自己的理想位置和社

第6章　话只说三分：保持好警惕，不可抛却一片心

会地位，首先就要有亲密的朋友和知己。而选择朋友的前提，就是要读懂人，认清人的真面目。如果你不懂得识人，那么你在交际中就免不了磕磕绊绊。

艾晓晓在谈恋爱时，很是举棋不定，因为同时有两个男人向她表明了爱意，一个是能说会道的龙哥，大学里是校辩论队队长，还是小有名气的校园诗人，发表过一些美丽的诗；而阿明，却是老实木讷的工科生，不会甜言蜜语，却会在下雨的时候送伞，生病的时候送药。

换作龙哥的做法，要是下雨，他一定会扔下伞，拉着艾晓晓在雨里奔跑，然后对她说一些一生一世的情话。那种场景，的确很浪漫，惹来不少艳羡甚至嫉妒的眼光。他说会带她去欧洲旅行，到布拉格广场大声喊出爱的誓约，说会给她一辈子的浪漫。艾晓晓渐渐觉得，自己陶醉在龙哥的情话和誓言里了。

艾晓晓终于还是选择了跟龙哥在一起，她不是没看到阿明落寞的眼神，只是，他连她走到别人身边的时候，都默默地不肯说好听的话挽留，只是沉默了许久，说了短短的一句：祝福你们。她心里忽然一阵泛酸，可是，毕竟心里已经有了决定。女孩子总是喜欢听一些贴心的情话，美丽的誓约，在阿明的身边，她觉得有些无聊。

之后的恋情却没有那么一帆风顺。龙哥虽然嘴巴很甜，生活上却做不到像阿明那样，对艾晓晓无微不至。他有点依赖心理，大事小事都希望让艾晓晓替他做，然后，再甜甜地在她的耳边说一句"老婆我爱你一生一世""能干的老婆辛苦了"之类的话。一开始，艾晓晓觉得甘之如饴，可终归还是累了，她是女孩子，希望自己是被呵护、被捧在手心的那个，而不是像养孩子一般，对待自己的爱人。但是，龙哥能给她的，只有用之不尽的甜言蜜语和轻飘飘的誓言了。

后来，艾晓晓丢了工作，很多事情也不顺利，龙哥感觉自己需要操心很多，看不惯消沉期的艾晓晓，于是他就果断的提出了分手。

此时的艾晓晓才明白，口头上的誓约只能入耳，入不了心。心里一直依靠的龙哥并不是真正的喜欢自己，艾晓晓对自己识人的本事无奈的笑了。

学会识人是人际关系中的一门必修课。会读的人读全面，不会读的人

仅读到枝节；会读的人读内在的本质，不会读的人仅读表面的现象。人仅仅能力强、会做事还不够，会识人才是最重要的。在人际交往中，会不会"识人"，才是能否"成事"的关键。

那么，怎么识别一个人的面目，各位女性朋友知道吗？

1.学会观察对方的爱好

一个人的兴趣爱好与其性格特征和心理状态有着密切的联系。例如，有的人喜欢体育运动，有的人喜欢钓鱼，有的人喜欢做一些非法勾当……这是由于每个人的性格和心理存在差异造成的。女人在交际的过程中，可以从兴趣爱好上了解一个人的性格，获知其心理状态。

2.从对方话语中看人

言谈不用测试，也不用查背景，只要一张口，个性就截然分明，声音透露了一个人的心，用心倾听就能猜得八九不离十，只要细加留意，这个人的每一句话都充满了暗示。女人要想做个社交处世达人，就要学会通过语言了解对方的心理。言谈是一个人品性、才智的外露。通过言谈和辨声，能够从人的欲望、抱负和经验表白上，进一步了解一个人，从而达到窥探对方内心世界的目的。

3.周围人的评价

有些恋爱中的女人在迷恋一位外表优秀的男士时容易丧失理智，即便周围的人一直好言相劝，到时候吃亏了才后悔莫及。所以说，女人不要随便相信一个人，尤其是不太熟悉的人，要懂得参考一下周围朋友的意见，这样才不会掉进沼泽。

心理小贴士

一个人就是一本书。读人，比读其他文字的书更难。在生活中，每个人都是书，每个人又都是读者。你认认真真地读，读了大半辈子，很可能还没有读懂这本"人之书"。每个人都渴望自己被人了解、被人接受，但事实上最难懂的就是人。

第6章　话只说三分：保持好警惕，不可抛却一片心

关系再密切，也要顾及对方的脸面

董海星在深圳的一家公司做网站编辑。刚去公司，领导就安排一直工作比较优秀的刘子琳暂时做董海星的师傅，在工作上带一下新人董海星。刘子琳是浙江人，孤身一人在深圳工作。董海星和刘子琳慢慢熟悉之后都惊喜于对方和自己有那么多共同点，大有相见恨晚之意。每逢周末，董海星和刘子琳就聚到一起，或是看电影，或是去图书馆看书，或是出去游玩……两个人感觉在异地他乡遇到一个知己非常幸运，在外人看来她们就像是两个姐妹。刘子琳在工作中遇到的烦恼、情感上碰到的困惑都愿意找董海星倾诉。而董海星生性大大咧咧，为人热情，也就乐得帮刘子琳出谋划策，一来二去，两人便成了无话不谈的好朋友，决定在一起合租。

终于，两个人找了一处离公司不远的出租屋，合租生活刚刚开始的一段时间，刘子琳和董海星的关系变得更为亲密，除了每天一起工作之外，下了班，两人就去超市买菜一起做饭，在她们看来这种生活非常快乐。

但是距离过近也并非全是好事，在半年左右的时间里，她们开始出现大大小小的摩擦。

董海星性格外向，是个直肠子，每次在工作上有不同的意见，她都直言不讳地提出来。有几次，她批评刘子琳的文稿，毫不留余地，甚至让刘子琳觉得下不来台。对这些，董海星毫无知觉，她觉得工作是工作。可是，几次下来，刘子琳的脸色越来越不好，刘子琳个性内敛，平时在同事面前也是一副不苟言笑的姿态，董海星心直口快的反对意见，让她觉得在大家面前尊严扫地。两个人的关系渐渐没有以前那般亲密了。

一次，刘子琳与男朋友在街上发生争执，当众吵了起来，而这一幕，恰巧被公司新来的小姑娘看到。办公室是一个没有秘密的地方，第二天上班，全公司上下都传言刘子琳跟男朋友分手的事，很快，流言传到了刘子琳的耳朵里。刘子琳听了之后，大为震怒，她以为是董海星宣扬出去的。恰巧董海星在工作中犯了一点儿小的错误，本来无伤大雅，可是事情却传到上司

那里。上司是比较信任刘子琳的，于是就把董海星叫到办公室说："董海星啊，你的工作能力没有问题，但你的工作态度不够认真，公司觉得你不太适合这个职位。"董海星一脸错愕地看着领导的冷漠，最后只得转身离开。

每个女人都有很多的闺密，但是这就代表着什么都可以说，不用在乎对方的颜面吗？不是的，每个人都有自己的底线，如果你总是以好朋友的名义忽视对方的面子，那么你们的情谊真的不会长久。所以女人一定要记住，关系再亲密也要顾及对方的感受，说话的过程中一定要有所保留，很多人一旦伤害了就很难回到最初的样子。

1.言多必失

很多女人在与闺密或者朋友关系越来越近的时候话也随着越来越多，其实这并不是一种好现象。再近的关系也要有点儿距离，话也不要说得太满，这样才能让情谊维持得更为长久。所谓言多必失，话说多了一定会出现失误，说不定哪句话就把朋友得罪了，适当的沉默才是更为合适的选择。

2.面子问题不可忽视

关系近了就可以说话肆无忌惮吗？并不是。不管与人关系多近，都要注意维护对方的面子，不要揭人短处、说人坏话，毕竟每个人都是要面子的。如果你总是以朋友的名义让对方下不来台，那么总有一天你的麻烦也会到来。

3.区别对待，换位思考

在交际中，可根据对方不同的性格，"对号入座"地进行有的放矢的交谈，目的是能达到预期的效果。此外，我们要懂得换位思考，当你站在他人的角度思考问题的时候，你就能体会到他人的感受，那么你就不会出现"出言不逊"的状况，也懂得了交际的技巧所在。

心理小贴士

懂得尊重旁人的女人才能悟明人生的大智慧。这一类女人姿态优雅、举止从容，因为有足够的自信支撑自己，也有足够的宽容去审视旁人。所以会被他人所尊重，因其身上所散发出的高贵又平和的气息实在是让人向往，予人吸引。

第6章 话只说三分：保持好警惕，不可抛却一片心

适当收敛锋芒，免遭他人嫉妒

《庄子》有一句名言："直木先伐，甘井先竭。"说明有一定才干而又锋芒毕露的人，虽容易受到器重和擢用，但也容易遭人嫉妒和暗算。"木秀于林，风必摧之；堆出于岸，流必湍之；行高于人，众必非之。"这句古语告诉我们，遇人遇事不要太过锋芒毕露才好。女人应该明白，过分显露自己的才能并不是一件好事，适当收敛自己才是大智慧，否则总有一天你会被推上风口浪尖。

凯莉是一名刚刚毕业的学生，毕业没一周的时间她就以出色的表现被一家公司聘请为策划人员。因为大学时凯莉就是中文系的才女，进入单位后，她在自己的工作岗位上可谓得心应手。领导交代的任务，凯莉每次都能出色地完成。再加上她工作特别勤奋，进单位不久，就深得领导器重。时不时的奖金更让凯莉风光无限。

可凯莉没想到，在风光到来的同时，麻烦也来了。先是很多在单位待了多年依然原地踏步走的同事讥笑她为了一点儿奖金熬红了眼；接着又有很多不如自己的同事看到她拿荣誉证书，因为心里不平衡就到领导那里告凯莉的状，说她利用单位电话打私人长途，利用上班时间写私人稿子……一时间凯莉被搞得头晕脑涨。

可凯莉并没有因此就消沉下去，她明白当务之急就是找一条最佳的路子来摆脱自己的困境。

凯莉沉下心来，仔细观察各个同事身上的优点。凯莉发现那位经常在领导面前说她坏话的同事绘画能力超强，于是就时不时地说："姐，我也很喜欢画画，可是手太笨，总是找不到窍门，有时间一定去你家学习学习，你可别不收我这个笨徒弟啊！"听凯莉这么一说，那位女同事竟然不好意思了，这样一来二去，她们之间的关系竟然发生了变化，那位女同事再也没去说凯莉的坏话。还有，那个喜欢嘲笑凯莉的女人有一个非常聪明的儿子，在和她聊天时，凯莉时不时把话题扯到她儿子身上："张姐，看你儿子的照片就感觉特机灵，听其他同事说你儿子每次考试都拿第一，你是不是在教育孩子方面有自己的一套方法啊，等我以后有了自己的孩子，我可得好好跟你取取经，让你也帮我培养出一名优秀的人才。"谈起孩子，那个张姐一套接着一套，在一次次的交流中，她对凯莉的成见也慢慢消失了。

对于优秀的人来说，遭人嫉妒是不可避免的一件事，但是并不代表这是一件没法解决的事情，案例中凯莉的做法就非常有效，女性朋友不妨学习一下，与其置之不理遭人暗算，不如主动寻求解决的办法。在此，提供几种女人面对他人嫉妒时的态度，以供参考：

1.谦虚做人，懂得满足

女人请切记别被晋升加薪之类的喜事冲昏了头脑，要处处表现得虚心、容易满足。总之，就是采取谦让的姿态。多说一些："那绝非我的功劳，是大家共同努力的结果。"或"多谢你的夸奖了，其实要更加努力，才能胜任此职。"之类的话。

2.用宽容的力量去化解

女人要想解脱被人嫉妒的苦恼，最根本的是：胸襟要宽，气量要大，不去斤斤计较别人的一言一语，始终保持坦诚的态度与人相处。即使是嫉妒自己的人，也不必疏远，这样一来，也许别人对你的嫉妒也就随之瓦解，闲言碎语也不再有市场了。

3.发现并夸赞对手的闪光点

你要懂得欣赏自己的对手。当对手有所成就时，你一定要真诚地表示祝贺。女人不想遭人嫉妒，首先是不要嫉妒别人。让你的对手保持一种良好的感觉，有利于两个人的关系处于相对平衡的状态。

心理小贴士

每个女人都有嫉妒之心，同时，每个女人都可能被人嫉妒。因此，当你遭到他人的嫉妒时，一定要心胸开阔，以包容豁达的心态来处理人际关系，不要让反嫉妒的火焰燃烧了自己，又伤害了他人。

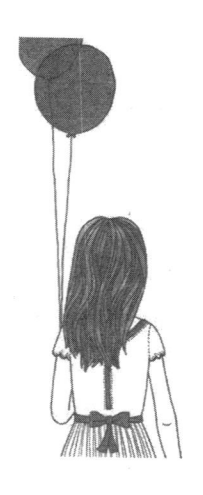

第7章　适度地伪装：
大事不糊涂，小事不计较

事实证明，在人际关系中过于精明的女人并不是特别受人喜欢，人们会因为各种各样的原因排斥她们，不愿与之亲近。所以说，想要与他人达到很好的相处状态，女人就要学会收敛自己的锋芒，学会适度地伪装自己。说起伪装，这其实是动物非常擅长的一种手段。动物之所以伪装，一方面是很好地保护自己，在弱肉强食的世界里得以生存；另一方面是更好地进行捕食，取得自己生存所需的资源。动物如此，人亦如此。一个懂得适度伪装的女人，大事不糊涂，小事不计较，她们能很好的用自己的小心机拉近与他人的距离，在残酷的现实面前要懂得保护自己。适度伪装是一种交际策略，更是一种人生智慧。

小事不计较，大事不糊涂

老祖宗很早就告诉我们在为人处世方面要做到"小事不计较，大事不糊涂。"这句话怎么解读呢？其实这句话是说在小事上不妨糊涂些，别太计较得失，而真正遇到大事就需要保持清醒的头脑，关键时刻再显露自己的大智慧。生活中，我们不要总是遇事就争个明白，一些无关紧要的小事就让它过去算了，为此斤斤计较、争论不休反而会损害自己在众人心中的形象。

杨迪在一家报社任采访部主任，由于业务能力精湛，经常受到领导的好评，同时也深受同事们的钦佩。但俗话说"人怕出名猪怕壮"，杨迪的优良表现还是引来个别人的嫉妒。开选题会讨论选题的时候，他们故意指出杨迪所报选题的不合理之处，想方设法刁难她。

对于这些，杨迪心里很清楚，但她每次都笑脸相对，不慌不忙，也不带任何情绪地向大家叙述自己选题的可行之处。而且每次她都会向对她提出异议的同事表示自己的感谢。

那几个和她关系比较铁的同事对此看不过去，他们就私下里跟杨迪说为什么不在主编那里奏他们一本，让他们赶紧离开报社。

每当听到这样的话，杨迪都只是笑笑，告诉好心的同事，这些都是小事，犯不着非得弄个青红皂白。她还安慰同事，大家在一起工作产生点小摩擦很正常，没什么大不了的。如此看来，杨迪真是个厚道之人，有着非同常人的心胸。但是她可并非是好惹的主儿，就拿不久前报社改革的事来说，杨迪的表现就足以让人对她的看法来个一百八十度的大转弯。原来，报社新领

导上任,"三把火"之一就是改革采访部和编辑部。本来采编分离的制度要改为采编合一。这样,就会裁掉一部分员工,尤其是采访部只会采访写稿的记者是最容易被裁掉的。而对于这样的改革,大部分人都颇有微词,包括牵涉不到的部门也觉得不可理解。因为作为一份颇有影响力的大报纸,又是每周3期,工作任务之艰巨可想而知。而版面的编辑和采访的记者本来就该各司其职,这样才能抓到更多一线的新闻,也才能编辑出更好的文章和版面。

就在这个消息即将公布之前,听到风声的杨迪就找到了自己的上司马主编。杨迪说出自己觉得这样改革不妥的想法,并且向领导摊牌:如果报社如此改革,自己就辞去这里的工作,另谋他处。

作为采访和编辑能力都超强的杨迪这个顶梁柱,报社是坚决要保护好的,她要走了,报纸的半边天可就塌了。最终,领导层经过商榷,改变了当初的想法,只是进行了些许微调。这样,同事们的利益得到了有效的保障,大家更对杨迪高竖大拇指了。

大智若愚,即小事愚、大事明。这是一种很高的修养。愚,并非自我欺骗或自我麻醉,而是有意糊涂。由聪明而转糊涂,由糊涂而转聪明,则必左右逢源,不为烦恼所扰,不为人事所累。

那么,对于女人来说,怎样才能处理好所谓的"大事、小事"呢?

1.不要过于在乎细枝末节

我们平时在日常生活中,往往为了一些小小的事情而伤了和气。此时,静下心来想想,那真是得不偿失。"小不忍则乱大谋。"我们在细节上千万不要花费过多的精力,否则,"一着不慎,满盘皆输"。

2.避免感情用事

有些女人一遇到事情就会失去理智,常常会感情用事,此时的感情常常带有盲目性、冲动性和时间性,聪明的人在处理这类纠纷时常常用"不置可否""听其自然"的方法,或者称为"冷却法"。

3.认清大事,专心做事

何为大事?影响全局的事为大事,决定整体的事为大事,范围内的工作之重为大事，也就是说，以结果来评价事之大小，而不是以事之大小决定结果。在人生的道路上，对那些无关紧要的琐事要学会视而不见，把心思转移到该做的大事上。只有这样，才能集中精力做我们应该做的事情，才能告别平庸，实现我们的理想。

心理小贴士

聪明和糊涂是人际关系的范畴里必不可少的技巧和艺术，其本身并无优劣之分，只不过太聪明的人，学点"糊涂学"中的妙处，于己大有裨益。聪明是天赋的智慧，糊涂有时也是聪明的一种表现，人则在集聪明与糊涂于一身，需聪明时便聪明，该糊涂时且糊涂。

太过精明，反招人反感

《红楼梦》中的王熙凤相信大家都非常熟悉。王熙凤何等的冰雪聪明，简直就是人中之尖子，恐怕这世上有很多男人都不及她。她八面玲珑，九面处世，外柔内刚；她表面向你微笑，心里却在给你下套子。一个看上她的美色的贾瑞被她的计策整得一缕孤魂上青天；一个看上她老公的尤二姐被她的两面三刀逼得吞金自尽；而她的"偷梁换柱调包计"李代桃僵，则送掉了颦儿脆弱的性命。

至于王熙凤的本事那可大了，整个荣宁两府在她的整治下服服帖帖，一个秦可卿出殡这样的大事到了她手里简直是小菜一碟。她能说会道，贾府上下没有不知道她琏二奶奶的厉害的。

可王熙凤却是一个精明过头的女人，精明到处处好强、事事争胜，哪儿都落不下她，因而得罪了大太太，得罪了众人，加之贾母撒手人寰，她的靠山没了，终于落到"叫天天不应，叫地地不灵"的地步，最后惨淡收场。

第7章　适度地伪装：大事不糊涂，小事不计较

聪明反被聪明误，王熙凤的下场就是精明过度的完美诠释。

人们都有这样的心理：精明的人在人际交往中目的性更强，甚至更会耍心机。因此，社交生活中，聪明的女人们，你要学会装装糊涂，让自己适当地处于"愚者、弱者"的角色上，让别人忽略自己。这样能消除他人心中的芥蒂，从而有利于更进一步的交往。

谭中玉和张子阳是大学同班同学，毕业后，两人同时进了同一家公司。他们两个工作能力相当，但是谭中玉为人比较"木讷"，张子阳为人比较精明。木讷的人自然是不招人待见，而精明的人在同事中混得顺风顺水。很多人都说张子阳肯定是先晋升的那一个，因为她精明、会算计。

张子阳的确是一个很会算计的人。在日常工作中，她总是把吃亏获利算得清清楚楚，吃亏的事她是一点儿都不沾，而获利的事她总是跑在最前边；老板在时，她是全公司最勤快的一个；老板一离开，她就成了最悠闲的那一个；别的同事都在兢兢业业地做分内的工作，张子阳却将手头的工作丢在一边，"专心致志"地忙碌自己的"第三产业"……时间一长，大家都知道张子阳是个"无利不起早"的人，因此，同事们都不愿意跟她一起共事，张子阳慢慢地被边缘化了。

谭中玉跟张子阳正好相反，他基本上就是"吃亏"的代名词。平时公司里有什么脏活、累活，肯定是落在谭中玉的头上，而他总是一句怨言没有，爽爽快快地将工作做好。如果遇到加班加点的情况，谭中玉肯定是被排在第一个；而遇到什么好的福利待遇，谭中玉又是被排在最后的那一个。老板在不在，谭中玉都是一个样，因为他每时每刻都在努力工作……慢慢地，同事们不再抵触木讷的谭中玉，不仅如此，她们还喜欢上了这个总是吃亏的小伙子。

一段时间过去了，谭中玉成了同事中的"香饽饽"，而张子阳则成了"狗都嫌"的人。

在接下来的一次人事调整中，谭中玉在众人的推举下得到了晋升，而张子阳则"不负众望"地被辞退了。

那么，在交际中该如何把握好度，避免自己做一些过于精明的事情呢？

1.难得糊涂

事实上,揣着明白装糊涂才是真正的聪明。如果你是一个才能出众的人,要学会有意无意地卖点儿"傻",学会隐藏自己的光芒才是最重要的。这样才使人觉得亲近,更容易让人接受,更是让自己生存下去的重要方法。

2.低调做人

低调做人,高调做事,是一代富商李嘉诚的为人处世态度,他为那些雄心勃勃的人树立了一个榜样:即使学富五才、才高八斗、富可敌国也要低调做人。飞扬跋扈,不可一世不仅不是成功者的品质,而且是职场大忌。女人一定要谨记这一点,不断修炼良好的品质。

3.吃亏是福

女人一定要记得,不要太过精明,适当地吃一些小亏、让一些小利,适时地装一下糊涂,我们可能会得到一片更广阔的天空,即所谓"吃亏是福"。如果你总是斤斤计较,那么你的名声就会越来越差,你的交际圈子早晚会被自己封锁住。

心理小贴士

交际应酬中,女人们,你不要表现得太精明,显露才华也要适可而止,适当的时候装装傻。当然,装傻也需要很好的技巧;否则,如果没有掌握得恰到好处,反而会弄巧成拙。这就考验到你见机行事的能力了。

有心犯点小错,让人更亲近

通常人们喜欢有才能的人,但是,何事都应有一个度,如果你的能力过强,过于突出自己,强到足以使对方感到了自己的卑微,事情就会向相反的方向发展。相反,一个犯小错误的能力出众者则降低了这种压力,缩小了双

第7章　适度地伪装：大事不糊涂，小事不计较

方的心理距离，因而也就赢得了更多人的喜爱。

程琳琳和汪可盈是某电器公司的销售副经理，两人表面上关系融洽，但却暗中较劲，因为双方都想在公司获得晋升的机会，得到更好的发展。

年底的时候，公司的销售总经理离职高就，总经理一职出现了空缺，公司决定从程琳琳和汪可盈两人中挑选一位担任总经理。但令领导为难的是，不知该把这个职位留给谁。因为这两位女士业绩不相上下，工作能力都很强，领导一时陷入了两难，实在不知该选谁更为合适。后来，公司决定采用竞选演讲的方式来选拔人才。

程琳琳和汪可盈都明白自己是提升的候选人，自此汪可盈开始更加卖命地工作，不允许自己有任何一点失误，而程琳琳除了一如既往地良好表现外，还做了一些小小的准备。

竞选演讲开始了，汪可盈的演讲十分精彩，用词准确，激情四射，还提出了一些相当不错的想法。但一贯以讲话声音洪亮著称的程琳琳，却在开场白时突然声音嘶哑，在场的人面面相觑。在程琳琳喝了一小口水，润了润嗓子后，又恢复了以往的洪亮声音，她借机调侃了自己一番，然后才开始了风趣幽默的演讲。

最后的结果是，程琳琳获得了大家的一致好评，顺利晋升为总经理。

女性朋友们，让对方更加崇拜你、喜欢你，并非一定要高高在上、做个完美无缺的女人，有时犯点无伤大雅的小错误，反而更可爱，会让对方更加喜欢你，更加信任你，更喜欢你的真实。

其实，一个善于处世的人，常常会故意在明显的地方留一点儿瑕疵，让人一眼就看见他"连这么简单的都搞错了"。这样一来，尽管你出人头地，木秀于林，别人也不会对你敬而远之。一旦他发现"原来你也有错"，反而会缩短与你之间的距离。

那么，对于犯点小错拉近距离的交际手段，女人需要注意的有哪些呢？

1.放低姿态

谦虚就会显得平易近人，朴实和气，对方就愿意与你相处；恭敬顺从，对方就会与你合得来，这种心理状态对你非常有利。相反，若以高姿态出

现，处处高于对方，给人一种咄咄逼人的气势，对方内心里就会感到紧张，而且容易产生逆反心理。

2.要有针对性

女性在人际交往的过程中，对于主动暴露的小缺点的内容要有所选择，有所变通。针对不同人群采取不同措施。比如，如果你是公司高管，那你不妨跟她谈谈你自己多年打拼的过程，让下属知道你跟她一样都是普通人，也会遭遇挫折；对于那些膜拜你长处的人面前，你不妨说点自己遇到的无伤大雅的小尴尬，让人感觉你很亲近。其实，自曝缺点，目的只有一个，就是主动向对方展示自己的不完美，让对方情绪放轻松。

3.不做高冷女人

高冷的女人难以让人接近，在交际中容易被孤立，所以女人还是亲近点较好，毕竟社会是一个普遍联系的整体。不管你地位多高，能力多强，想要与人亲近一点，想让自己的人际关系更为和谐，请给人留下一种亲切感，这样你的人缘才会越来越好。

4.展现你的可爱

一个懂得把握技巧犯点小错误的女人更可爱，因为它能让女人展现出一种轻松愉快的形象。在交际中，缺乏真实感的人际关系会给人一种不安全感。举例来说，在严肃沉闷的职场中，看惯了千篇一律的职业化面孔后，你的精灵可爱会给人清风拂面的感觉，加深老板对你的印象。

5.适当出点丑

有时候适当让自己出点丑，不仅会赢得他人更多的好感，还能在暗中获得竞争的胜利。毕竟，没有人愿意跟一个哪方面都比自己强的人在一起，人们更愿意和那些能力不如自己的人待在一起。所以说，适当出丑既是人际交往的常用法则，也是富有智慧的竞争之道。

> **心理小贴士**
>
> 善于处世的女人,常常故意在明显的地方留一点儿瑕疵,让人一眼就看见他"连这么简单的东西都搞错",这样一来,尽管你出人头地,木秀于林,别人也不会对你敬而远之。他一旦认为"原来你也有错"的时候,反而会缩短与你之间的距离。

学会装傻,做真正聪明人

"你好,杨经理。"艾拉对领导说,"昨天给您的那份策划方案您看了吗?需要您签一下字。"杨经理思考了一下,在他的办公桌上大体搜寻了一下,摇了摇头,对艾拉说:"艾拉,可是我这里没有你的策划方案啊。"

假如回到三年前,艾拉会斩钉截铁地说:"不是吧?我昨天明明已经交给了您的秘书,而且我亲眼看到她拿过来的,是不是您不小心把它丢弃了啊!"但是现在的艾拉是不会这样说的。既然杨经理在这里有模有样地说没有看到自己的策划方案,自己何必跟他翻脸争执呢?计较这些不过是浪费时间罢了!于是艾拉平静地说:"那行,您先忙,我去问问您的秘书,看看是不是在那里。"

走出杨经理的办公室,艾拉就直步走向自己的座位,艾拉从电脑中找到自己的方案然后再次进行打印。随后,艾拉带着自己的稿件再次来到经理办公室。当艾拉再把文件放到杨经理面前时,杨经理连看都没看就签了字,其实他比她还清楚文件原稿的去向。

面对冲突,你是怎么解决的呢?相信艾拉的巧妙化解值得我们思考。在职场中,女人要懂得聪明办事,但不要过于精明,要学会适当的让步、装傻,否则吃亏的就是自己。艾拉大智若愚的表现,不仅解决了问题,也给自己的形象加了分。

"大智若愚，大巧若拙"，这是古人留下的话。这句话的意思是拥有大智慧的人往往都表现得很愚钝，身手很灵敏的人往往都表现得很笨拙。其实，这是一种境界。人生中适当的"傻"是一种智慧，也是一种美德。在生活中，善于"装傻"的人做起事情来往往会有比一般人更多的机缘，糊里糊涂却总能笑到最后。善于"装傻"要求人们不要太执着，凡事要想得开，看得开，该糊涂的时候就糊涂。如果能够做到这一点，自然就能活得逍遥自在。

王刚和他的前女友张文在大学期间是一对甜蜜的恋人，可是毕业之后因为各种各样的现实问题而分手。结婚之后，王刚的妻子小娇知道他们那段回忆是自己做再多努力也抹不去的，因而明智地装糊涂，只字不提。

有一天，王刚说和他们大学的一群好友要组织一次聚会，而小娇却碰巧在和公司同事吃饭的时候，看到在饭店的一个地方王刚和张文在有说有笑地吃着饭。小娇当即随便找了一个借口带着同事去别处吃饭了。回家的时候，小娇的内心像打翻了五味瓶，但小娇知道王刚是个单纯的人，不会太出格，就此假装糊涂，没有提及此事，待他如昔。在王刚过生日的那天，小娇为他准备了丰盛的晚餐，就在那天晚上，王刚坦白了他去和张文见面的事。小娇原谅了丈夫当时的谎言，夫妻依然和平幸福地过日子。从那以后王刚再也没有与张文见过面，他对小娇越来越疼爱。

小娇是个聪明的女人，如果当时她愤然地去跟王刚吵闹，相信事情就会闹得非常不愉快，而彼此之间的矛盾也会加深。她了解丈夫的人品，不吵不闹，装作不知道平静地过日子，她赢得的是幸福的婚姻、丈夫越来越多的疼爱。女性朋友们，学会大智若愚，及时放弃、忘记那些生活中使你曾经不快乐的东西吧！要知道，爱情与婚姻是不能斤斤计较的。一个学会适当装傻的女人更幸福。

精而不露，才有任重道远的力量。这就是所谓"藏巧守拙，用晦如明"。人们不管本身是机巧奸猾还是忠直厚道，多半喜欢傻呵呵不会弄巧的人，这并不以人的性情为转移。所以，要达到自己的目标，没有机巧权变是

不行的。要学会装傻，懂得藏巧，不为人所识破。

那么，在交际中，适当装傻有什么好处呢？

1.逃避危险

在强大的对手高压下，在面临危机的时候，采取藏巧于拙、装糊涂，扮作"诚实"的样子，往往可以避灾逃祸、转危为安。面临险境或遇到突发事件时，装傻充愣，比临危不惧和视死如归要安全得多。

2.显示风度

面对别人的攻击和恶意，装装糊涂、一笑而过、装聋作哑、不予理会，这样不仅可以显示你的风度，更让人对你束手无策。在你受到攻击时，顾左右而言他也许是最好的办法，这样可以引开他人的注意力。

3.获取更多利益

在生活中，表面上看起来很傻的人，往往是最精明的，因为他们懂得装傻，懂得在危难处保护自己，懂得在选择中让自己获得最大利益。而那些看起来精明、事事为自己算计的人，常常得不偿失。

心理小贴士

装傻并不是人人都能做到的，它是一种人生境界。当女人具备了相当的品性，有了一定的修养，才能达到那种境界。装傻不等于真傻，有很多外表看上去聪明得很，做事也很精明的人实际上是真傻，因为她已把自己的优劣长短暴露得一览无余了。

适度伪装，更好地保护自己

萧何协助刘邦平息了韩信、陈豨、英布的叛乱，尤其是他使用计谋帮助吕后诛杀了淮阴侯韩信，除掉了刘邦的一块心病，使刘邦格外高兴。刘邦立即派使者封萧何为相国，增加食邑五千户，还派了一个由五百卫卒、一名都尉组成的卫队，护卫萧何。

群臣见萧何升官加爵，都来庆贺。唯独邵平忧心忡忡，他为萧何捏一把汗。

邵平是秦朝的东陵侯，秦亡之后，他成了贫穷的布衣，住在长安城东，以种瓜维持生计。他的瓜种得好，闻名遐迩，人们称为"东陵瓜"。

邵平也随着"东陵瓜"而出了名，他与萧何也因此成为莫逆之交。

萧何见邵平满面愁容，大惑不解。当宾客散去以后，他便问道："我升为相国，群臣来拜贺，你为何不快？"

"唉！"邵平心事重重，"灾祸开始找你了。你想一想，现在既然没有战事，圣上为何给你派卫队？他并非宠爱你，而是防范你呀！我劝你辞谢封赏，并且把家私财产捐出来，以解除圣上的怀疑……"萧何依邵平计而行。刘邦果然欢喜，不再怀疑萧何。

第二年，刘邦率军到外地平叛，因不放心朝政，经常派使者回京探视情况。萧何为此忧心忡忡。

邵平和一些门客提醒萧何说："你遭受灭族之灾的日子不远喽，你身为相国，居百官之上，功劳又名列第一，难道功名还能复加吗？你入关中，已经十余年了，军民都归顺于你，你的力量能够颠覆关中，所以圣上对你放心不下呀！"

"既然如此，我该如何是好？"萧何有些忐忑不安。

"你多买田地，广置房舍，故意败坏自己的名声，羞辱自己，这样圣上就会心安了……"萧何觉得有道理，就按照邵平所说，认真地为自己预留退路。

刘邦了解到真相后，表面上非常气愤，说要拿问萧何，安抚民众，内心却在窃喜，他以此认为萧何胸无大志，根本不足为虑，从此便放松了对萧何的戒备，萧何也得以从容地全身而退。

女人一定要注意，有些时候，不懂伪装，就会伤痕累累。适度伪装一下自己是一种人生智慧，也是一种交际策略。在现代社会中，无论是在哪个领

域,总会存在激烈的竞争,人人都在绞尽脑汁为自己谋取更大的利益,在竞争的过程中,就会用到各种出奇制胜的计策。在关键的时刻,故弄玄虚,伪装自己也不失为上策。

那么,女人在交际中适当地伪装自己有哪些好处呢?

1.自我保护

中国古代大哲学家荀子在论人性时说:"人之性恶,其善者伪也。"这句话的意思是说:人性是恶的,而善则是后天人为的。这就是著名的性恶论,同时也告诉人们做人要有"心机",必须适度地伪装自己,以防被恶人所害。

2.韬光养晦

"装疯卖傻"是一种临危之时收敛锋芒、韬晦待机的应变战术。它既能有效地隐藏自己的真实意图,又能出人意料地获得成功。运用这种战术的分寸在于"装假"必须"成真",必须做到天衣无缝,才能真正起到欺瞒对方,保护自己的作用。

3.获取人缘

莎士比亚说:"最好的好人,都是犯过错误的过来人;一个人往往因为有一点小小的缺点,将来会变得更好。"人不犯错,本身就已经是最大的错误了。在适当的时候,犯一些无关紧要的小错误,伪装自己的优势,能让对方安心,还可以更好地融入人群之中。

心理小贴士

兵书上总说兵不厌诈,在必要的时候,用伪装来迷惑别人,可以有效避免很多麻烦。而且还可以引诱对手作出错误的判断,从而能够给他致命一击。在人性丛林中,这实在是一个必备的生存技能。

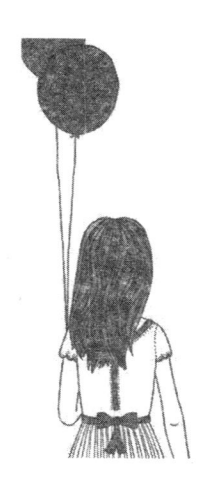

第8章　交际的智慧：
女人熟谙规则，才能左右逢源

交际场上有许多与人交际成功的技巧，如果你懂得挖掘与利用，那么你的生活可以说是左右逢源。比如，如果你想为自己与他人的关系开一个好头，那就记得留下一个好的印象；如果你想让对方欣赏你的个性，那就学会收敛自己的那些让人反感的臭脾气；如果你想让人脉不断扩大，那就请你多结善缘……技巧很多，关键是看你如何发掘、运用，希望大家能从本章中学到自己需要的交际智慧。

好的开始，离不开美好的第一印象

事物的第一印象是在人脑中的烙印，是非常深刻的，如果对某一事物的第一印象不好，可能需要很长的时间才可能纠正过来；有时候，甚至无法得到纠正。这个道理在人际交往中又何尝不是呢？"第一眼"的印象并非总是正确的，但却是最鲜明、最牢固的，并决定着双方交往的进程。一定要重视人家看你的第一眼，这会给人留下难忘的好印象。懂得培养"第一眼"让人喜欢的人，会在社交中获得成功。

王琛在一家软件公司任人事部经理，这两天，他为了招聘的事忙得焦头烂额。说实话，要想招到德才兼备的员工并不容易。王琛在桌子上一大堆的简历中挑了又挑，选了又选，最终决定让其中的几个人来面试。

李敏被叫进了面试间，很友好地跟王琛相互点头一笑，王琛示意她坐在靠近门口的沙发上。王琛眼前的这个女孩看起来很秀气，很文静，眼神里有几分的羞涩和紧张，但这仍旧遮挡不住她的自信。李敏对王琛提出的问题回答得非常得体，王琛频频地点头微笑，决定让秘书小高带她去隔壁实际操作一下，目的是考核一下她的计算机技术是否过关。

趁李敏去隔壁的空当，陈宇被请进了面试间，陈宇先是不耐烦地一屁股坐在了沙发上，开口的第一句话就是抱怨让自己等得太久。然后他靠在沙发背上跷起了二郎腿，开始对他的名牌大学、出身豪门信口开河。慢慢地，他似乎早已经忘记自己是来面试的了，王琛几次正在讲话的时候都被他打断。不过，唯有一点值得肯定，那就是他比起李敏来，所学的专业跟公司的要求更对口，而且技术方面也很过关。可是，他却让王琛感到很不舒服。

第8章 交际的智慧：女人熟谙规则，才能左右逢源

最后，陈宇还是被王琛客气地请出了面试间，出门前，陈宇还不忘很"自信"地问一句："行不行啊？如果不行，你直接告诉我，我还要忙着面试，没那么多时间。""回去等通知吧！"紧接着是"哐"的一声关门声。

这时，秘书进来告诉王琛，李敏的技术尽管还有待提高，但是，总体来说还可以，感觉是个可塑之才。王琛笑着点了点头，并嘱咐秘书给李敏安排工作岗位。接下来，他在陈宇的简历上画了一个大大的红色的"X"。

卡耐基说："良好的第一印象是登堂入室的门票。"因此，女人在和他人交往时一定要注意自己的第一印象，从外表到内在的素质，给人一种愉悦的感觉，让别人愿意和你交往，甚至主动和你交往。反之，如果给人的第一印象不佳，就可能遇到莫名的障碍。上面李敏和陈宇的例子就恰恰证明了这一点。

人们常说："不要以书的封面来判断其内容。"但是，全世界的人都是首先以书的封面来判断其内容，包括你和我。我们不可能读完一本书后再决定是否去买它。人际间的第一印象也是如此，往往几分钟就会形成偏见。

那么，女人应该如何塑造自己良好的第一印象呢？

1.学会运用身体语言

有大量研究表明，在人际交往过程中，身体语言所透露出来的信息要比有声语言的内涵更加丰富。在现实生活中，大多数人习惯以直观、迅速的方式对他人的肢体语言进行理解，有时候，这种理解方式对于发现积极或者消极信号有一定的帮助作用。

2.制造话题，"黏"住对方

正所谓"物以类聚，人以群分"，每个人的社交圈，实际上都是以自己为圆点，以共同点（年龄、爱好、经历、知识层次等）为半径，从而构成无数个同心圆。共同点越多，圆与圆之间交叉的面积就越大，共同语言也越多，也越容易引起对方的共鸣。

3.注意自己的姿态

有一些行为是初次见面时绝对要避免的：打招呼的时候左顾右盼，眼睛盯着别的地方；自顾自地先坐下；说话的时候不直视对方的眼睛；说话喜欢抖腿或者晃动身体；坐着的时候分开双腿或者是斜坐。

> **心理小贴士**
>
> 女人应该记住这样一句话"形象就是名片"。心理学中有一种心理效应叫作"首因效应"，即第一次交往中给人留下的印象在对方的头脑中形成并占据着主导地位，也就是我们常常说的"第一印象"最重要。第一次见面给对方的印象会根深蒂固地留在对方的脑海里，所以女人对此一定要多加注意。

伸出援手，就是帮助未来的自己

在开始经营自己的人际关系的时候，我们需要了解的是，有很多成功人士一直都秉持这样的信念：不管所交往的人地位高低，尽量帮助他们。这些成功人士总是能说到做到，从而给人一种值得信赖的感觉。其实，帮助别人就是帮助未来的自己，当你给予他人帮助的时候，对方一定心存感激，当某一天你需要帮助的时候，将会有一双热情的手向你伸出。

陈晓晓是一名策划，她是一名上进心很强的女孩，最近她费了很大力气制定了一份策划书，内容很有价值，但是不合经理胃口，被打回重写。办公室不少人对此冷嘲热讽，见到陈晓晓就挤眉弄眼，为此，陈晓晓心里感觉相当郁闷。

下班后，同事王姐过来帮她看了看策划书，为陈晓晓提了一些合理的建议。陈晓晓进行了一定的修改之后交给了经理，结果这个项目策划被经理采纳了，还给陈晓晓加薪奖励。陈晓晓将王姐的帮助牢记在了心里。

后来，王姐想申请配一台笔记本电脑。按照惯例，这个申请十有八九会被打回来，但笔记本电脑对经常出差的王姐来说又很必要。王姐在办公室一

第8章 交际的智慧：女人熟谙规则，才能左右逢源

直没好意思提，她觉得自己跟陈晓晓关系不错，就私下里问陈晓晓，希望她能帮自己想一个好办法。自从上次王姐帮助自己以来，陈晓晓一直希望有机会能报答王姐，这次王姐来求助自己，陈晓晓感到非常高兴。于是陈晓晓给王姐出了一个点子，让王姐在申请书上注明："这台电脑将在与我们有业务往来的那家公司以最低价格购买。"结果王姐的申请被批准了。

拓展人际关系的最高境界就是互利，而非总是希求得到别人的帮助。我们对人一分好，对方自然会涌泉相报。懂得分享的人，最终可以获得更多。因为，朋友都愿意与他交往，他的机会也就越多。

在公司，董海珍是一个热心肠的人。不管是在工作中还是在生活中，她对同事、朋友们的求助一向有求必应。虽然这会在一定程度上影响自己的工作，但董海珍总是在下班或者休息的时间把耽误的事情弥补回来。这些都被同事们看在眼里。

前不久，董海珍在与一位客户接洽时遇到了麻烦。原来，这位客户是俄罗斯人。他本人不懂英语和汉语，在语言沟通上存在着巨大困难。在前一阶段的接触中，他们都是通过客户随身带来的俄语翻译进行沟通的，可不巧的是，在接洽的最关键时刻，这位俄语翻译病倒了。俄罗斯客户在中国没什么人脉，无奈之下，帮助客户请翻译的事就落在了董海珍身上。可问题是，董海珍所在的城市不大，她又能去哪里找俄语翻译呢？

得知董海珍陷入困境后，同事们第一时间就行动了起来。有的人主动与认识的俄语翻译联系，有的人帮助董海珍用翻译软件翻译文件，还有的人给董海珍出主意，叫她先带客户参观工厂，说不明白的不代表看不懂。在大家的共同努力下，三天后，谈判又恢复正常了。

不久好消息传来，董海珍拿下了这个大订单。董海珍在帮助同事的时候，已经为帮助自己埋下了伏笔。

帮助别人，就是帮助未来的自己，在人际交往中，女人一定要记住这一点，只顾自己的人是难以在社会上长久立足的。那么，在他人需要帮忙的时候，女人该如何伸手帮忙，主动做些什么呢？

1.对他人情况有所了解

没有真正了解别人的需要,怎么能帮助他人呢?想要帮助别人,我们就要懂得用智慧来判断对方的心理状态,看看对方需要什么。还要花一段时间研究、观察对方的反应,这对了解他人、增加慈悲而言,是非常重要的。

2.发自内心,不居功自傲

在人际交往中,当我们帮助了他人时,不必以此沾沾自喜,自鸣得意,更不能摆出一副救世主的面孔,因为我们的帮助应该是无私的、诚恳的,不存在半点恩赐的感觉。如果老记得自己有恩于他人,这样活着岂不是很累吗?另外,老是有此类思想的女人,即便是付出了很多,也不会收获多大的好人缘。

3.学会鼓励,给予精神支持

认可、赞美和鼓励,能使白痴变天才;否定、批评和讽刺,可使天才变白痴。请永远不要否定、不要批评、不要讽刺他人,请相信所有人都重要。如果你身边的朋友遇到了困难,即便你真的无能为力,那么你也不要置之不理,因为我们每一个人都能给予对方鼓励及赞美的话,这些都能让别人调整状态,一扫往日不好的情绪。一个懂得赞美和鼓励的人一定会是朋友圈中的暖心姐妹。

心理小贴士

女人要注意,生活中,我们不但要勇于帮助人,也要学会怎样帮助人。这其中,最重要的一点就是,给人家留面子。如果高高在上,像施舍一般帮助别人,不但别人不领情,还可能会恶化你们之间的关系。

学会保护自己,远离损友

"在家靠父母,出门靠朋友",在一个人的交际过程中,朋友的影响可

第8章 交际的智慧：女人熟谙规则，才能左右逢源

以说非常大。与正直的人交友，可以使自己积极向上；与颓废的人交友，可能会使自己不思进取。可见，交友不慎，就很可能导致人生偏离航向，甚至成为引发灾难性后果的起因。所谓"害人之心不可有，防人之心不可无"，分清朋友的良莠，才能远离损友。因此，交友要仔细，千万不要把损友视为好友，让自己陷入困顿和苦恼中。

女人在交友的过程中一定要懂得把握好社交尺度，学会保护自己，下面这个案例就是要告诉大家交友不慎的危害。

凌凌怎么也没有想到，如今自己竟然住进了戒毒所，花样的年龄，自己却遭遇着这样痛苦的事情。在戒毒所的这些日子，凌凌的头脑才逐渐清醒，她终于认识到交友不慎的后果了。

一开始的时候，凌凌热情开朗，可爱清纯，无论走到哪里总能交到贴心的朋友，好姐妹不计其数。

其中一些好姐妹是在迪厅结识的。那天，凌凌跟着一个室友去迪厅体验生活。在那里，凌凌意外地结识了一群活泼的女孩子，并被她们身上的叛逆劲儿深深吸引了。毕竟在这之前，凌凌从来没有接触过这样的人，看着她们在迪厅里舞动身姿，跳得那么投入，凌凌真的是被她们吸引了。于是，她不顾室友的提醒，毅然地走进了她们的圈子。

在凌凌看来，和这些叛逆的女孩子交往也没什么不好。活得很潇洒，至于被她们带坏，那是不可能的事情，她相信自己还是有原则的，只不过是想跟她们在一起寻开心罢了。就这样，凌凌经常参加她们的活动，和她们一起唱歌、逛街，甚至一起吃饭、睡觉。刚开始，听到她们说着粗野的话，她就在一边偷笑，觉得很好玩儿，渐渐地她就被传染了，也开始不自觉地说起脏话来，原本说话细声细气的她现在不亚于高音喇叭，她的这些变化让室友很吃惊，提醒她不要再和那些人来往，可是她哪里听得进去，还劝室友不要把人想得太坏。

终于有一天，凌凌受她们的诱惑开始吸毒了。刚开始，她只是觉得好奇，看着她们把白粉吸进去之后那舒服劲儿，她就忍不住想试试，谁知很快就上瘾了。从那以后她对毒品的依赖程度越来越严重，最后居然开始注射毒品，要不是及时被警方发现，送去戒毒所强制戒毒，她现在恐怕已经被毒品折磨得不成人形了。

凌凌的遭遇真让人痛心，因为交友不慎，一个好端端的女孩子居然走上了吸毒之路，断送了自己的前程。

女人应该明白，社会上形形色色的人有很多，并非接触到的所有的人都能成为自己的朋友，如果自己分不清善恶，那么终有一天自己也会遭遇像凌凌一样的处境。朋友是人生命中的一个重要组成部分，对人的一生有很大的影响。交什么样的朋友，就会有什么样的命运。所以，在对待朋友的问题上，必须谨慎。

那么，女人怎样分清身边的朋友是善还是恶，尽量少打交道呢？下面几点可供大家思考。

1.喜欢搬弄是非的人

每个人的身边都会有一些搬弄是非的人，他们唯恐天下不乱，到处东拉西扯制造矛盾，这样的人其实是非常可怕的。有句话说得好，"说人是非者，必为是非人"，这种人热衷一切八卦事件，喜欢在背后搬弄别人的隐私。如果你跟这种人交朋友，就会卷进"是非"的旋涡。这个时候，最明智的选择就是逃离是非之地，远离是非之人。

2.待人别有用心者

这种人善于包装和伪装自己，在交往过程中察言观色、投其所好，以漂亮的语言施以恩惠迷惑对方，一旦时机成熟就会露出真面目，利用事小，最终带来经济和情感的损失就大了，那种别样的伤痛或许一生都难以愈合。

3.基本道德有问题的人

缺乏基本道德和礼貌的人，不管学历有多高，资历有多深，缺乏道德和基本的礼仪，当身边的朋友遇到困难的时候，缺乏帮助的基本修养，公共场所乱丢垃圾，公共汽车上不给老人让座，捐款捐物的时候没了人影等，缺乏基本道德的人还是不与其交朋友好。

4.无休止索取的人

"你还是我的好朋友吗？这点忙都不帮吗？"有人很难一口拒绝这样的

第8章 交际的智慧：女人熟谙规则，才能左右逢源

要求，问题是要求、索取成了习惯，朋友成了自己的仆人。要知道，朋友的帮助本出于一颗无私、友爱的心，但不意味着人家就无所不能、有求必应，专门为你一个人提供私家服务。如果你身边有这样总是无休止的索取的人，那请你学会拒绝，远离他们吧。

心理小贴士

女人要注意，一个人的身份的高低，是由他周围的朋友决定的。朋友越多，意味着你的价值越高，对你的事业帮助越大。善于发现别人的优点，转化成自己的长处，你就会成为聪明人；善于把握人生的机遇，把它转化成自己的机遇，你就会成为优秀者。多交一些益友，这样你的生活才会不断进步。

学会包容，让周围的环境更和谐

肯尼斯·库第在他的著作《如何使人们变得高贵》中说："暂停一分钟，把你对自己事情的高度关注，跟你对其他事情的漠不关心，互相作个比较。那么，你就会明白，世界上其他人也正是抱着这种态度！这就是说，要想与人相处，成功与否全在于你能不能以同情的心理，理解别人的观点。"其实，换句话说，就是理解、包容。一个懂得包容他人的人在交际中定会收到极好的回馈。

我们看一下下面这个故事：

在一片大草原上，所有的动物都为如何才能更容易捕获食物而绞尽脑汁，费尽心机。只有野驴和狮子聪明，它们选择了合作。

它们约定：野驴负责寻找食物，因为野驴有耐力，跑得远；狮子负责捕捉食物，因为狮子的爆发力好，天生就是捕获猎物的料。它们在一起互相扶持，各取所长。因为狮子是草原之王，所以野驴同意由狮子来实施分配捕获到的食物。

它们在一起捕猎，分工协作。果然，它们总能比其他动物更加迅速地捕捉到肥美的食物。这样，它们的合作让双方都尝到了甜头。

然而，时间一长，双方就暴露出了各自的缺点：野驴脾气很倔，不把狮子放在眼里，经常顶撞狮子；狮子秉性霸道，每次野驴顶撞它，它就感觉自己的权威受损了。

这一次，它们通过合作，又满载而归，狮子继续行使着分配的职权。可这次，狮子却把食物分成了三份，并且霸道地说："我拿第一份，因为我是草原之王；而且我还应该拿第二份，因为这是我们合作中我所应得的；第三份，我们可以公平竞争，不过我还是劝你赶紧滚开，把它让给我，否则你就要大祸临头了，你将成为我的第四份美餐。"

野驴忍无可忍，终于离狮子而去。狮子把野驴赶跑后，食物很快就吃完了，狮子不得不开始独自狩猎。因为缺少了野驴的帮助，狮子再也不能轻松捕获肥美的食物了。每当狮子饥肠辘辘的时候，都会想起野驴。

可以说，狮子和野驴本身就性格不同，一开始它们知道，即使自己再怎么不喜欢对方，但是为了生存，为了不饿肚子，它们也要包容对方，互相合作。可是时间一长，狮子就不耐烦了，狮子忘记了它们当初在一起合作的初衷，它不肯包容野驴，最终赶跑了野驴，从而也让自己开始过上了饥肠辘辘的日子。

相信各位女性朋友已经看明白了上面的故事，故事中野驴和狮子不正是现实生活中各类人群的影射吗？在与人交际的过程中，如果我们事事由着自己，没有一点包容意识，那么我们自己的道路也会走得非常艰难。包容，是任何一个女人沟通的必备素质。一个懂得包容的人，更能打造出一个出色的自己。

1.互换角度，让心更明了

把自己当成别人，站在对方的角度去感受对方的情感；把别人当成自己，感同身受，用亲身去体验别人的感受；把别人当成别人，我们无法强求

别人改变，只能去理解体会别人；把自己当成自己，我们的一切理解和包容并非为了别人，而是为了自己。为他人着想，有时候其实是为你自己着想。

2.远离抱怨，拒绝消极

抱怨就像思维的一种慢性毒药，在我们的大脑中毒的同时，我们的人生态度、行动被"抱怨"这种强烈的毒性感染。在抱怨的生活中，我们的意志不断受到消磨，就像可以"溃堤"的蚂蚁一样，精神之堤瞬间被生活的洪水化为乌有。

3.适当忽略对方的缺点

忽略对方的缺点，可以消除交际的"阴影"。我们都是凡人，食的是人间烟火，谁也不可能完美无缺，只要不是原则性的大问题，就不要求全责备。对方无意间带给你的小小伤害或不悦，打个哈哈就过去了。女性应该多看看对方的优点，不要抓住对方的缺点不放，否则自己就被限制在自己微小的交际圈子里无法迈出大步伐。

心理小贴士

女性朋友们，不要事事认真，为了一些鸡毛蒜皮的小事斤斤计较。在漫长的人生道路上，我们会遇到许许多多的挫折和困难，也会遭遇许多的误解和不快，这时生活要求我们学会宽容。宽容别人，便是善待自己；宽容别人，才能让自己拥有更多轻松与快乐。

好脾气，交际成功的必备武器

冰冰在公司办公室任职，是个能干的姑娘，工作也认真负责。但她的脾气不好，总是容易急躁发怒。

有一次，冰冰正专注地打一份报告，人事部的小娟来盖章。冰冰的工作

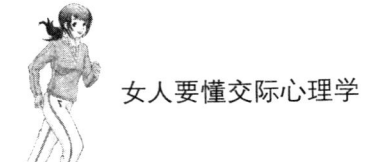

被打断了，很生气，于是她就一边看着需要盖章的报表，一边打开抽屉，嘟哝着："上午不是盖过了吗，又来？你不会把报表凑到一起拿来盖章吗？真烦人！"说着，赌气似的把章往报表上一盖，就扔桌子上了。

这时，策划部长宇来了，他告诉冰冰他们要用会议室，让她把门打开。可是，冰冰刚坐下，一听就来气了："我说过多少回，想要用会议室得提前打招呼，怎么就是记不住！"说着把登记簿一扔，自己拿着钥匙去开门了。

小娟和长宇对视了一下，然后望着冰冰的背影摇了摇头。到年底评比的时候，冰冰的分数比较低，也就是说几乎所有跟她有过接触的人都给了她差评。公司看到她如此不讨人喜欢，自然就将她开除了。

好脾气的女人具有一种独特的魅力，就像一杯浓郁的佳酿，让人百看不厌，尝了更会赞不绝口，因此，纷纷想与之亲近，欲罢而不能。好脾气的女人就是这样具有魔力，让人不得不爱。好脾气的女人对人、对事都是包容和接纳的态度，好脾气是一种难得的品质，是精神的成熟和心灵的丰盈，更是看破了人生之后所获得的那份从容、自信和超然。一个拥有好脾气的女人，在交际中一定备受欢迎。

艾女士自认为是一个坏脾气的人，她常年在外地工作，这么多年来，她将在外地受的委屈和痛苦、遭遇的不顺和烦恼，一股脑儿地洒给了家人。有时候，妈妈做的饭菜不可口，她要嘟囔抱怨好半天，爸爸没能帮她办成事情，她就给爸爸黑几天脸，妈妈心疼外孙女多给了零花钱，艾女士也会毫不留情地大声数落。

即使是面对朝夕相处的老公阿海，艾女士也没好脸色。阿海拖地不干净，艾女士会瞪大了眼睛斥责；阿海应酬晚归了，她会堵在家门口教训他；女儿作业没认真写，她气得将孩子的作业本甩在地上；女儿成绩下降，艾女士就暴跳如雷。这么多年，家里似乎没有安宁的日子，艾女士也疲惫了。

妈妈常常对艾女士说："你这孩子，人能干，心地也善良，就是脾气不好。"老公阿海也说："你这人，一辈子全是脾气害了你！"女儿也多次表示抗议："妈妈呀，啥时候改改你那坏脾气，我就少流几次眼泪。"

因为艾女士的脾气，一家人都不太敢招惹她，慢慢地就没有了家的温

馨，彼此的情感也慢慢疏远了。不管是孩子还是父母、老公，他们都不太想与艾女士打交道，艾女士的生活越来越不好。

在人际交往中，女人要磨炼自己的脾气，懂得收敛自己，否则就会像艾女士一般，连家人都不愿与她沟通。那么女人如何改掉坏脾气，培养好脾气，从而获得好人缘呢？

1.学会尊重别人

女人如果能尊重、礼貌、友好地对待你的同学以及朋友，并能做到诚实、守信，那么你的人际关系一定不会太差。相反，如果女人总是自命不凡，待人苛刻，不懂得尊重和体谅他人，那她的人际关系也必然会紧张。所以说，在与人相处的过程中我们一定要做到尊重对方，一个不懂得尊重他人的人是不会有好人缘的。

2.不迁怒他人

现实生活中，我们会由于工作的压力过大出现焦虑不安，烦躁等情绪，变得易怒暴躁，恨不得脸上写着"生人勿近"，这种情况下坏脾气的人会迁怒到他人身上。这时候女人一定要沉住气，耐心听听他人的想法，不要过早地施加批判。为了积极的生活，改善这种状态，就要自主地调整自己的情绪，让自己的浮躁沉淀下来，化为一种平静，成为一种讨度。

3.用商量的语气与人沟通

心理学家告诉我们，要想让别人对你有好印象，你就必须表现出温和的态度。所以，在与人沟通时，我们就应当采用一种商量的语气，让别人感受到你的理智。长时间下来，大家都会觉得你是一个好脾气的人，也都愿意与你沟通，你的人缘也会越来越好。

心理小贴士

生活中，好脾气的女人，会成为人人夸、人人赞的好姑娘、好媳妇、好妈妈；好脾气可以让女人在社交中获得好人缘、好口碑，从而让女人赢得家庭、事业的双丰收。因此，拥有好脾气，女人将一生受益！

做人没有诚信，何谈交际

邸小芸是程旭初中时的同学，她不但聪明活泼，而且能说会道。后来，邸小芸一心想赚钱，放弃了继续学习进修的机会，在高考结束后就应聘到一家空调公司进行家用空调的推销工作。凭着灵活的头脑，邸小芸很快就掌握了一定的空调技术和推销技巧，并渐渐地在公司站稳了脚跟。

一天，邸小芸找到程旭，要程旭在大学里帮她多联系一些客户，以便提高自己的业绩。基于对老朋友的信任和支持，程旭一口答应了她，并在两天后就介绍了一位想买空调的朋友给她。

双方见面时，邸小芸充分地表现了自己推销的天赋，大方得体的谈吐、诚恳实在的推销很快就打动了客户。两个小时后，他们就谈妥了一单六千多元的空调生意。拿到了一半的订金后，邸小芸高兴地离开了。

程旭为自己一下帮助了身边的两个人而感到高兴，并认为这是一个双赢的交易。可是事态的发展出乎程旭的意料。首先邸小芸应诺的空调一拖再拖，没有及时送货。经过客户多次催促，总算在一个多星期后送来了，但是空调质量有严重问题。只用了几天，空调就出现了各种问题！经检查，发现邸小芸用了同型号中的次品，电源质量也不好。客户认为邸小芸的空调质量有问题，要求退货。

邸小芸一口拒绝，认为空调的型号是由客户自己选择的，现在坏了可以拿回去保修，但不允许退货。同时，她还拿出了当初两人签订的合同书来验证，大玩儿文字游戏。权衡之下，客户没有办法，只好把空调送回去修理，这又是半个多月的时间。客户与邸小芸因此反目成仇，再也没有任何联系，而夹在他们中间的程旭更是左右为难，非常尴尬。

本来程旭还有几个朋友想购买空调，程旭也想介绍他们到邸小芸那里购买，但是程旭看到邸小芸不是很讲信义，便打消了这个念头。这件事的结果是：邸小芸赚取了一笔小钱，却永远地失去了朋友和客户的信任。

第8章 交际的智慧：女人熟谙规则，才能左右逢源

"诚实守信是成大事者的最大关键。"一个人要想赢得大家的信任，一定要下极大的决心，花费大量的时间，不断努力才能做到。人与人的交往，是建立在诚实守信的基础上的。成功者信守承诺，珍视合作的基础，以诚实取信于人。如果你总是投机取巧，终有一天你的道路将难以走下去。

做一个有诚信的女人，你需要注意以下几点：

1.诚实

为人诚实，就是要诚实地对待朋友，当朋友真诚地与你交往，关心你、爱护你的时候，你也以同样的真诚，甚至更多的真诚去回报朋友，滴水之恩，当以涌泉相报。这样以心换心，朋友之间的友情必然是根深叶茂。

2.严于律己

人生活在这个社会中，就像是一条锁链紧紧相扣，如果其中有一环松动，那么它就会从锁链中脱落下去。任何人不能脱离社会而孤立存在，你诚信待人而没有得到别人诚信待你时，请继续律己，否则你就是脱落的那一环。

3.远离欺骗

要做一个真诚的人，切忌平时欺骗他人，欺骗也许能得一时之利，却不能维持长久。如果你的谎言被人看穿，即使以后你真的有诚意，仍会被认为是另一种姿态的虚伪。

心理小贴士

女人一定要树立诚实守信的观念，应该使诚信贯穿在自己的所有行为中，用诚信要求自己，让诚信成为自己的习惯。当这种习惯形成的时候，也就是人格魅力增加的时候，也是我们无形资产增加的时候。

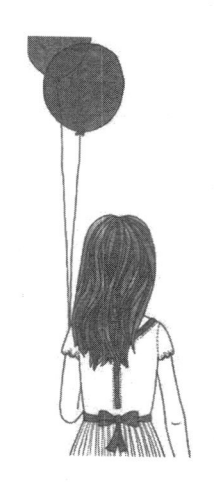

第9章　人情早储备：
扩大圈子，让身边多点贵人

　　交际圈子的大小对一个人的见识与成就有着很大的影响，很多时候你的人际关系能够决定你的未来。一个人的眼光如果放的足够长远，那么他就懂得去建立好自己强大的人际关系，并且不断去拓展延伸，迎接更有利的资源。生活是个大舞台，每个人都在其中扮演着不同的角色，同时进行着广泛的社会接触和人际交往。人脉就是生活中的一张关系网。假如你想在这张网中活得轻轻松松，自由自在，并有所成就，那就开始蓄积人脉，储备人情吧！

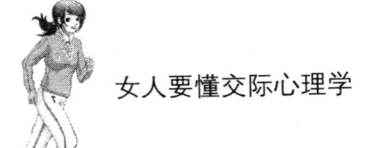

热情待人，让更多人喜欢你

有些人总认为人际交往十分神秘，不可捉摸，其实，只要掌握了交际的秘诀，就能游刃有余地处理好与他人的关系。除了举止要得体大方、待人接物要礼貌之外，我们还要学会热情待人。热情就像是一团火，它能迅速融化对方的心，让彼此的关系更为亲近。

周一中午，店里的人稀稀松松，比较清闲。陈女士绷着脸来到糕点柜台前，店员小李含笑迎上去："姐，您想买点什么点心呢？"

"什么也不买，看看不行吗？"

说完，这位陈女士连看都不看小李一眼，毫无表情地从柜台边走过去。小李也随着陈女士走过去，边走边想：这位大姐是遇到啥不开心的事情了，越是这样的情况，我越该热情一点，这才是正确的选择。

小李一边走，一边还是那样态度和善地说："这段时间我们新研制出了几种非常诱人的糕点，味道真的是超级好，您想看看吗？您可以尝尝喜不喜欢，我给您介绍一下……"陈女士被小李那火一般的热情感动了。陈女士抱歉地说："小姑娘啊，刚才我冲你发火，你没见怪吧，我家儿子不听话，每次还没来得及吃饭就跑出去跟他的小伙伴打球去了，气得我真想揍他。这不，刚进来逛的时候，我还在生气，所以就委屈你了啊！"

"大姐，您教育孩子是应该的，可要注意方法，不能打孩子，这样会引起孩子的叛逆心。"陈女士感动地说："姑娘啊，你真是好人，刚才我无故对你发火，你不仅不生气还愿意跟我交流……"

自从那次与小李交谈之后，陈女士每次买糕点都去小李的店里，在陈女

士看来，小李的糕点就像她的态度一样让人喜欢。

不仅陈女士喜欢小李，还有好多顾客也都慕名来她家买糕点。有一天，一位心烦的大哥来大楼里买东西，因为刚喝了酒心烦，就和一位售货员吵了起来。他带着气又来到对面的糕点柜。这时满面笑容的小李迎了过来，主动和他打招呼。这位大哥怒气未消，连让小李称了几种糕点，每种都是只要两三个。小李非常麻利地给这位大哥称了糕点，包装好。这位心烦的大哥被感动了，脸上露出歉意。从那以后他常来买糕点，还说："我来看小李姑娘，是因为她对客人太好了。在小李那儿买东西——心里总觉得很舒坦、很高兴，回到家里也总是忘不了。"

在心理学家看来，人们喜欢热情的人是因为热情的品质具有很多特质，它令人想起其他有关联的优良品性，这体现出了"光环效应"。人是否热情，是他是否受欢迎的关键。受欢迎的成功者有个共同点，即他们热情待人处事。要想胜利就要有热情。

那么，热情对女人来说有哪些好处呢？

1.让沟通更顺利

热情是一种令人感觉愉快的、既悦己又悦人的发挥正面作用的情绪。热情是人际交往中的一种润滑剂，它能够有效缩短双方的心理距离，为进一步深入沟通与交往创造良好条件。

2.给自己带来力量

热情是一种振奋剂，它可以使女人乐观、勤奋、向上，对工作充满希望和自豪；热情是一种精神状态，可以鼓励女人更好、更愉快地完成现有的工作，保持旺盛的精力，以锲而不舍的精神开展工作，实现自己的人生价值。

3.让女人更青春

热情永远是女人生命中最正面的能量。热情是一种年轻的体征——越年轻的人越有激情。反过来说，是热情让人年轻，保持热情就保持了年轻。人的青春一如人的感官，也是用进废退，你经常迸发热情，就能保持和升华热情，做人才容易成功。

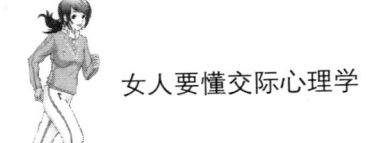

心理小贴士

热情是高情商的表现之一。高情商的女人对生活和工作都保持热情或者激情，她们知道调动自己的积极情绪，让好的情绪伴随每一天，不让那些不良的情绪影响到生活或工作。热情是一个女人拥有无穷魅力的源泉，从现在起抛开你心中的冷漠，做一个热情的女人吧！

结交新朋友，建立新人脉

平时大部分人都有将钱存入银行的习惯，以备不时之需。其实人脉就像金钱一样，需要提早进行"储存"，否则等到以后有需要时想提取，账户空空，解决不了眼前的难题。马克·吐温曾经在谈到朋友时说过："结交朋友最恰当的时期，是在你感到需要朋友之前。"所谓"朋友多了路好走"，试着去结交一些新朋友吧，相信总有一个人会成为你最可靠的友人。

王晓慧今年27岁了，她性格比较活泼，也喜欢跟人聊天，甚至是陌生人她都能很快与对方熟悉起来，特别是她在旅途中无聊的时候。

有一次，王晓慧去北京出差，在高铁上，和同位的素昧平生的人聊了起来，那位朋友待人非常热情，又是给点心，又是一起吃水果。在攀谈中，王晓慧了解到，原来这位朋友是一名高校教师，从事教学已经很多年了，长时间从事一项工作对于他来说有些倦怠，于是他就离职并经过几年的努力自办了一个公司，自任这家公司的老总，现在这家公司发展得非常红火。他们聊得很投机而且非常愉快。

到北京火车站后，王晓慧和这位朋友互相了联系方式，其实他们只是聊得来而已，谁也没有想到今后可能会用到谁。

天有不测风云，人有旦夕祸福，没想到过了两个月后，王晓慧所在的单

位倒闭了,她只好重新找工作,但是找了几个月仍无满意合适的,房租也到期该缴纳了,工作还没着落,她急得像热锅上的蚂蚁。

有一天王晓慧正心烦,忽然想起了那位在坐火车的过程中遇到的朋友,于是就给那位朋友打电话,说明了自己的情况,问他那里有没有适合自己的岗位。那位朋友回答说,目前他的公司不缺人,但是,他有一个好朋友开的公司正在招人,可以介绍王晓慧过去试试。就这样,王晓慧很快找到了新的很满意的工作。就这样一个普通得甚至还不能称为朋友的人帮她渡过了难关。

好莱坞流行一句话:"一个人能否成功,不在于你知道什么,而在于你认识谁。"正如这句话所言,这是一个人脉大行其道的年代,谁都不可能成为孤胆英雄,不管你是商界的领军人物,还是普通的公司职员,都不能逃脱一张关系网。人脉是需要不断积累的,即便是当下对你的人生并无多大干系,但总有一天会给你带来意想不到的希望的,就像案例中的王晓慧。

那么,女人该如何结交朋友,建立自己的关系网呢?

1.把握现有资源

每个人的成长过程中都会遇到很多人,如我们的亲戚、朋友、同学,这些都是我们的现有人脉,所以我们一定要把握好自己拥有的朋友,多联系、常沟通,不要有了新朋友忘了老朋友,要相信这些才是陪伴我们更为长久的人。

2.通过他人关系认识新朋友

通过第三者来传达自己的心情和愿望,在拓展人脉中是常有的事。人们会不自觉地发挥这一技巧。比如,"我听同学老张说,你是个热心人,能够认识你非常荣幸。"但要当心,这种话不是说说而已的,也不能太离谱,有时有必要事先做些调查研究。

3.自己创造机会

开拓人脉资源,要善于把握机会,抓住一切机会去做。比如,参加婚宴,你可以提早到现场,那是认识更多陌生人的机会;参加活动,要多与他人交换名片,利用休息的间隙多聊聊;在外出旅行过程中,要主动与他人交流……我们要充分准备,找机会恰当地表现自己。

心理小贴士

世界上没有人是你无须交往的，只是因为你对他不够了解，或对他的态度不够诚恳，你绝对是一个想成功的人，但你首先必须先建立好人脉，只有建立好人脉关系，你才能成功。人脉网络是人与人之间传递信息的捷径，许多信息由于这个网络得以在最短的时间从你的朋友那里传到你这里，假如你总是封闭自己，那你的道路将会越走越窄。

提升自我价值，扩大吸引力

如果一个女人觉得自己是个不合格的、不重要的、低下的或者无能的人，你就会根据你的思想去支配行为。你觉得自我价值低，你就会觉得自己生来就是失败者，该被淘汰，不值得被人爱和接受。既然你自己都这样觉得，那在交际中谁还愿意与一个如此消极的你来往呢？所以说，女人想要获得更好的交际效果，就要懂得提升自我价值，吸引更多的人来到自己的身边。

女性朋友们可以看一下下面这则故事：

在一座寺庙里，住着老和尚和小和尚。老和尚每天都在读书念经，小和尚则每天砍柴挑水。

有一天，小和尚忍不住跟老和尚说："师父，我想读书……"老和尚拿了一块石头来，说："这样吧，今天你把这块石头拿到山下的集市里去卖，不过无论别人出多少钱你都不要卖。"小和尚不明白老和尚的意思，为什么让自己去卖石头却又不准卖出去呢？但这是师父的命令，小和尚不得不听。

小和尚带着石头在集市里待了一天，直到日落时分，才有一个人愿意出六文钱买它："因为它的样子很别致，我想买回去给我女儿玩。"

小和尚心想，一块石头能卖六文钱啊！可是，师父叮嘱过他不能卖啊。

因此小和尚没有答应那个人的请求，带着石头回到了庙中，并将这件事告诉了老和尚。

"你明白了吗？"老和尚听完后问。

小和尚感到很奇怪："明白什么啊？"

老和尚笑了笑，什么也没说，拿起石头回房了。小和尚只好再去砍柴挑水。

一个月后，小和尚又耐不住寂寞了，便对老和尚说："师父，我不想砍柴，我想读书！"老和尚像上次一样，又拿出了那块石头："这次你把石头拿到山下的布庄老板那里去卖，不过还是和上次一样，不能卖出去。"

小和尚百思不得其解，为什么让我去卖还不让卖出去呢？但为了读书，小和尚压下了内心的疑问，带着石头来到了布庄。布庄老板拿着石头看了好半天后说："这样吧，我没有多少钱，我出500两银子买你这块石头。"

小和尚吓了一跳，一块石头怎么这么值钱啊！

布庄老板笑着对小和尚说："你不要看它是一块普普通通的石头，其实，它只是外面包裹了一层石头，里面是一块无价的宝玉。这就像古代的'和氏璧'一样，只是外表被掩盖了而已。"

小和尚连忙摆手，连说："不卖了不卖了！"然后抱着石头就往寺院跑。

师父问他："明白了？"

小和尚回答："明白了……"

老和尚接着问："你明白什么了？"

小和尚回答："师父要我卖这不能卖的石头，是在教我一个道理：要想认识世界，先要认识到自身的价值，挖掘内在的宝藏。"

老和尚满意地点了点头，从此按照老和尚的教导做事，最终成了有名的禅师。

如果一个女人不懂得认识自我价值，不断努力提升自己，那么她怎么可能有所改变，又怎么可能优秀到吸引他人的注意力呢？人生就是这样，一个人如果能够做到不断提升自我，让自己永远具有吸引力，就不怕没有人发现。与其四处找船坐，不如自己修一座码头，到时候何愁没有船来停泊。所以说，想要有一定的吸引力，那就先发掘自己的价值，不断提升自己吧！

那么，女人在提升自我价值方面需要做些什么呢？

1.切记莫自卑，看好自己

每个人都有属于自己的独特价值，我们应该接纳自己，而且，自身价值的大小并不在于他人的评价，而在于我们给自己的定价。一个人的价值是绝对的，坚持自己，重视自己的价值，给自己成长的空间，每个人都会成为"无价之宝"，我们将告别平庸的人生。

2．注意自己的口碑问题

每个人都有自己的圈子，为了工作赢得更多的人际资源，首先就要经营好自己现有的社交圈，把自己的价值传播出去，在相关的职业圈子里，形成一种有利于自己的口碑，通过口口相传，使自己的价值被越来越多的人所知。

3.学会反省，不断提高

进行积极的自我反省能够让你在受到他人攻击之前，先发现自己的不足与缺点，从而做好受攻击的心理准备。同时，反省还能让你看到自己与他人之间的差距到底在哪里，从而坚决地克服一切的弱点，不断提升自己的能力。

心理小贴士

当一个人失去价值时，没有人愿意继续与他交好，尽管是朋友也不例外。朋友会在你一朝落难的时候扶你一把，会助你重拾信心和勇气，那是因为他们对你有信心。如果有一天你真的一蹶不振了，自暴自弃了，大部分的人都会远离你，因为你已经没有价值了。

圈子越大，身边的贵人越多

良好的交际离不开人脉，人脉的力量不可小觑。人脉资源是一种无形的资产，如果人脉网络广大，做起来事就会方便许多。如果你想开创事业，在

第9章 人情早储备：扩大圈子，让身边多点贵人

自己一无所有的情况就下就需要借助他人的力量，也就是需要人脉的帮忙。可以说，人脉是决定事业成功与否的关键。

下面我们为女性朋友介绍一下唐朝窦公的故事，看看他是如何扩大圈子成就自己的。

唐代京城中有位窦公，聪明伶俐，极善理财，但他财力绵薄，难以施展赚钱本领。没有办法，他先从小处赚起。

他在京城中四处逛荡，寻求赚钱门路。某日来到郊外，却见青山绿水，风景极美，有一座大宅院，房屋严整。一打听，原来是一个权要官宦的外宅。他来到宅院后花园墙外，但见一水塘，塘水清澈，直通小河，有水进，有水出，但因无人管理，显得有点零乱肮脏。窦公心想：生财路来了。水塘主人觉得那是块不中用的田地，就以很低的价钱卖给了他。

窦公买到水塘，又凑借了些钱，请人把水塘砌成石岸，疏通了进出水道，种上莲藕，放养上金鱼，围上篱笆，种上玫瑰。

第二年春天，那名权要官宦休假在家，逛后花园时闻到花香，到花园后一看，直馋得他流口水。窦公知道鱼儿上钩了，立即将此地奉送。

这样一来，两人成了朋友。一天，窦公装作无意地谈起想到江南走走，该官员忙说："我给您写上几封信，让地方官吏多加照应。"

窦公带了这几封信，往来于几个州县，贱买贵卖，又有官府撑腰，不几年便赚了大钱。而后又回到京师。他久已看中了皇宫东南处一大片低洼地。那里因地势低洼，地价并不贵。窦公买到手之后，雇人从邻近高地取土填平，然后在上面建造馆驿，专门接待外国商人，并极力模仿不同国度的不同房舍形式和招待方式。所以一经建成，便顾客盈门，连那些遣唐使们也乐意来往。同时又辟出一条街来，多建妓馆、赌场甚至杂耍场，把这条街建成"长安第一游乐街"，日夜游人爆满。不出几年，窦公挣的钱数也数不清，成了海内首富。

窦公为了钓到官宦不惜血本作钓饵，又耐性极好，鱼儿上了钩竟然浑不知觉。他的这种技巧乃"放长线，钓大鱼"。

人脉是需要不断积累的，人脉也是需要努力扩大的，圈子越大，你的

路才会越走越宽,就像故事中的窦公一样。一个女人的人脉圈越来越大,拓展人脉的机会也就会越来越多,这会使女人的视野变得更为开阔,让女人更有机会接受新的事物和信息。因此,女人要通过一些途径来扩大自己的人脉圈,让自己与不同的人接触,从而扩大自己的视野。

那么,在扩大人脉圈的过程中,女人需要注意些什么呢?

1.信念要坚定

有句话说得好:"只要心够决,成功不遥远。"很多公司老板在发展企业人脉的过程中抱着差不多的心态,就是因为决心不够。因此,这些公司老板们最应该做的就是增强决心,坚定意志去扩大人脉圈。

2.注意信息的收集

为了你的现在和将来,女人应该多收集一些联系方式和值得了解的信息。这些信息会使你的生活空间更广阔,人脉圈更大。要想做到这一点,在与他人的谈话中,女人就要仔细而且积极地倾听,通过提问,你可以收集到一些信息,并且能让谈话朝自己希望的方向发展。

3.与朋友互换人脉

女人在与他人,尤其是朋友互换人脉时,朋友就是你结交新的人脉的介绍人,他所起的作用是很大的。因为朋友的介绍相当于信用担保,朋友要把你介绍给其他人时,就意味着朋友是为你做了担保,那么对方会对你多一份信任,也更愿意与你交往。

心理小贴士

努力与自己毫无关系的行业人员接触,并学习其他行业的知识,是取得胜局的基本保证。如果只固守在自己的同行之中,无法建立多层面的人际关系。虽然你具备了完整的专业知识,但在这复杂的社会中,只具备自己工作领域中的知识是不够的。因此,我们要尽可能的扩大自己生活的圈子,多学点东西,这样将会大大有利于我们未来的交际。

分享人脉，收获多倍资源

林梦竹是一名汽车推销员，而她的同学杨海燕是一名保险推销员。一次，林梦竹向一位地产大亨王总成功推销了一辆汽车。

几天后，王总突然接到了一个陌生电话："王总您好！我是林梦竹的同学，非常感谢您一周前从她那购买了一辆汽车。林梦竹说明天您要开车回车行检查是吗？我和梦竹可以在您查车的一个小时里，与您吃顿便饭吗？"

杨海燕知道，但凡老板都非常繁忙，一般不会随便接受别人的邀请。所以，就借他检查车的时间请他吃饭，王总觉得不好推托就答应了。

第二天，王总如约来到订好的餐厅，杨海燕和林梦竹已经等候在那里了，一见面，杨海燕就说："王总，为感谢您对林梦竹的支持，我请您坐一坐，顺便聊一聊如何更好地维护您的爱车。我想您不会拒绝我的请求吧？"本来王总只是打算见个面就走人的，但是眼下的情况盛情难却，只好留下来。

席间，杨海燕说："像您这么成功的人士，一定会非常注重生活的品质，一定需要一份完善的保障计划。我这里有一份非常适合您的保单，请您看一下。"王总接过保单，心想：刚买的车反正是要上保险的，向谁买都一样，那就签了吧。就这样，林梦竹的客户也成了杨海燕的客户。

你可以注意一下身边那些受欢迎的女性。她们身边时刻有人围绕，她们从来不寂寞，走到哪里都闪闪发光。她们好像没有解决不了的问题——就算自己解决不了，还有人帮她们解决，并且帮得心甘情愿。她们到底有什么样的魔力呢？她们凭什么能成为气场女王？其实，是分享成就了她们。她们在交际中懂得分享各自的资源、分享彼此的快乐、分享做事的技巧，更重要的是共享各自的人脉。所以，她们拥有的一切永远比那些自私的人多得多。

想一想，目前你的人脉网有多大，你想扩展你的人脉资源吗？这个世界上没有人可以限制你的人脉网到底有多大，唯有你自己可以决定。它可以无限大，也可以无限小，这要看你的努力程度了。甚至于你的人脉网可以是这个星球上的总人口。

把你的快乐和他人的快乐交换，那么你们彼此就多了一份快乐；如果你有一个人脉关系，朋友也有一个人脉关系，你们相互分享，那么，你们的人脉线路图就会更加宽广。可见，与朋友分享你的人脉资源，也是有效扩建人脉的方法。那么，对于一个女人来说，想要分享自己的人脉，需要做到哪几点呢？

1.走出自我封闭的小圈子

每个人都有属于自己的人脉圈，人们总是喜欢在自己的圈子里兜兜转转，但转来转去还是这一个圈。其实，你的人脉圈子没有扩大，并不是因为你不懂得扩展人脉。而是因为你没有踏出这个"圈子"。

2.为人要大度、不小气

仔细想想，我们是否也有吝于分享的毛病呢？小时候有好玩的玩具，我们只是自己玩；有了好吃的，自己偷偷藏起来；买了一件漂亮的衣服穿给朋友看，朋友也想买一件我们却谎称卖完了；老板给了我们一个"肥差"，我们想自己独自霸占……越是小气，你的朋友就会越少；越是小气，你的能力越有限。女性朋友们，大度一点，学会分享，相信你收获的不仅仅是交换的那一份资源。

3.多给他人恩惠

俗话说"成大事者，必先学会做人"，而所谓的"学会做人"，就是学会积累人脉关系。若能一直秉持着先对别人施恩或先为别人打开方便之门，为别人提供人脉资源的信念，那你就能左右逢源，你的人脉线路网也会更加完善。

4.目光看长远

聪明的女人，目光一定是向远处看的。你要有耐心，慢慢积累那些值得与之分享并且对方也愿意与你分享的人脉。分享是最好的交流方式，学会并习惯于分享，懂得怎样分享，你的气场会大大不同。

心理小贴士

在这个世界上，有些东西是越分享越多的，更重要的是，你的分享将会使更多人愿意与你在一起。懂得积极与人分享的人，会获得越来越多的人脉，人脉广了，自然会获得更多的机会。

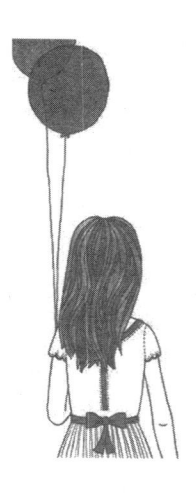

第10章　美妙的身体：
从无声的语言窥探对方心理

在人际交往中，既要察言，又要观色，把它们结合起来，这对提高我们的社交水平十分重要。一般来说，女人心思细腻、情感敏锐，比粗线条的男人更会察言观色。交际场就是一种心理战，善于观察细节的女人能够玩转交际场，得心应手地处理复杂的人际关系。若用心观察，你会发现，通过眼睛来读懂他人的内心是一个很好的办法；在人们的交谈中，认真地倾听他们说话的主要内容，你也可以在其中找到他人真实内心的蛛丝马迹。想要更了解一个人的性格，那就从对方的外貌开始研究吧，相信这无声的语言能让你的认识更为深入。

看懂眼神，才能猜透对方的心思

美国身体语言作家福斯特在他的书中曾说过："尽管我们的身体的所有部分都在传递信息，但是眼睛是最重要的，它在传达最微妙的信息。"我们每天都在用目光默默地互通信息，它在人们面对面交流中起着重大的作用，一个不能用眼睛沟通的人是一个情商低的人。"眼睛是心灵的窗户"，所以，在交际中，女人要学会透过眼睛识人心。一个聪明的女人是完全可以从对方的眼睛里看到他真正的态度的。

王甜甜和柳远是大学同学，两个人谈了六年的恋爱，关系非常好。可是后来，由于女方父母的强烈反对，两人不得不分手了，但是柳远的心中还是想着王甜甜。分手后没多久，柳远的父母极力给他撮合了一段感情，对方是男方家的一个朋友的女儿，名叫张颖，是个非常活泼开朗的人。

不知不觉两个人已经认识了一个月，张颖和柳远都感觉挺好的。周末的下午，张颖主动约了柳远。两人来到了附近的景区游玩，张颖深情地揽着柳远的脖子，轻轻地吻了他。正当柳远要抱紧张颖的时候，却遭到了张颖的拒绝，她突然推开了柳远，然后看着他说："柳远，我们分手吧。"

柳远有些莫名其妙，他问道："你说什么？为什么分手？我对你不好吗？"

张颖低着头说："你应该比我更清楚吧，这个还要我明说吗？"

柳远想了几分钟，摇了摇头。

张颖认真地看着柳远说："你心里装的是别人，我能看得出来，还要跟我逢场作戏，你不觉得可耻吗？对我公平吗？"

第10章 美妙的身体：从无声的语言窥探对方心理

柳远的心头猛然一惊，说实话，他的心里确实想着王甜甜，可是他没有对任何人说起过，张颖怎么会知道呢？或许是张颖在诈他呢，也有这个可能。

想到这里，柳远狡辩说："张颖，你误会我了，我是你男朋友，你为什么说我心里想着别人呢？我的心里只有你。"

张颖突然笑了起来，她说："呵呵，柳远，你当我是什么人呢？你明明放不下前女友，为何还能对我说出这样的话？你不觉得恶心吗？"

柳远站在那里，没有任何的表情和言语。几分钟之后，张颖走过来说："柳远，其实你对我真的不错，我也实话跟你说，我很喜欢你，可是我不允许你心里装着别人来跟我逢场作戏。"

柳远望着张颖，说："你是怎么知道的？"

张颖接着说："你从来没有认真地看过我，每次我在寻找你的眼神的时候，你总是在逃避我，如果你心里装着我，你为什么要逃避我？即使你还没有爱上我，我们拥抱的时候，接吻的时候，你的眼神也不必那么冷漠啊！可是你知道吗？你总是满眼充满了冷，似乎要把我的心冻结似的，我受不了。"说着张颖流下了眼泪。

柳远走过去，说："张颖，你说的都是真的，我心里确实有别人，但是请原谅我，我不是诚心欺骗你的感情的。我和她已经分手了，只是我还没有从阴影中走出来。请给我点时间，让我恢复，等我恢复好了，我们重新再来，好吗？"

张颖流着泪，望着柳远，摇了摇头，转身走了。

一个人的情绪固然是看不见摸不着的，然而，眼睛的活动变化却是我们可以观察到的。从眼睛了解人的情绪是我们认知他人情绪的一种有效途径。我们可以通过一个人的眼神来判断他的言行与内心是否一致。

那么，对于女人来说，如何通过眼睛观察别人的内心呢？

1.谈话时，眼睛并不看你

当谈话进入正题的时候，对方就会不由自主地盯着你看。但是如果他把目光移开，将注意力转向别处的话，就说明他对你说的话并不感兴趣，别管他嘴上说什么，他的眼睛却告诉你：此刻他正在想着别的事。

2.不安分，随时转眼睛

眼睛不规则地乱转，视线总是避免与人接触。这表示，对方对你心怀鬼胎，不安好心。或者是他的行为、举动有愧于你。如果发现对方与你说话时，眼睛不敢接触你的目光，那么，你就要格外地小心了。

3.不敢正视你的眼神

当你内心有鬼的时候，你会逃避别人的眼睛，因为你怕对方看出你眼里的端倪。而恰恰就是因为你逃避别人的眼神，对方才会对你起疑心。对于女人来说，如果你发现有人在和你交流的时候，躲避你的眼神，那么他一定说了谎话，或者是做了对不起你的事情。

4.直盯着你看

不要以为这是忠诚，其实这只是掩饰内心罢了。这只是对方想从心理上制服你，让你不自觉地处于下风，然后保持一种非常自信与淡定的高姿态。但是你不要因此而示弱，越是如此，你就越要充满斗志，敢于与他直视面对下去，这样一定能让他提早妥协。

5. 眼睛上扬

不要被他故作无辜的表情所迷惑。他瞪大眼睛看着你，上睫毛尽力地向上抬，几乎就要和下垂的眉毛重合，是在竭力证明自己的无辜，实际上却传递了恐惧、惊慌的信息。另外，一个人的眼睛上扬是得意的表现。

心理小贴士

即便人们的心思是难以琢磨的，但是我们也可以从对方的眼睛中寻找线索。眼睛是心灵的窗户。一个人目光中含有的感情是不能掩饰的，我们经常可以看到一个人的眼神中含有高兴、悲伤、憎恨、讨厌等感情或是情绪。只要我们多加观察就一定会一眼看到对方的心思。

第10章 美妙的身体：从无声的语言窥探对方心理

想猜透人心，你会看人表情吗

与人交往是在社会上必不可少的一件事。但是和别人交往也是有规律可循的，尤其要注意对方心情的好坏。对方情绪好的时候交谈起来很顺畅，对方情绪不好的时候，尽量说些平和和安慰对方的话。对方脸上的情绪往往显示着心情好坏。因此，想要更明白对方的心情，你就要学会观察对方的表情变化。

张玉冉是一个很用心的人，善于观察周围的一切事物，尤其是对方的动作表情。大学期间，同学们都说她适合做个心理医生，否则就屈才了。但是张玉冉每次都是一笑而过，因为她一直想去公司做策划工作。终于在毕业没一个月的时间里，她成功面试进入了一家公司从事策划这一职业。初入职场的她，急于寻找机会，希望能够证明自己的能力。

有一次，公司组织会议，经理给大家交代了一项任务：为某家公司策划一个有创意的方案。张玉冉发现，经理在下达任务时，眉头紧皱，好像是内心很焦急。在场的同事看到任务都有所回避，有的直接说出难度太大，有的沉默不语……这时，张玉冉第一个站出来，接下了这个任务，并对老板说："这家公司我有一个朋友，具体情况我可以咨询，我可以试试，尽力策划一个满意的方案。"老板也很欣赏张玉冉的勇气，就将这个策划全权交由她来做了。

张玉冉之所以要接这个策划，是因为他发现了经理皱眉头这个细节，因为之前经过观察，她发现经理在遇到工作中的一些大问题时，常常会不由自主地皱起眉头。这次又看到经理皱眉，证明这个策划要么很重要，要么很难做。但是，无论是哪种原因，都是一个证明自己能力的好时机。而且，张玉冉并不认识什么朋友，她之所以那么说，完全是为了让经理放心，也给自己一个施展才华的机会。

在接过这个策划方案之后，张玉冉全身心地投入了工作当中。经过多方

调研和实地取证，再加上她本身能力出众，张玉冉将方案拿给经理看时，比预计的时间早了一周。经过大家的讨论，公司通过了张玉冉的策划方案，而经理也对张玉冉刮目相看，在以后的工作中，常常交给她一些重要的任务。

张玉冉之所以能够脱颖而出，正是在于她能够善于观察，并通过老板那些细微的表情变化准确掌握经理的心理。有时候，细微的表情和动作才是事情的关键所在。

人的嘴巴能欺骗别人，笑容可以欺骗别人，但是不经意间流露出来的表情却能将对方真实的内心展现出来。那么，作为女人，如何认识到对方的面部表情呢？

1.学会从细节处观察

仔细观察，才能撕破对方的"面具"。有些人很厉害，他们不仅会说一些不切实际的话，还会掩饰自己的内心。这样的情况，我们就只能通过仔细观察，才能找到突破口，因为再隐瞒也总会在某个不经意的瞬间露出破绽。

2.看看对方平常的习惯是什么

很多人觉得一个人的表情很难把握，因为那些表情和动作往往都是"一闪而逝"。怎样才能把握住一个人的那些表情呢？在此为大家传授一种方法，那就是观察他们的习惯。一个人的习惯很难改变，而老板的习惯，就是我们的突破口。

3.从面部肌肉动作认识表情

如果是愉快的表情，脸颊会上涨，嘴唇的两个尾端会向后收缩；如果是不愉快的表情，脸颊则会下沉，嘴唇的两个尾端也会下沉。由此可见，面部各处肌肉的不同动作，是与不同的表情相对应的。这样，你可以通过对方面部肌肉的不同动作，去识别他的表情。

第10章 美妙的身体：从无声的语言窥探对方心理

> **心理小贴士**
>
> 小两口正在闹矛盾，这时候朋友来了，于是就假装什么也没发生，满面笑容去接待客人；为了避免老师抽查作业，有些没有完成作业的同学就开始担心，但他依旧能故作镇定，表现得自然而不紧张……人的面部表情可以说实话，也可以说谎话，也可以在同一时间内既说实话又说谎话。在社会生活中，人们时常利用面部表情，作为掩饰和伪装其真实思想感情的"面具"。

了解一个人，先看看他的穿衣风格

人可以通过衣着打扮来向外界展示自己，一个人的衣着打扮和他的性格特征和心理状态是紧密联系在一起的。也正是因为这个原因，我们在日常交际过程中，可以先通过一个人的衣着打扮来洞察他的性格特征和心理活动，然后再根据其性格特征来采取相应的交际方法。

诗茵对生活的质量要求比较严格，她非常讲究也非常挑剔。就拿找男朋友这件事来说吧，也许是因为比较挑剔，诗茵一直以来没有找到合适的另一半。去年，在发小的介绍下，认识了一个非常不错的男人，可是因为对方性格太过大气，最终诗茵还是选择了分手。

之后很长一段时间诗茵也没有谈过。家里人比较着急，于是就托诗茵的亲戚介绍了一个各方面比较搭的男生。男生叫作何帆，是一个非常帅气时尚的设计师。第一次见面时，诗茵的注意力全在对方的穿着打扮上了。何帆尽管个头不高，但是身材却保持得很好，没有像很多男人那样臃肿。

何帆那天穿着一件紧身的紫色衬衣，外面套着一件时尚的黑色风衣，风衣的排扣下面紧紧地压着一条黑白相间的围巾，下身穿一条麻纱布的咖啡色裤子，再配上那双系上鞋带的棕色皮鞋，看起来时尚、个性，又不失精心雕饰。

这正是诗茵渴望的那种精致而又细腻的男人，因为精致，所以不会大大咧咧不注重细节；因为细腻，所以会对生活比较讲究。因此，她选择了和何帆牵手。看着这个精心雕饰的女人，何帆觉得她和自己是一类人。

事实上也是如此，何帆和诗茵都是对生活要求很高的人。他们一起去吃饭，不会选择去一些小吃店，而是选择比较有特色的餐厅，而且只吃特色菜。他们约会经常去一些高档的酒吧或咖啡馆。尽管他们的收入不是很高，但是按照诗茵的说法，他们就是喜欢这种感觉。

一次，何帆和诗茵去附近的公园里闲逛，走得累了，想坐一会儿。何帆找了两张很大的纸铺在水泥台阶上，然后邀请诗茵过去小坐。要是换作以前，男生什么也不做，要么就是用袖子蹭一下。从这个细节上，诗茵更加觉得何帆和自己是一类人。

因此，两人的感情发展得很快。一年后，他们牵手走进了婚姻的殿堂。

最初吸引诗茵的是何帆的穿着打扮，她不喜欢大大咧咧，也不喜欢过于正式，而何帆的打扮正好合她心意，在诗茵看来，一个人的性情如何，从他的外貌及穿着上都能体现出来，何帆散发出来的气质正是诗茵一直所向往的，何帆正是自己要找的那个人。

穿着体现着一个人的性格倾向，体现着对方对待生活的态度。与人交际要注意观察他的穿着打扮，从打扮来洞察他的性格特征和内心活动，从而采取相应的交际策略。对于女性朋友来说，如何通过一个人的穿着去判断他的性格呢？下面我们简单介绍几种比较有代表性的风格：

1.倾向于宽松自然服装的人

这类人不讲究剪裁是否合身、款式如何，只是追求穿着舒适。他们多是内向的性格，有时显得非常孤独。在人际交往中，他们绝不是顺风顺水的那一个；性格中害羞、胆怯的成分比较多，不容易接近别人，也不易被人接近，但一旦有了朋友，一定会非常要好的。

2.喜欢朴素衣服的人

这类人性格往往比较沉着、谨慎小心，做事情有计划。通常而言，他们为人诚恳、热情，不会轻易骗人，在工作学习中勤奋、冷静、理智。如果过于朴素，则表明他缺乏主观意识，性格懦弱，很容易屈从于人。另外，穿衣过于朴素的人，人情比较淡薄，太过于现实。

3.喜爱华丽服饰的人

喜欢穿华丽服饰的人表现欲强，当然也能透露出这种人对金钱的欲望，只要把握他们的心理，我们可以适当地用些"膨胀剂"，便能更稳妥地与其相处。

4.比较热爱红色衣服的人

红色代表热情，喜欢红色衣服的人通常都是非常活泼开朗的。他们性格外向，对什么事情都很积极，做事情有冲力，但是有时候会有些冲动。他们的精神力量很强大，在生活中会表现得十分勇敢和坚强。

5.喜欢粗糙风格的人

这种人像"一只狼"喜欢独来独往。在穿着上喜欢不修边幅的人，大都是活力四射的精力旺盛之人。他们不喜欢久居人下，喜欢领导他人，其用人的手法一般不是很高明。他们不适合从事工薪阶层的工作，大多数人都是脱离工薪阶层，单独到社会中去做生意或自由闯荡。

> **心理小贴士**
>
> 服饰可以含蓄、间接地向他人传达许多信息，在不同的穿着习惯背后，代表的是一个个性格迥异的个体。只要学会了通过穿着识别人，相信你也可以准确地把握对方的个性与心理。

女人要懂交际心理学

说话方式反映一个人的性情

想要了解一个人的性格如何，想要窥探对方内心的真实想法，一个很直接、很实用的方法就是听他说话。语言作为人类的第二表情，可以透露出一个人很多的秘密。比如，性格、兴趣、态度以及对他人的看法等。有的人并不能真正地了解自己，但是他人却可以通过他的说话方式来了解他的个性和秉性。

杨莹莹来到一家网络公司应聘网站编辑一职，这天，她一大早作好了准备前去面试。结果她坐的公交车堵在了路上，等她到这家网络公司的时候，已经比约定的面试时间整整晚了半个小时，当杨莹莹走进公司之后，大家都投来奇怪的眼光。

一会儿，一个身材微胖，面相亲切的女士走了过来。这位女士把杨莹莹带进了一边的面试间。杨莹莹入座后，一个劲地道歉："领导你好，实在是不好意思，今天路上堵车堵得太厉害了，我来晚了半个小时。"

女士递过来为她倒的水，笑呵呵地说："不要紧，这是常有的事情。"

本来杨莹莹紧张得要命，担心自己因为迟到而给对方留下不好的印象，结果，这些担心，在女士的一句话中顷刻间变得多余了。

接下来，女士和蔼地说："你有带自己的简历吗？"杨莹莹拿着随身带的简历递了过去。女士大概地看了看，然后笑呵呵地说："你是师大的啊？呵呵，好巧，咱们是校友。"

听到女士这么说，杨莹莹心头一喜，也轻松地说："是吗？这么看来，您是师姐啊，师姐要多照顾照顾我啊。"

女士笑了笑说："我们师大的人的能力我是相信的。我觉得你挺适合做我们这个网站编辑的。"

杨莹莹有点不敢相信自己的耳朵，她惊讶地问道："真的吗？我没有听错吧？"

女士说:"是真的,一般情况我们是要试写的,师大的学生我很清楚他们的实力,所以免了。"杨莹莹笑着说:"谢谢师姐了。"

女士说:"对了,你对我们这边的待遇有什么要求啊?"

杨莹莹笑着说:"没啥要求,只要饿不死就行。"

女士笑了笑说:"饿是肯定饿不着的,只是也不是很高,每个月四千五。双休日,朝九晚五上下班。怎们样,能接受吗?"

杨莹莹说:"没问题,已经很不错了。不过我有个问题,那就是我能不能晚半个小时到啊,我可以下班晚走半个小时,因为住得比较远,有时候可能遇到堵车啥的,就很麻烦。"

女士有些为难地说:"这个……要不这样吧,你尽可能地赶过来,如果堵车,迟到几分钟也没有关系的。"

一开始,杨莹莹很紧张,可是通过对话,她发现了这位女士是一个比较好说话、不计较的人,所以她才放松身心,随意的与对方攀谈,最后提出自己的小意见,并取得了对方的认可。杨莹莹正是从说话方式得以了解这位女士的性格。那么,作为女人,如何通过别人不同的谈话方式来推断别人的不同性格呢?

1.喜欢倾听他人说话的人

一般来说,善于倾听的人也善于思考,且思虑很周密。他们一般很有包容心,能听取别人的意见,也能为对方着想,内心世界很丰富。在事业上,这种人比较适合从事一些研究方面的工作,他们做起事情来比较投入,不喜欢被打扰,一般独立做事的能力很强。

2.乐于用方言或外语交流的人

有的人在外地也喜欢用自己的家乡话与他人交流,他们或者是不会说普通话,或者就是认为自己的家乡话最好听。这样的人很有个性,不轻易被别人的想法所左右,有主见,而且有底气。当然,还有一些人,他们喜欢用外语与他人交流,这种人多喜欢张扬,也有些虚荣。

3.甜言蜜语过多的人

通过一个人的说话方式可以看得出此类人是善于拍马屁的人。这种人说

话极其阿谀奉承，并且唯唯诺诺善于花言巧语。他们之所以阿谀奉承，是因为，这类人想要急功近利，爬上自己理想的位置。

4.热爱争论，喜欢辩解的人

喜欢争论和辩论的员工往往好胜心特别强。不过，这种类型的员工大多属于开放型的，他们有摒弃旧观念和旧思想的勇气和胆量，对新事物和新信息的接受能力都比较强，有竞争和攻击性心理。由于自己的自大甚至自负，往往在不经意间成为别人眼中的"自大狂"。

5.喜欢唠叨的人

他们想着改变处境，但是不愿意自己动手，宁愿等待，然后享受别人的劳动果实。在挫折和困难面前也会选择退缩，做事总是将失败的原因归在客观因素上。而且这种人严格要求别人，对自己却是能松就松。他们自私自利，缺乏宽容别人的气度，不太喜欢为他人着想。

6.说话一板一眼的人

所谓一板一眼，即说话、做事循规蹈矩、按部就班。这种人大都性格比较内向，谨小慎微，沉稳保守，说话极有分寸，也不会随便乱开玩笑。但有时候过分循规蹈矩，反而会显得呆板、固执，给人一种不通情达理的感觉。

心理小贴士

了解一个人最直接的方式莫过于从对方的口中道出自己的个性如何。可惜的是，一般人有时也未必真正了解自己，但别人却可以其谈话方式判断其人。每个人都有其特定的谈话方式，有人幽默，有人唠叨，有人简洁。总之，谈话方式不同，反映出人们的性格也不同。

拥抱，拉近对方与你的距离

一个4岁的小男孩心情不好，对来看他的大姐姐发脾气。

小男孩说："我讨厌你！"

大姐姐微笑着回答："可是我爱你。"

小男孩又说："我讨厌你！"声音变大，而且斩钉截铁。

大姐姐却更温柔地回答："我还是爱你。"

小男孩大喊："我讨厌你！"

大姐姐说："没关系，我还是爱你。"并张开双臂，把小男孩搂住。

小男孩终于软化："我也爱你。"整个人投入大姐姐的怀抱。

几乎可以看见，那小男孩由愤怒的小魔鬼，变成温柔的小绵羊。真正打开他心房的，则是大姐姐那双伸出的臂膀和紧紧的拥抱，语言则显得十分苍白。

拥抱是一个很简单的动作，伸出双手，展露微笑，人人都可以做到。拥抱传递着人内心的感情，亲人之间拥抱一份关怀，情侣之间拥抱一份缠绵，朋友之间拥抱一份鼓舞，陌生人之间拥抱一份真诚与在意……希望女性懂得用拥抱表达情感，让自己与外界变得更为和谐、融洽。

一位心理医生曾记录了这样一个案例：

一位叫晓月的姑娘失恋了。22年前晓月被亲生父母遗弃于街头，22年后她又被相爱5年的男友抛弃了，当时晓月很绝望，觉得自己被生活抛弃了。朋友看不下去，便带晓月去看心理医生。心理医生见到晓月，发现她脸上无光，目光也很呆滞，跟她说什么她都拒绝交流。晓月的朋友告诉心理咨询师，她全身冰冷，不管穿多少，都一样。

就在心理医生思考怎么帮晓月走出失恋的阴影时，晓月的朋友告诉心理医生：有一天去上课，晓月走着走着，竟然去拥抱路边的一棵大树，紧紧地抱着。晓月说这样才有安全感。这时心理医生才意识到，这个小姑娘最需要

的并不是别的，而是一个温暖的拥抱！

心理学家说："身体语言，是人与人之间最重要的沟通方式，拥抱是身体的本能需要。"拥抱传达给对方的爱意，可以是朋友之间的友情，可以是亲人之间的亲情，可以是男女之间的爱情。这么丰富的感情就全部包含在这一个温暖的拥抱里。

与人交往，不能忽略拥抱的力量。要看到，很多时候，人们伤心绝望了，他们并不需要过多的安慰，只是需要一个温暖的拥抱，只需要借别人的温暖重拾对生活的信心。洞察了这一心理，并能主动去拥抱对方，那么要得他人喜欢也并非一件难事。

在电影《我的爱》中，那个发起拥抱运动的可爱流浪汉振万，就说过这样一句让人感触颇深的话："拥抱是最温柔的安慰"。而著名作家张小娴也曾经说过："拥抱的感觉真好，那是肉体的安慰，尘世的奖赏。"这些话，都给予了拥抱最高的赞赏。可见，拥抱的力量所在。

在这里，我们简单为各位女性朋友介绍一下拥抱的力量，希望大家能从中汲取营养，学会拥抱。

1.拥抱可以传递关怀

拥抱是一种传递关怀的行为，比任何亲密的语言都更有效果。对于那些不喜欢拥抱的人，只能说他们错过了人生最美好的事情。拥抱在大多数情况下是积极的，一个善意的拥抱总是能给人心理上的安慰。

2.拥抱可以给人注入活力

英国有句谚语："每天需要3个拥抱才能活下去，另外3个拥抱才能神采焕发。"那些经常被触摸和拥抱的人要比普通人的心理素质高得多。因为拥抱使得他们之间的关系更加亲密，而且还使得彼此之间的情谊更加深厚。

3.拥抱可以让对方更快地接受你

想要让另外一个人接受你，表达你对别人的热情，最佳的方式就是拥抱。一个微笑所能传递的信息固然非常丰富，但真正近身的接触会令彼此都进入对方的领地之中，从而更加互相信任、促进情感的增长。

4. 拥抱可以给人以鼓励

当对方闷闷不乐或者是工作压力大的时候，正是心理脆弱的时候，一个拥抱可以给他（她）极大的支持，缓解他（她）紧张焦虑的情绪。你不用说太多，只要紧紧拥抱他（她），他（她）马上就会感受到你的关爱和支持，会使他（她）鼓足继续奋斗的力量。

> **心理小贴士**
>
> 拥抱是一个美好的礼节，它应该传递友好与感动，而不是让人伤心难过。在西方，拥抱是一种重要的见面礼仪。熟人之间、女人之间、男人之间、男女之间，都可以拥抱表达见面时的喜悦。即使是在各国政府首脑的见面中，拥抱都是优雅的见面礼仪。

用握手来窥探对方的内心言语

握手是当今世界上最通行的迎送和相见时的礼节。握手是一种语言，是一种无声的动作语言，在许多国家已成为一种习以为常的礼节。它貌似简单，却蕴含着复杂的礼仪细节，承载着丰富的交际信息。美国著名的聋盲女作家海伦·凯勒曾经说过这样一段话："我接触过的手，虽然无言，却极富有表现性。有的人握手能拒人于千里之外……我握着他们冷冰冰的指头，就像和凛冽的北风握手一样。也有些人的手充满阳光，握着他们的手，感觉很温暖。"从她的这段话里我们不难看出，握手在人与人之间的感情传递中的确起着非常重要的作用。

某大型公司因业务需要现招聘一名重要的设计师，经过多轮面试，该公司相关部门人员最终筛选出两名候选人甲和乙，但是甲和乙各方面的条件相差不多，难以定夺。于是，经办人员向总经理作了汇报。总经理当即表态说:"让两位候选人明天早上十点来公司一趟,我亲自给他们面试。"次日一早,经办人员将候选人甲和乙的相关资料呈送给了总经理,可是总经理竟然没看一眼材料的内容,就让通知甲和乙来办公室面试。经办人员颇感惊讶,对总经理说:"这些资料,您确定不看一下吗?……"结果总经理笑笑,果断地说:"你放心吧,我心里有数,你按我说的办就是了!"

甲和乙先后进来,经过握手后,简单地和总经理聊了几句。然后,总经理对经办人员说自己已经作出了判断,决定录用甲。事后,经办人员问总经理:"这是为何呢?您并不了解这两个面试者啊!"总经理回答说:"我是通过'握手'的感觉来作出选择的。"总经理看到经办人员诧异的表情,就开始详细地说明:"面试者甲和我握手时,我感到他的手比较温暖,握手时用力适当,再加上他的谈吐自然,落落大方,给人一种充满自信、具有亲和力的感觉。而面试者乙和我握手时,他的手不仅冰凉,且略出冷汗,握手时无力,稍带颤抖,给人的感觉是此人十分谨小慎微,性格可能不甚开朗。"听后,经办人员再次翻阅了这两人的资料,果不其然,甲性格开朗,热爱运动,而乙性格内向,不善言谈。大家对总经理的判断心服口服。

很多经验丰富的老手都喜欢通过握手来窥探对方的心理,但是大多数人却不懂这其间蕴含了多少门道,因此总是无意间把自己的内心暴露在了对方的眼前。如果我们能变被动为主动,掌握握手动作中隐藏的秘密,并从握手动作中提取有用的信息,那么我们就等于抓住了一次解读他人内心的机会。

其实,无论在日常生活还是商务活动中,握手都是一项很重要、很普遍、很有讲究的礼节。要想恰当掌握这项礼节,以下几点我们必须注意:

1.掌握好力度

握手力度以不握疼对方的手为限度。切记不可用力过猛,甚至握得对方感到疼痛难忍,这就难免有示威或挑衅之意了。当然也不宜矫枉过正,与人握手时完全不用力或柔弱无力地同人握手,这种握手,则会给人留下缺乏热忱或敷衍之感,在公关中是不宜提倡的。

2.配合友好的身体姿势

一个良好得体的握手礼,一定是身体略微前倾,脸上带着愉快的微笑,

说着"很高兴见到你"之类的话语来握手。在实施这个礼节时，非常忌讳握手的人左顾右盼或者心神不宁，这样很容易让别人产生不愉快的感觉。

3.握手时间不要太长

有的人喜欢握着别人的手问长问短，唠唠叨叨没完没了，这种行为看起来是一种热情，实则过分。特别是对异性，更不能长时间握着人家的手不放，那么多长时间比较合适呢？一般三四秒钟即可。

4.握手态度应积极，以示尊重

既然是一种表达情意的方式，人们更应当在握手时积极主动地向他人抛出橄榄枝，以积极的态度，让对方感受到自己手心中的温暖和美好。并且，在握手时，应尽量确保两个人的手掌处于垂直于水平面的姿势，淡化双方之间的强势弱势之分。

心理小贴士

过分殷勤地同对方握手，则表示个人目的性很强，会奉承巴结人。如果用谦卑的神情一再同对方握手，表明这个人怀有某种目的，因为握手不过是一种礼节性接触，过分看重这种接触，可能是有弦外之音了。

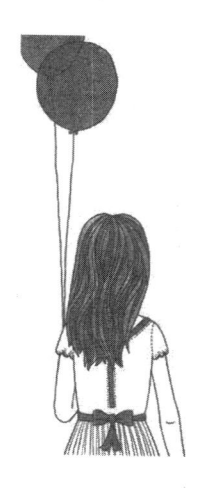

第11章　芬芳的友谊：
女人与朋友交往相处的心理学

　　每个人都需要朋友，女人更是如此。那么，怎样找到真正值得结交的朋友，怎样让自己更有魅力，更能得到朋友的信任和喜欢，这些都是本章要告诉你的内容。女人一定要懂得珍惜自己，懂得提升自己，让自己成为一个受欢迎的人，让身边始终有朋友的陪伴。

礼尚往来，让情感更加牢固

俗话说："礼尚往来。"处理人情世事，我们更需要以这句话为准则，以此巩固自身的社会地位。心里需要有本人情账，学会积累关系资本；同时，向值得交往的人主动施惠；受他人滴水之恩，定当涌泉相报等，这都是人情世事中的礼尚往来。

韩笑平常在公司里面特别受欢迎，每次她到外地出差，回来的时候总会给办公室的每位同事买一些当地比较有特色的饰品或特产；假如平时哪位同事生病了，韩笑就会在对方的办公桌上放一张自己亲手制作的卡片，以示慰问；逢年过节，韩笑都会给同事们一一发电子卡片祝贺……因此，同事们也乐于给韩笑帮忙。

有时候，韩笑也会带点小零食放在办公室，每次到了下午茶时间，韩笑总会把办公桌的抽屉打开然后大声说："快来快来，韩笑分零食啦！"同事们都笑着和她打作一团。即便有的时候和同事发生了一点小误会，韩笑也会用礼物来修补感情。

问起这件事，韩笑总会说："当面对人示好，或者示弱，我都会不好意思。花点心思选个小礼物，一切尽在不言中。而且你给了别人礼物，同样你自己也收获了快乐，这样对自己又有什么不好呢，以后工作中有了问题，还可以得到同事的帮忙，这种礼尚往来的方式非常好。"

生活中的礼尚往来，工作中的迎来送往，往往是人们不可避免的。处在茫茫人海，就不得不和形形色色的人物打交道，不管你是紫禁城里的皇帝，还是"隐于市、隐于野"的俗人；不管你是宽袍大袖的古人，还是西装革履

第11章 芬芳的友谊：女人与朋友交往相处的心理学

的现代人，都离不开与人交往。

张小青是一个心眼比较小又比较抠门的女人，在生活中，与周围人的慷慨相比，她总是显得那么小气。其实，周围的朋友对她的这种行为也是比较厌恶的，很多之前关系不错的朋友都已经不愿与她来往了。平时张小青的朋友们在一起吃饭都是轮流结账，比如今天小李结账，明天可能就是小王结账，虽然大家都不说，但这似乎已经成了她们之间的潜规则，因为大家都知道彼此都没有多少钱，每次让一个人请客也是不现实的。可是每次轮到张小青请客的时候，她就声称有事先行离开了，起初大家觉得这没有什么，可是时间长了，大家觉得她为人确实有点吝啬，后来朋友们一起吃饭的时候都不愿意叫上她，张小青也因此变得孤独了很多。记得有一次，张小青大学的一个同学结婚，邀请她去参加婚礼。参加婚礼就要给新郎新娘送红包，按理说这是非常正常的一件事情，就算是借钱也应该把这份人情送到。可当时张小青想到自己房子的首付问题，找了一个借口出差，没有来参加同学的婚礼。就这样，张小青在朋友及同学的心目中慢慢地淡去了。几年之后张小青也步入了婚姻的殿堂，邀请了自己认识的所有同学及朋友，可结婚的当天，来的人却并不是很多，这让她当时很是郁闷。

我们可以看到，张小青在与朋友相处的过程中，只懂得享受，却不懂得回馈，这就是一种典型的"礼尚不往来"行为，让原本可以存在的朋友之情化为乌有，朋友自然也不会对她产生好感。

礼尚往来更能让彼此的关系得以持续，关于这一点女人该如何做呢？

1.学会送点"礼"

礼物是传达感情的东西，"千里送鹅毛，礼轻情意重"。在维护人脉王国的过程中，聪明的女人懂得：一定要做个有"礼"之人，人不到礼到，结交新朋友，不忘老朋友，使自己的人脉圈越来越大。

2.记得送还人情

女人一定要注意，千万不要把别人对你的好当作理所当然，否则总有一天没人会施恩于你。面对他人的恩惠，你应该以同样的礼节回应，只有这样良性地循环下去，才会使彼此的关系不间断。来往是一个互动的过程，需要

双方的努力，很少有人会傻傻地对你一直好下去。对于这一点，女人一定要切记。

3.主动伸出援助之手

在他人需要帮助时，不要冷漠地看笑话，而是要伸出援助之手，这样才能够在你陷入尴尬的时候，别人也来帮助你。帮助别人，不仅使彼此交往的两个人关系更加亲近，也能够使帮助人的一方精神得到充盈，得到慰藉。

心理小贴士

《礼记·曲礼上》："礼尚往来。往而不来，非礼也；来而不往，亦非礼也。"圣贤所说的"礼尚往来"是很浅显的道理：你给别人捧场，那么轮到自己，别人也会给你来捧场。所以说，关系再好也要有个你来我往。在待人接物方面女人一定要懂得礼尚往来、通情达理。

懂得让步，才能更进步

在一个原始森林里，一条巨蟒和一头豹子同时盯上了一只羚羊。豹子看着巨蟒，巨蟒看着豹子，各自打着"算盘"。

豹子想：如果我要吃掉羚羊，必须先消灭巨蟒。

巨蟒想：如果我要吃掉羚羊，必须先消灭豹子。

于是几乎在同一时刻，豹子扑向了巨蟒，巨蟒扑向了豹子。

豹子咬着巨蟒的脖子想：如果我不下力气咬，我就会被巨蟒缠死。

巨蟒缠着豹子的身子想：如果我不下力气缠，我就会被豹子咬死。

于是双方都死命地用着力气。

最后，羚羊安详地踱着步子走了，而豹子与巨蟒却双双倒地。

如果巨蟒和豹子同时扑向猎物，而不是扑向对方，然后平分食物，两者

第11章　芬芳的友谊：女人与朋友交往相处的心理学

都不会死；如果两者同时走开，一起放弃猎物，两者也都不会死；如果两者中一方走开，另一方扑向猎物，两者都不会死；如果两者在意识到事情的严重性时互相松开，两者也都不会死。它们是原本目标一致的两个，而悲哀就在于把本该具备的谦让转化成了你死我活的争斗。

很多时候，如果一个人不懂得让步，那就是两败俱伤；如果懂得谦让、让步，那就能带来双赢的效果，更有可能放长线钓大鱼，收获更多。所以说，女人千万要学会动自己的脑筋，学会适当让步，让步并不是让你失去了什么，而是为你收获了人脉和更多的资源。

前段时间，莉莉和阿美去看望她们的启蒙老师，在拜访老师之前，她俩定在一家工艺品商店见面，准备挑选一件礼物送给老师。

进入店铺，老板娘热情地过来招呼，问她们打算要什么样的礼品，什么用途。为了能选到合适的物件，莉莉和阿美就详细的把自己的需求跟老板娘说了一下。

经过一番挑选，莉莉看中了一套非常精致的茶具。她们都知道老师喜欢品茶，这个礼物可以说是非常合适。

于是莉莉就向老板娘问了一声价格，老板娘把茶具掉转过来，指着贴在底座上的价签说："这件要九百元。"

莉莉和阿美就极力询问老板娘是否能优惠一些，老板娘先是很干脆地表示说："我这店里销售的东西都是明码标价的，质量绝对是一等一的好，可以放心购买，而且都是报实价，利润都不高的，不能再让了。"正当莉莉和阿美犹豫要不要再去其他店里看看之际，老板娘咬了咬牙，很真诚地对她们说："看在你们对老师如此爱戴的份儿上，我就赔本给你们一个优惠价，给你们九折。"老板娘这一开口，可把莉莉和阿美高兴坏了，事实上她们真的是非常喜欢这个礼物，看到热情的老板娘让步优惠，她们迅速就买了下来。随后莉莉和阿美也经常介绍好朋友来这家店买东西，老板娘的一次让步可以说招揽了更多的客户。

学会适当让步，你就是给自己拓宽道路，做生意如此，做人更是如此。人与人之间，对着干很难产生好结果。唯有懂得让步的人，才能使他人愿与你交往、合作，关系才能进一步发展和加深。

让步就是一种智慧，"以退为进"相信大家都懂，对于让步的智慧并不是每个人都能懂得，女人需要做的还有很多，对此，我们提出以下几点要求：

1.心平气和，思考价值问题

在人际交往中，难免有和别人为了自己的利益，或意见相左时与对方发生争执的时候，这时你不妨让自己心平气和下来，想一想跟对方僵持下去到底值不值，难道就为了一点儿芝麻粒大的小利或是为了一点虚荣心而跟对方闹翻吗？甚至弄到成为冤家对头的地步吗？当你心平气和地想想事情的后果时，或许你就知道了让步的意义。

2.懂得包容，为人谦逊

山谷因为胸怀空阔而罗纳万物。万物生长其间，不受排斥、不受拘禁、自由生长，得到了长久的来自山谷的给养和尊重，同时山谷间的万物也装饰和点缀了山谷，使山谷变得郁郁葱葱、生机勃发。所谓谦虚礼让、敬人敬己就是这个道理。在待人接物方面，女人一定要有宽广的胸怀，不要斤斤计较，更不要处处算计，要懂得包容、接纳，这样才能成为一个受欢迎的人、一个有着良好人际关系的人。

3.注意原则问题

在关键问题上绝不能让步，有些条件是不能拿来作为商业谈判的交换筹码的，否则会导致满盘皆输。事实也数次验证，商业谈判中在关键问题上先选择放弃的一方，往往也会失去对整个生意的把控。这和战争中抢占地理要塞是一样的道理。

心理小贴士

女人一定要记住，不管是生活上还是工作中，我们一定要学会让步，不要斤斤计较，做一个大度且眼光长远的人。所以说让步是一种智慧，是一种赢得人心的策略。我们要学会利用人的微妙心理，巧妙地用一点小的让步，换取更大的利益。

第11章　芬芳的友谊：女人与朋友交往相处的心理学

❀ 优势互补，让彼此共同进步

孙红叶和朋友马淑尔在重庆的市中心租了一个商位，孙红叶是重庆的一家家用电器的负责人，而马淑尔则是一名非常有能力且在销售界很有成就的销售能手，销售渠道畅通。孙红叶有资金，马淑尔有营销技巧，两人一拍即合，取长补短，一个负责资金投入，一个负责拓展业务。

孙红叶利用自己在公司的人脉，拿到了最优惠的产品价格，而马淑尔利用自己丰富的客户关系，快速打开了销售渠道，她们代理了多家公司的产品，销售势头很好，效益也非常好。

工作之余，孙红叶和马淑尔还是感情交流的好搭档，孙红叶为有马淑尔这样的朋友而感到欣慰，她说："可以与自己优势互补的朋友一起做生意，真的是一件幸福的事情。"

在美国的硅谷，流传着这样一个"规则"：有两个MBA和MIT博士组成的创业团队可以说是获得风险投资人青睐的最好保证。这也许只是个捕风捉影的故事，但里面却蕴含着这样一个道理：生意合作一定要注意人才搭配，注重优势互补。其实，这个道理也正适合我们的人际交往，和互补的朋友多接触，我们能学到很多对方的优点，补充自己的不足，这样的交际效果是非常积极向上的。

有这样一个故事，跟大家分享一下：

从前，有两个饥饿的人得到了一位长者的恩赐：一根鱼竿和一篓鲜活硕大的鱼。他们其中一个人要了鱼，另一个人要了鱼竿。

得到鱼的那个饥饿的人立刻在原地用干柴搭起篝火煮起了鱼，他狼吞虎咽，还没有品出鲜鱼的肉香，转瞬间就连鱼带汤地吃了个精光。不久，他便饿死在空空的鱼篓旁。

另一个饥饿的人继续忍饥挨饿，提着鱼竿一步步艰难地向海边走去。可当他已经看到不远处那片蔚蓝色的海水时，连浑身的最后一点力气也用完了，他也只能眼巴巴地带着无尽的遗憾撒手人寰。

后来，又有两个饥饿的人，他们同样得到了长者恩赐的一根鱼竿和一篓鱼。只是，他们并没有各奔东西，而是商量共同去找寻大海，他俩每次只煮一条鱼。

他们经过遥远的跋涉，来到了海边，开始以捕鱼为生。几年后，他们盖起了房子，还有了各自的家庭，过上了幸福的生活。

同样的资源，同样的处境，后面两个人不但能活下来，而且能够过上幸福的生活，而前面两个人只能活活饿死，这其中的差别就在于互补。

互补是不断提高的共赢过程，对此女人需要怎样做来不断提升自己呢？

1. 合理利用你身边的智慧团

工作中，认真观察同事、领导，发现他们的长处，然后加以借鉴。走别人走过的路，利用他人的成功经验，就可以有效地避免做无用功，从而提高工作效率。对于朋友，他们各有长短。有的时候，你做不到的事，只需要一个电话，他们就能帮你解决了，何乐而不为呢？

2. 走入不同的圈子

很多时候，我们交际的范围都是围绕着那些志趣相投、有共同爱好的一类人，其实这不能说是错误的或者是不合理的，但是有时候我们是否想一下，如果仅局限于此，那我们的交际圈子是不是特小？我们熟悉的知识面是不是太狭窄？因为跟你交往的都是志同道合、趣味相投的人，你们的优势相差无几，劣势也大抵相同，长期交往，虽然你们的优势更"优"了，而劣势却没有提高，这样的情况是极其不利于个人全面发展的。因此，适当接触一下不同的圈子对自己来说还是非常重要的。

3. 眼光要放长远

女人之所以培养人脉，广交朋友，最重要的目的就是让自己不断进步，借助于人脉更好地开展自己的工作。因此，在结交朋友时，女人就必须将眼光放宽，打破各种无形的界限，这样才能让自己的能力与人脉关系网得到更深一步的拓展。

第11章　芬芳的友谊：女人与朋友交往相处的心理学

> **心理小贴士**
>
> 和不同的朋友一起交流更加有利于优势的互补。如果你发现自己某个方面是弱势，但是你周围的某一个认识的或者不认识的人有这样的优势，建议你积极主动地找他，通过推心置腹的交往赢得对方的赞赏，成为朋友，让对方帮助自己完善自我。

用你的温暖体贴打动对方

法国作家拉封丹曾写过这样一个寓言故事：

有一天，南风和北风在天上相遇了，它们都说自己的威力比对方的威力大，彼此都不服输。为了一较高下，南风跟北风决定进行比赛，规定谁能让路上的行人把大衣脱掉，谁就是胜利者。

北风首先出场，它使出浑身解数，使天上刮起了刺骨的寒风，试图把行人的衣服吹跑，结果行人为了抵抗北风的侵袭，把大衣裹得更紧了；轮到南风出场了，只见南风徐徐地吹动，顿时风和日丽，行人感觉到春天般的温暖，于是纷纷解开扣子，脱掉了大衣。

就这样，南风获得了胜利。

这就是所谓的"南风效应"。女人想要在交际中获取好人缘、巩固友情，就必须要学会为他人吹吹暖风，用温暖感化他人，而不是采取简单粗暴的方式强制别人做事情。俗话说："良言一句三冬暖，恶语伤人夏日寒。"运用粗暴强硬的说话态度与人交谈，非但达不到谈话的目的，甚至还会因为一句狠话或一个冷漠的眼神而弄得满盘皆输。

杜小米是一个性格有点冷漠的人，在与人交往的过程中往往冷言相对，别人好心向她打招呼，她也总是一副冷冷的样子。时间久了，很多人也就不愿再接近她了。但是邻居小语知道，其实杜小米的心地还是很善良的，那次深夜小语胃不舒服，就是杜小米把她连夜送去医院的。一天，杜小米在楼道口遇见了小语，小语邀请杜小米去家里坐坐，说自己想找个说话的人，没想到杜小米当时就是一句："我刚回来，你没看到吗？"然后冷冷地走了。不远处，杜小米听见小语在她背后喊："杜姐，那等你休息好了，随时来我家！"杜小米的嘴角微微弯了弯，心想：这女生还挺会逗人开心的。不久，杜小米就真的去了小语家，那晚她们聊到深夜。第二天，杜小米面带微笑去上班，然后她发现，自己用微笑换来的就真的是微笑。

现在的杜小米已经不同于以前了，身边有了好几个包括小语在内的亲昵的姐妹。原来，那天，小语的一声"杜姐"将杜小米逗乐了，聊天的时候，她又发现这个女生并不会对自己的冷言冷语针锋相对，反而认定她就是个"外表冰冷，内心火热"的冰美人，于是她们越聊越投机，杜小米不仅采纳了小语的建议，还表示要改变自己。

多予人温暖，少给人严寒；多温和相待，少严厉对人，这就是处理关系的一种好方式。在与人相处的过程中，女人一定要记得多用一些温暖的话，给予他人赞美、支持、鼓励，这样才能让周围的人关系更和谐、美好。

那么，女人该如何利用"南风效应"来温暖他人呢？

1.善于沟通

女性应该学会从对方的立场理解他们的情感和需要，懂得换位思考。同时女性在与他人的沟通中，还可适当加入一些女性特有的体贴和细腻，这样才能使沟通的效果更加真诚、到位。沟通结束，既解决了问题又增进了情感联系，何乐而不为呢？

2.温柔待人

温柔待人是人与人之间和谐相处的一种模式，讲究彼此之间要真诚、友善。真诚是一种重要的品质，它能够缓和彼此之间的敌对，化解彼此之间的冲突，让彼此与他人之间的关系变得更为和谐融洽。

3.沉着冷静

俗话说：和一个疯子生气的人自己也是个疯子。如果你对一个疯子都没有自制能力，那就说明你这个人的情商太低。你的情绪完全地掌握在别人的手里，别人要你生气你就得生气，而别人要你快乐你就得快乐，那这样的生活还有什么意义可言？这句话告诉女人的是，不管待人还是做事，一定要保持沉着冷静的心态，否则你什么也做不好。

> **心理小贴士**
>
> 在人际交往中我们要多给别人一点"徐徐南风"。当别人犯错误时，先避开问题的实质，把他从犯错误的阴影中带出来，走到温暖的"阳光"下，给他一个愉悦的心境，让"习习南风"吹掉他自我保护的"大衣"，然后再进行说服教育，这样谁都会对你敞开心扉。

你的想法，就是别人的想法吗

清代金缨的《格言联璧》中有一句话"静坐常思己过，闲谈莫论人非"被后人广为传颂，这句话告诉人们沉静下来要经常自省自己的过失，进而以是克非、为善去恶；闲谈的时候不要议论别人的是非得失。你根本不知道别人的真实生活到底是怎样的，所以不要自以为是，更不要做一些以己度人的猜测。如今的社会"思己过"的人越来越少，"论人非"的人却比比皆是。每个人的生活都是一个小世界，我们很难了解其他人的世界里发生了什么事情影响了他的心情和状态，所以我们对别人的表现不要过于敏感，更不要以己度人，疑神疑鬼。

王贾磊最近交了一个女朋友叫艾莎，热恋中的王贾磊常常变着法子讨艾莎的欢心。有一次，王贾磊提出一起去吃肯德基，艾莎很开心地同意了。那次以后，王贾磊几乎每次和艾莎出去逛街都要请她吃一次肯德基，因为不仅他自己爱吃，艾莎似乎也很爱吃，况且在他看来，女孩子们都对肯德基情有独钟，所以一直以来他从没问过艾莎喜欢吃什么。

但有一次，当王贾磊再次提出晚上一起去吃肯德基时，艾莎忽然发脾气了，一句话没说就往回走。王贾磊一头雾水，以为她又在耍小性子，再加上逛了一天的街已经筋疲力尽，王贾磊追上艾莎便开始质问："艾莎，你又怎么了啊，别总是和我耍小性子，行吗？我已经很累了！"这句话彻底将艾莎激怒了，两人展开了互不相让的争吵。在争吵中，艾莎向王贾磊提出了分手。王贾磊不甘心，追问原因。艾莎顺势把话挑明了，她说："你以为我爱吃肯德基吗？哪一次我不是把我的那一份分出一大半给你？你自己喜欢，别以为我就喜欢，我已经很迁就你了，但你想过迁就我吗？你有问过一次我想吃什么，问过我的意见吗？"说完，艾莎扭头迅速离开了，留下王贾磊独自站在原地。

王贾磊所犯的错误就是投射效应引起的，他想当然地以为自己爱吃的东西，就一定是艾莎爱吃的，结果在对方心中产生了极其负面的影响，最终导致分手的结局。

大家想一下，你喜欢的东西就代表对方喜欢吗？相信大家都知道并不是这样的。每个人的个性都不同，人与人之间的差异体现在方方面面，如果你总是从自己的角度想问题，从自己的角度揣测甚至猜疑别人，那么你做事成功的可能性将会很小，因为你连对对方最起码的了解都没有，怎么可能成功呢？

此外，生活中，我们在认识和评价别人时，常常免不了要受自身特点的影响，我们总会不由自主地以自己的想法去推测别人的想法，觉得既然我们都这么想，别人肯定也这么想。我国的俗语"以小人之心，度君子之腹"讲的就是这种情况。用心理学的术语说，这叫投射效应。

知道了投射效应在人际交往的过程中会造成我们对其他人的知觉失真，这就要求女性在与人交往的过程中保持理性，避免受这种效应的不良影响。

1.客观认清自己与他人的差异

要想消除投射效应给我们带来的不良影响，我们要客观地认清别人与自己的差异，不断完善自己，不能总以己之心度人之腹。人与人之间是有差异

的，我们要承认和尊重这种差异，要多角度、全方位地去认识别人。

2.尊重客观标准，避免主观臆断

倘若一味地将自己的感情强加到他人或客观事物之上，认为自己喜欢的人或物都是美好的，而自己讨厌的人或物都是丑恶的，最终将会陷入主观臆断的泥潭而无法自拔。如果在处理复杂问题时能够尊重客观性的标准和原则，就不会把个人意识强加给他人；不以自己心理的标准去衡量他人的行为，这样也就能够克服投射效应所造成的失误或损失了。

3.设身处地从他人立场看问题

想要摆脱以己度人疑神疑鬼的毛病，女人还要学会换位思考，要设身处地地站在对方的立场去看别人。人在这个社会上免不了与各种各样的人打交道，如果你只懂得站在自己的角度考虑问题，那你的眼光就是过分偏狭。女人要懂得从不同人的角度来思考问题，记得为对方着想，理解对方的需要和情感，才能与他人进行很好的交流和沟通，也更容易达成谅解和共识。

心理小贴士

我国古代名医华佗留有一句名言："多疑也是病。"多疑是一种心理疾病，是身心健康的"隐性杀手"。摒弃多疑，首先要加强思想修养，使自己心胸开阔。应多些平和淡泊，多想别人好处，多些仁爱宽容，多和外界交往，遇事看得开，少钻牛角尖。

先做朋友，交际将会容易得多

乔雪儿是一名销售人员，主要负责打印机这一块。她很希望能够在武汉的市场上占据一席之地。于是，乔雪儿打算跟某大型公司负责办公设备采购的徐老板谈一谈。可是，对于工作十分繁忙的徐老板来说，他一点儿都不愿意跟乔雪儿会面，因此他态度非常冷淡。乔雪儿一再请求，徐老板才勉强答应给她十五分钟的会面时间。

虽然乔雪儿在去见徐老板的路上，就知道今天成功的机会根本不大，但她还是决定不放弃这个难得的机会，哪怕只是碰碰运气也要去。

乔雪儿一走进徐老板的办公室，就满面春风地说："徐老板，真的是非常感激您能百忙之中与我见一面。"可是徐老板却面无表情，看起来对乔雪儿的话一点儿都不感兴趣，或者可以说一点儿都不爱听。不过乔雪儿没有灰心，她继续说："我想徐老板一定知道我这次来拜访您的目的。""是的，不过我并不认为这个想法有多好，而且我想告诉你的是，现在已经过去三分钟了。"徐老板冷冷地说，"其实，你今天来根本就是白跑一趟，我只是拗不过你一直要求见面，但我并不打算满足你的想法，甚至我可以干脆点儿说，你不用再白费力气了。"

听到徐老板的话，乔雪儿的心凉了一大半，虽然从一开始也没抱着多大的希望，但总归没有失望得这么彻底。就在乔雪儿不知道如何回应时，突然发现在徐老板的办公桌上就放着一台打印机。于是，对徐老板说："徐老板，虽然我是卖打印机的，不过我得提醒您，打印机最好不要离得太近，不然那些油墨可是对健康不大好哦。"

徐老板听乔雪儿这样说，奇怪地问道："你这样说，还打算卖机器？"

"这个跟卖不卖是没有关系的，徐老板，我觉得这是两码事，我不能不为我的顾客的健康着想啊，所以说，有些话、有些注意事项是无论如何都得说清楚的。"乔雪儿笑着小小地调侃了一下。

"好吧，我这个是因为经常使用，所以就放置在眼前，这样免得麻烦。"徐老板说。

"其实吧，最重要的还是身体，你用的越多就越更应该放置在远处，这样才能将危害降到最低。我说的对不对呢，徐老板？"乔雪儿笑着说。

"说得有理。"徐老板也笑着点了点头。就这样，十五分钟的时间里两人就如何使用打印机更健康的问题聊得火热，但对于乔雪儿要销售打印机的事却没提。十五分钟一到，乔雪儿马上站起来说："谢谢徐老板给我这次机

第11章　芬芳的友谊：女人与朋友交往相处的心理学

会，跟您聊天感觉很开心，虽然对于我们的打印机您还在考虑，但您真的要注意保持一定的距离哦。"

就在乔雪儿转身要走的时候，徐老板突然说："留步，把你们的资料留给我一份。"

女人一定要知道，在进入正式交际之前一定要先与对方成为朋友，这样对于下一步的做事来说非常便利。先做朋友，后做生意，是诸多商场中人心知肚明的道理。然而，很多人在饭局中却常常忽视这一点，在成功心切的影响下，忘记了要先和对方交朋友。与其鲁莽地谈及生意，不顾他人之想地发表自身的看法，推销产品，倒不如先花费一小部分时间了解客户的资料，主动和客户交朋友。由此一来，我们还怕生意不能成功吗？

那么，女人怎样做才能成功地成为对方的朋友呢？

1.待人一定要坦诚

要结成群体，不可能独来独往。真诚可以减少双方猜忌的机会，降低彼此误解的概率；真诚可以减少双方都不必费心费力在"算计"对方，较容易集中重点，讨论问题并达成共识；真诚的人表里如一，待人处世自然容易与人沟通。

2.不要急于求成

有句话说得好，"慢工出细活"，凡事不能操之过急，尤其是对于那些在生意场上的女性。由陌生人变成朋友，由朋友变成客户，是一个循序渐进的过程。太急于将陌生人变成客户，只会令自己烦恼和麻烦。当你与客户的关系亲密到一定程度时，你的产品总是能在客户发布的广告中得到特别推荐，在商店里摆在特别显眼的位置。

3.不唯唯诺诺

如果我们在领导或者重要人物面前表现得过于唯唯诺诺、低声下气，只会让对方觉得我们是在故意讨好他，让对方觉得我们是没有主见的人，对方同样不会对我们有什么好印象，更别说赏识我们了。所以，小心是有前提的，一定要首先做到不卑不亢、泰然面对。

心理小贴士

生活中忌讳功利心理，社交场合同样有此禁忌。如果场面都还没有变暖，人与人之间都还没来得及好好沟通，该有的人情铺垫都还没有做到位，就急急忙忙地先把自己的目的说出来，只会让对方反感，认为你是在利用人家。所以说，女人一定要懂得这里面的门道，做一个有思想、有智慧的交际达人。

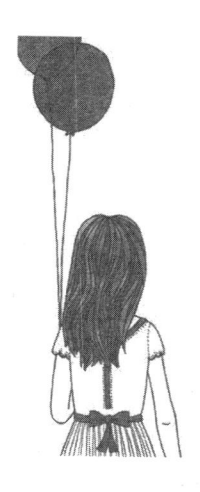

第12章　做低调女人：
掩去傲慢，不露锋芒才安全

当今社会，与人相处，只要稍有点处理不当，就会招致不少麻烦。面对物欲横流的世界，做女人难，做一个低调女人更难，女性情感丰富，更难以从躁动的情绪和欲望中稳定心态。作为一个女人，需要在低调中修炼自己，低调处事，这是一种进可攻、退可守，看似平淡，实则高深的处世谋略。可是，女人应该如何稳定自己的心态，做一个低调有内涵的女人呢？本章我们将为大家详细讲解。

低调一点，你会更强大

最近一段时间，王晓航明显感觉到公司的气氛怪怪的，同事们看她的眼神都很怪异。平时，王晓航与大家都是打成一片，玩得非常投机，但是现在，她主动跟同事说话，大家都对她爱搭不理的，王晓航非常疑惑："我是不是不小心得罪大家了啊？"直到有一天，她路过茶水间，偶然间听到两个同事的对话："至于吗？谁还没有得意的时候啊！王晓航原来是这样的人啊，有点成就就开始炫耀，这么炫耀让大家的脸往哪儿放啊！整的全公司就她最棒似的，真是没见过大世面。""是啊，没想到她是这样的人，感觉已经得意得要飘起来了，丝毫不顾及大家的感受，我也很无语，不想跟她打交道了。"

无意间听到的这两句话让王晓航如梦初醒，并陷入深深的思考之中。原来，最近几个月，她的销售业绩非常好，一直位居全公司榜首，很有希望夺得年度销售冠军的奖杯。对于这样的成绩，王晓航备感骄傲，就经常在同事面前宣扬自己的"战绩"，还在朋友圈上晒成绩。对于她这种高调的言行，同事们感到很反感，于是就对她敬而远之了。

俗话说："人怕出名猪怕壮。"人出了名之后，除了风光无限，也会麻烦不断。有的名人抱怨自己丧失了自由，正常生活受到了干扰。可见，适当地掩藏真本领，是减少受骚扰的一种必要保障。所以说，女人要学会低调一点，这样才是一种人生智慧。

董海乐是个性格内向的人，她总是默默地努力工作着。由于她表现出色，进公司不到一年就当上了开发部经理。这一消息在公司员工大会上被宣

第12章 做低调女人：掩去傲慢，不露锋芒才安全

布后，同事们纷纷向她表示祝贺。总经理说："小董，你才进公司一年就当上开发部经理了，很牛啊！前途似锦！祝贺你！"部门同事说："你平时真是没白努力啊，我们要以你为榜样，向你学习！"

面对大家的赞扬和祝贺，董海乐压抑着内心的欢喜，谦虚地说道："感谢大家的鼓励，其实我能当上经理，主要是领导和大家抬举我。我的经验尚浅，以后还请大家多多帮忙。"

当时，虽然有同事忌妒董海乐升职，但看到她这么低调、谦虚，就微笑着回应她："一定一定，我们共同进步。"

在如今竞争激烈的职场，一些女性认为，只有轰轰烈烈、高调为人才能成功，才能在同事中脱颖而出，也才能在上司心中留下深刻印象，进而得到提拔。诚然，适当的张扬确实能证明自己的能力，但是"树大招风"，过分地张扬很多时候对于自己的前景来说是不利的，一不留神你就会遭人算计。所以说，女人要有点心眼，做人低调一点，这样才能更好地保全自己。

1.脚踏实地

做人需要有一个远大的梦想，但做事一定要脚踏实地。相信大家都有过这样的体会，当你稳稳站在地上的时候，才能够借力上弹，腾空而起。反之，若是双脚悬浮，失去了着力点，非但无法上跃，多半会摔得很惨。

2. 虚怀若谷

"虚怀若谷"，意思是说，胸怀要像山谷一样宽阔。只有空，才能容得下东西，才能容得下别人，才能让别人接近你，而自满，除了你自己之外，容不下任何东西。想想那年轻人吧，再回忆一下那些先贤们，为人何须恃才傲物，大可和逊致谦，人生的路会更好走。

3.保持良好心态

其实，成功于我们而言说近不近、说远不远，能不能将其收入囊中，关键要看你持有怎样的人生态度。如果你一直让自己悬在空中，那么它不会给你送去登天的梯；如果你肯静下心来做好手边的每一件事，它就会距你越来越近。

心理小贴士

低调做人，是一种姿态、一种风度、一种修养、一种胸襟、一种智慧。低调做人就是在社会上加固立世根基的绝好姿态。低调做人，不仅可以保护自己、融入人群，与人们和谐相处，也可以让人暗蓄力量、悄然潜行，在不显山不露水中成就事业。

与人交往，切忌狂妄自大

我们看一下下面这则寓言故事：

一个又一个肥皂泡被天真无邪的小孩吹上天空，在阳光的照射下，那闪亮的外衣五光十色引人注目。

望着孩子们高兴得欢呼雀跃，肥皂泡们个个得意非凡，它们争先恐后地朝高处飞去，同时议论纷纷。

"看，有多少人在羡慕我们呀！"最大的一个肥皂泡首先开口："我们衣着色彩斑斓，我们地位与众不同，这真值得我们引以为傲呀！"

"对呀，和我们相比，凡间一切多么渺小！"另一个肥皂泡扬扬自得地接口说："大家继续努力吧，现在关键要飞往天的最高处，让一切都拜倒在我们的脚下！"

"说得有理，我们要拥有至高无上的权力，我们要驾驭地球前进的方向，我们还要……"第三个肥皂泡话音未落，一阵微风吹来，这些狂妄自大的家伙们一个个自我破裂消失，晴朗的空中飘下些细小的肥皂泡沫落在了小孩们的脸上。

看完上面的寓言故事，相信女性朋友明白了其间的道理：狂妄自大只能毁了自己。莎士比亚说过："一个骄傲的人，结果总是在骄傲里毁灭自

第12章　做低调女人：掩去傲慢，不露锋芒才安全

己"，可见，内心的骄傲自大会蒙蔽人的心智，自高自大的结果就是孤芳自赏、闭目塞听，这样就会栽跟头。

程娟娟是一家外贸公司的业务员，若论工作能力，程娟娟绝对是一等一的人才，无论是销售技能还是业务关系，在公司里都是顶尖人物。每个月的业务评比，她总是稳居第一名的宝座，但时间一长，程娟娟就有些目中无人了，她在与人交谈的时候总是很骄傲地无数次地谈论自己的工作业绩，还时不时地说一些瞧不起人的话，尤其是对待客服人员。

虽然程娟娟瞧不起那些客服，但是她没想到彼此之间的工作是紧密相连的。刚开始的时候客服人员都对程娟娟的工作非常配合，因为程娟娟跟大家相处得非常融洽，只要是她的事情，大家都非常积极。但是，随着程娟娟的态度越来越傲慢，客服人员越来越无法容忍她。有一次，她竟然说："你们难道心里不清楚吗？你们能吃饱饭还不都是因为我，如果我的业绩不好，有你们受的！真是不知道孰轻孰重，客户之所以会打投诉电话，就是因为你们的服务态度不好！"程娟娟的态度让大家非常反感，大家对她的这种自大不屑争执，但背地里却用实际行动来与她对抗。凡是程娟娟的客户打来的电话，客服人员都一拖再拖，最后那些客户只好直接打电话给程娟娟。再后来，由于后继服务不到位，程娟娟的客户越来越少。

程娟娟的失败就在于她恃才傲物，认为自己有本事，就不把周围的人放在眼里，从而引起了大家的反感，最终通过一致反抗让她"摔跤"。这就是教训！女人应该明白，一个人有本事，是一件值得骄傲的事情，但是如果因为这一点就变得狂妄自大、目中无人，那这就不是什么令人佩服和尊重的行为了。狂妄往往是与无知和失败联系在一起的，人一狂妄往往就会招人反感，自然也很难得到上司的赏识和朋友的认可。这样的人又怎么会在事业上、生活中有更加长足的进步呢？

一些自以为是的女人，大多是因为她们确实有可以引以为豪的资本，这也使人们对她们产生一种佩服的感觉，甚至还去学习她们。但是，过分的自豪，甚至自大、狂妄，骄傲得不着边际，那就预示着一种危险，一种隐形的巨大危险，这对于交际来说是非常可怕的。

那么，女人该如何避免或摆脱狂妄自大的心理呢？

1.为人谦逊

俗话说："满招损，谦受益，满必溢，骄必败。"它告诉女人们，太骄傲太自满就会吃亏，只有谦虚才会得到益处。在生活中我们需要成为一个谦虚的人，与人交往或者是合作同样需要我们具有谦虚的精神，摈弃狂妄自大的恶习。

2.放低自己

与人交往时，要把自己放低，不要目中无人。每个人最喜欢的话题是他自己，应多谈和对方有关的事情。如果你和人们谈他们所关心的事情，他们马上就会尊重你。如果你太多谈论自己的事情，而不是他们的事情，情况就会截然相反。

3.不断增长自己的学识

俗话说"虚怀若谷"，越有本事的人，越了解世界之大，海天之宽越，因此胸怀越宽广，为人也就越谦虚。他们深知"山外有山，人外有人"这个道理。也许你是优秀的，但比你优秀的人还有很多，切不可做"井底之蛙"。

心理小贴士

看看那些成绩斐然、为人类社会作出重大贡献的科学名家们，看看那些功力深厚、饮誉世界的艺术大师们，他们当中，绝少有人因为自己具有足够资本而狂一狂的。他们倒是非常自知而又非常谦虚的。所以，我们的行动准则，应是戒骄破满，为人不可狂妄。

第12章 做低调女人：掩去傲慢，不露锋芒才安全

自以为是，其实什么都不是

马尔科姆·福布斯在其所著的《思想》一书中曾援引巴尔塔沙·葛拉西安的话说："人若天天表现自己，就拿不出使人感到惊讶的东西。必须经常把一些新鲜的东西保留起来。对那些每天只拿出一点招数的人，别人始终保持着期望。任何人都对他的能力摸不着底。"是的，自以为是的人很多时候在他人眼里什么都不是，而他们并不知道，还一直自以为非常有才能，感觉自己被人十分崇拜似的活着。

在我们的周围，有些人喜欢抬杠，只要和别人一搭上话就针锋相对，无论别人说什么，他总要加以反驳，其实他自己一点儿主见也没有。这是一种极坏性的习惯，事事要占上风，处处自以为是。如果你有这样的毛病，那请你一定要注意改正。

章灵灵嫁了个有钱的老公之后便待在家里不上班了，每天都向别人炫耀自己的幸福，什么老公买来的高档化妆品啦，什么老公送的漂亮礼物啦，而且还会时不时地问一下其他姐妹，你们老公送你们什么了？让她的那些有个木头老公的女友们受了不少的刺激。每次大家都会非常羡慕她有个对她那么好的老公，可是慢慢地听到一些风言风语，就是她的老公在外面并不止一个女人——那个总是向我们炫耀幸福的女人不过是生活在自己想象的童话故事当中。于是再次听到她的炫耀时，大家都像看笑话那样看她了。

其实章灵灵刚结婚时，她的老公是真心地对她好，只是章灵灵太过自以为是，她觉得她所得到的都是天经地义的，嫁了个有钱老公就得享受生活，不愿意去学习新的事物。在现如今的年代，她竟然连电脑都不会用，每天沉迷在那些不切实际的电视剧当中无法自拔。而她的老公是家中型公司的经理，每天都接受不同的新鲜事物，关心时事与新闻，接触各种层次的人，回到家里之后，两个人竟然找不到任何的共同语言。当丈夫对她越来越冷淡时，她依然如故，觉得自己并没有什么错，只要丈夫对她有任何的意见，她

便会大把理由说自己嫁给他就是要他来养的，可是她没有想过，这一切只不过都是她自以为是罢了。

自以为是的女人是不可能成就什么大事的，她只能失去别人的好感，使自己陷入孤立的境地。也许在开始的时候，不知详情的人们还对她心存许多好感，但是随着时间的流逝，人们就会发现，这个女人只不过是个喜欢让人注意的大嘴巴，愚蠢而又浅薄。

那么，怎么才能避免自己变成一个自以为是的人呢？

1.犯错要勇于承认

勇于承担错误是成功的前提之一。有些人不懂得这一道理，总以为自己十全十美，千错万错都是别人的错，这当然会引起他人的不满。其实，聪明人都懂得恰当入时地勇于承认错误，愿意承担责任，这样才会博得他人的同情、理解与尊敬，拥有良好的人际关系。

2.不把个人意志强加于他人

孔子说："己所不欲，勿施于人。"一切以个人利益为中心，只顾及自身的感受，而忽略了他人的感受，这是一种自私、自以为是的行为，在交际中是非常令人反感的。女人应该记得，没有人愿意听别人的批评和指责，每个人都有自己的观点和主张，我们要学会倾听他人的内心，不要做一些强迫他人的事情。

3.不自作聪明

别人和你谈话，对方根本没有准备请你说教，大家说说笑笑罢了。你若要硬作聪明，拿出更高超的见解（即使的确是高超的见解），对方也绝不会乐意接受的。因此，你不可以随时显出像要教训人的神气，自作聪明只会让他人越来越讨厌你。

第12章 做低调女人：掩去傲慢，不露锋芒才安全

> **心理小贴士**
>
> 智慧而聪明的人总是谦逊好学、不耻下问、多多益善；骄傲而愚蠢的人总是骄傲示人、以嘴代心、时时批评。智慧而聪明的人在学习中成长，在智慧中享受生活。又在生活中学习智慧；骄傲而愚蠢的人在为人师中退步，在笨拙中烦恼生活，从不会主动吸取经验教训。

放低姿态，不做高冷女人

有些女人错误地把高傲当成一种气质或魅力，这在为人处世中是个大忌。也许你拥有一些别人所没有的长处，但是每个人都有长处，只有懂得尊重，才能得到对方的尊重，对方才会主动帮助我们。因此，聪明的女人一定会放低姿态，用谦卑之心真诚地和每一个人相处。

李湘颖在一家公司工作了一年半的时间，前不久，她刚刚被提升为部门经理，这次升职让李湘颖非常开心。但是没过多久，李湘颖就发现，自己给下属布置任务时，他们总会敷衍了事，根本没有认真去做。李湘颖非常生气，把这几名员工叫了过来，大声斥责了一番，但是下属依然我行我素，等到李湘颖再找他们时，他们就会说出很多借口。这让李湘颖非常头疼，但是却又无可奈何。

一天中午，李湘颖去餐厅吃饭，她坐在一个角落，突然听到有人在谈论她，斜头一看，原来是她的两名下属，只不过人员较多，自己位置又比较偏僻，估计他们没有看到自己。这一听，李湘颖终于明白了为何一个个都不服从她的指挥了。

原来，李湘颖在这个部门不是资历最老的，也不是年龄最大的，但是却只有她升职，原本就有很多人不服气。还有一个重要原因，自从李湘颖升职

后，她就变得跟以前不一样了，官架子特别大，动不动就批评下属，她不太在乎下属的脸面，一心只想要追求工作效率。所以，没多长时间，大家都对她十分厌恶，都开始渐渐疏远她了。

知道原因之后，李湘颖就开始适当地改变自己，尽量把自己的姿态放低，融入员工中去。本来非常生硬的批评，换个说法就会显得更好，先表扬员工的工作成果，再提出工作中的不足，这样一来，员工们更容易接受李湘颖的建议了。

一个女人无论身份地位多么显赫、多么高贵，都应当学会放下身段，低调做人。不自狂、不自傲，才能拥有更牢固的根基。更好地保护自己不受到伤害。懂得放下身段，不引起别人的嫉妒，才能暗中积蓄力量，提高自己的身价。

要懂得放低姿态以自我保护，这是一种必须。在社会日益激烈的竞争中，在越来越复杂的人际关系中，要想立于不败之地，除了加强自身修养，提高自身素质之外，还要注意处世方式，宽心低调会让我们得到意想不到的收获。

那么，女人要怎样做才能成为一个低调有内涵的人呢？

1.心态要平和

放低姿态，即用平和的心态来看待世间的一切，修炼到此种境界，为人便能善始善终。既可以让人在卑微时豁达大度，也可以让人在显赫时不骄不狂。低调做人，不仅可以保护自己，还可以使自己融入人群，与人和谐相处，从而得到众人的支持，成为受欢迎的人。

2.懂得示弱

在职场人际交往中，如果你总是表现得很强势，千方百计地显示自己的高明，则很容易引发对方的抵触情绪。相反，如果你放低姿态，主动示弱，却往往能够消除对方的戒备心，甚至打动对方，赢得对方的认同与支持，从而让自己获得更多利益。

3.静下心来，正确认识自己

静下心来，当你用谦逊的眼光看待周围的一切时，就会发现人外有人，

天外有天，尺有所短，寸有所长，你将更清楚地看到自己身上仍然存在着许多不足，发现自己所取得的成就微不足道，同时也寻找到别人身上的优点。

4.理智面对成就

或许你有过很多成就，但是过去的成绩与失败，毕竟都已经成为过去，我们不必追怀，也不要沉迷。我们应该做的是，保持理智的头脑，在成绩面前不盲目自大，在事故面前不怨天尤人，始终保持良好的心态，做好正在做的事。

心理小贴士

明代思想家吕坤说："气忌盛，新忌满，才忌露。"低姿态是一种智慧，与人格、品德无关。有品位的人、有内涵的人、成熟的人都不一定拥有低姿态，但拥有低姿态的人，无疑更有品位、更有内涵、更成熟。

懂得低头，才更有魅力

有人问古希腊大哲学家苏格拉底："既然您是大家公认的天下最有学问的人，那么请问您知道天与地的距离是多少吗？"

听完这个问题，苏格拉底毫无为难之色，立马回道："三尺。"

提问的人顿时笑了："先生，除了尚未长大的孩子，我们成年人大多五六尺高，如果天和地的距离只有三尺的话，那岂不是把苍穹都戳出洞来。"

苏格拉底听完也跟着笑了，他说道："是呀，凡是高度超过三尺的人，如果想立于天地间，就得学会低下头来。"

低头不是自卑，也不是怯弱，它是清醒中的嬗变，更是成熟者的境界。人生的路，不是仅靠一身蛮劲就能走得顺利，而是要讲究方法的。懂得低头，才能出头。要想过太平的生活，就必须放低自己的姿态。只有懂得谦虚的意义，才会得到别人的教诲，才会受人喜爱。对于这个道理，希望广大女性朋友能够明白。

明代才子冯梦龙在《广笑府》"尚气篇"中记载了这样一则故事。

从前，有父子二人，性格都非常刚直，生活中从来不对人低头。一日，家中来了客人，父亲命儿子去集贸市场买肉。儿子拿着钱在屠夫处买了几斤上好的肉，用绳子串着转身回家，来到城门时，迎面碰上一个人，双方都寸步不让，也坚决不避开，于是，面对面地挺立在那儿，相持了很久很久。

日已正中，家中还在等肉下锅待客，做父亲的不由得焦急起来，便出门去寻找买肉未归的儿子。刚到城门处，看见儿子还僵立在那儿，半点儿也没有让人的意思。父亲心下大喜：这真是我的好儿子，性格刚直如此；又大怒：你算老几，竟敢在我父子面前如此放肆。他蹿步上前，大声说道："好儿子，你先将肉送回去，陪客人吃饭，让我站在这儿与他比一比，看谁撑得过谁？"

话音刚落，父亲与儿子交换了一下位置，儿子回家去烹肉煮酒待客；父亲则站在那个人的对面，如怒目金刚般挺立不动，惹得众多的围观者大笑不止。

看完上面的故事，女人应该明白了一个不懂低头、不懂变通的人是多么可笑。生活并不是一条道走到头，生活有很多的曲折，这一路需要我们明白怎样去做人、做事，能屈也要能伸，能低头才能更高地抬起头，能低头，才能让自己与他人的交往更为顺利、圆满。

用平静的心情，学会低头，这恐怕应该是最基本的生活常识吧。学会低头，是处世的一门基本哲学，是为人的一种最高境界，是努力生活着和生活过的人的一种很好的领悟、总结。

那么，做一个勇于低头、懂得变通的女人，需要具备哪些要求呢？

1.正确认识低头的意义

懂得低头并不是委曲求全、窝窝囊囊做人，而是通过少惹是非、少生麻烦的方式绕过障碍，减少人生不必要的负面消耗，从而更好地展现自己的才

华，发挥自己的特长。这样不仅能保命安身，甚至还可以成就一番伟业。

2.做事不莽撞

人生要经历成千上万的门槛，并非每次都要挺胸而入，有时可能要不停地碰到障碍，或碰到壁上，甚至伏地而行。我们不能一味地硬闯和莽撞，不能一味地讲"骨气"，到头来可能被拒之门外或撞得头破血流。学会低头，才能绕过荆棘。

3.待人礼貌、客气

不管你是大人物还是小人物，与人交往时，放低姿态就能拉近彼此之间的距离，把姿态放低，对人更有礼、更客气，千万不可有倨傲的态度。这样做既能保全自己，赢得人心，又可减少别人对你的忌妒，因为你的低姿态，使某些人在自尊方面获得了满足。

> **心理小贴士**
>
> 力求出人头地，是一种积极的人生态度，无可厚非。但急于出头，行高于人，让自己鹤立鸡群，必定会遭遇别人的忌妒和排斥。女人可以让自己的才能高出于人，但绝不可让自己显出高人一等的姿态。只有这样，你才能在复杂的人际环境中站稳脚跟。

谦逊有礼，切忌傲慢自大

女人不妨试想一下，你会喜欢一个傲慢无礼、对他人不尊重、自恃清高的人吗？相信大家对此都应该很反感和厌恶吧。对于这样不讨人喜欢的姿态，女人一定要学会远离，不要光顾着打理自己的外在美，你的一言一行之中所体现的修养和素质更能代表你的形象和能力，所以养成谦逊优雅的言谈之风是一个有心计的女人的必修课。

对于傲慢自大的问题，女性朋友们应该会想到《三国演义》中的杨修：

《三国演义》中的杨修，是那个时代的一个重要人物，才华横溢、博学能言、智识过人。当时他在曹操的手下当官，被"委以军政钱粮之重"。可以说，他是一个被上司器重的人，因为他具备了成功的外部条件和内在条件。

但他最终非但没有随着曹操的任用飞黄腾达，甚至搞得人头落地，为什么？就是因为他在上司面前炫耀聪明、举止轻狂。一次，匈奴人送给曹操一盒酥饼，曹操随手写上了"一盒酥"几个字。这时杨修的小聪明来了，他把它分给众人吃了，还振振有词："丞相让我们一人吃一口酥。"曹操表面上虽笑，但心里却不舒服。

有一次，曹操打仗受挫，进又进不得，退又不甘心。正在犹豫之时，有部下来请示口令，曹操下意识地传口令为"鸡肋"。据此，杨修便在军中讲开了：鸡肋，鸡肋，食之无味，弃之可惜，看来丞相要退兵了。结果弄得大家都收拾行装准备退兵，这就惹得曹操大怒，以扰乱军心的罪名，让刀斧手把他推出去斩了。

像杨修这样态度傲慢的人，是永远得不到上司的信任和赏识的。所以，对有志于成就一番事业的人来说，你要时刻提醒自己，不要自作聪明，不要恃才而骄，否则，你也会成为另一个"杨修"。

傲慢之人必是无礼之人，无礼之人必将遭到别人的厌弃。如果你不愿遭到别人的反感、疏远，你就切勿傲慢和过分强调自我。如果人人都注意加强品德修养，人人都谨防傲慢，那将会使我们的人际关系更加和谐，使我们生活得更加幸福和愉快。

那么，对于傲慢无礼的不良心理，女人该如何避道而行呢？

1.适当掩藏自身优势

木秀于林，风必摧之；流出于岸，水必湍之。一个女人不能过多地、过于高调地张扬出自己的优势，否则就难免会遭人暗算。害人之不可有，防人之心不可无，你的本意并非要去得罪人，但是他人的忌妒之心还是不可忽视。

2.做人大度、谦逊有礼

中国的传统文化素来鄙视傲慢，崇尚平等待人，一般来说，越是才学丰富、见多识广的人就会越谦虚，文化层次越低、气量越小的人就会越傲慢。莫忘三人行必有我师。谦逊的态度会使人感到亲切，傲慢的态度会使人感到难堪。

3.别太把自己当回事

"太拿自己当回事"外在的表现往往是强势的张扬个性，不允许他人的反对，听不得不同的声音，更不接受别人的批评。而事实上这一心理本质上是内心缺乏安全感，担心被取代，担心被小看。所以说，女人还是低调一点为好，做好自己本分的事情，懂得尊重他人，不要总是傲慢待人，过于把自己当回事。

心理小贴士

女性朋友请注意，如果你总是傲慢待人，那请你远离这种心理，否则你的朋友将会慢慢远离你。傲慢的人不懂得凡事都要留有回旋余地的道理，往往不计后果，话说绝、事做绝，结果是害人又害己。智慧的人永远知道。话不能说得太绝，事也不能做得太绝，凡事都应当留有余地。

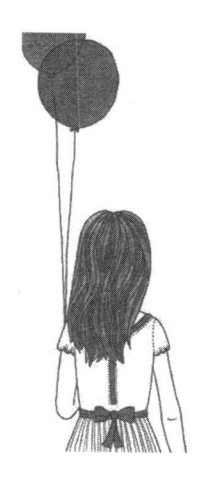

第13章　沟通心理学：女人与人保持愉快交谈的技巧

女人要想与人保持愉快的交谈，你就要懂得沟通。沟通的意义在于消除人际交往中的障碍，协调人际交往中的各种关系，实现个人目标。人与人交往，就是一个不断反复沟通的过程，可以说，交往的成败很大程度上受沟通效果的影响，人际交往失败，很大原因在于沟通的不畅所导致的误解。那么，沟通有什么技巧呢？怎样沟通才能让彼此之间更为亲近呢？其实，这些内容在本章中都有所介绍。相信阅读完本章之后大家一定会明白沟通在交际中的重要意义，也能从中学到很多沟通的技巧。

举止优雅淡定，让魅力更闪光

与人交际，第一印象很重要，第一印象看的是什么呢？很多人觉得是外表，其实不然，一个人的谈吐和举止才是最重要的一部分。因为身体语言也会传达出很多信息，个人的身体语言往往透露着这个人的修养与风度，有时，一个不得体的小动作就会破坏你完美的形象。所以，女人一定要注意自己的举止，使自己的举止表现自如、大方得体。

这周公司新招了一名工作人员，她是一位刚刚毕业的大学生，这个女孩子在面试时就给人一种很有礼貌比较有修养的感觉，名叫林婉如。她总是让人看着那么温婉、优雅，遇事不急不躁，举手投足间让人感受到的是一种从容、温婉和亲切。

由于最近公司大批量招人，为了节省时间，公司将所有通知前来面试的人员都安排在了同一天。当林婉如来到公司时，已经有很多人在排队等候面试了，有的人等不急了，开始左看看右看看，甚至私下聊起了天。林婉如望着大家笑了笑，在一个空位上坐了下来，随手拿起桌上的一本杂志津津有味地看了起来。当喊到自己名字时，林婉如才发现自己已经等了整整两小时，而且只剩下三个等候面试的人员了。她站了起来，微笑着走进了面试间，微笑着向面试官打招呼，微笑着回答面试官的每一个问题，并在适当时间不忘说"谢谢"，也尽可能地用简短的语言正面回答对方的问题。

当林婉如来到公司上班时，也总是微笑着向同事们打招呼，在工作中遇到不懂的问题总是诚恳虚心地向老同事请教，并不忘对他们说谢谢。当和同事发生矛盾时，也总是主动退让，从不使矛盾继续深化。当同事遇到什么难

第13章 沟通心理学：女人与人保持愉快交谈的技巧

题时，也总是主动帮忙。当自己出现了错误时，也总是及时诚恳地向对方道歉说"对不起"。在工作上也总是积极努力，半年后业绩已名列前茅。让很多同事都羡慕不已。

渐渐地，公司越来越多的同事开始喜欢林婉如了。这天，一个同事突然问道："婉如啊，都和大家这么熟悉了，你还那么注重自己的言行举止，你累不累啊？"林婉如听完，笑了笑说："和大家在一起工作，很开心的，一点儿都不累啊。再说我性格就这样，比较婉约吧。""那难道你就一直是这么优雅淡定，从不生气吗？"对方又问道。林婉如笑了笑说："有时候自己也有不开心的时候，但是我总是喜欢自己去消化，不想上班的时候牵扯自己的情绪。工作的时候我考虑更多的是如何做好自己的本职工作，毕竟我经验也不多，需要更多的努力。我希望自己给大家带来的是一种向上的力量，一种乐观与从容，彼此之间和谐相处，收获更多的知识和乐趣。"听完林婉如的话，大家都非常赞同，没想到这样一个刚毕业的小姑娘竟然有如此好的见解，大家也都越来越佩服和喜欢她了。

爱默生曾说："优美的身姿胜过美丽的容貌，而优雅的举止又胜过优美的身姿。优雅的举止是最好的艺术，它比任何绘画和雕塑作品更让人心旷神怡。"在社会交往活动中，女人要想给对方留下美好而深刻的印象，应该努力从举手、投足等日常行为方面有意识地锻炼自己，养成良好的站、坐、行姿态，做到举止端庄、优雅得体。这样你才能更受他人欢迎。

那么，女人该如何塑造自己优雅淡定的形象呢？

1.注意外在形象

女人要随时随地做到举止优雅，亭亭玉立地站着抑或端坐着，保持愉悦祥和的表情，穿着漂亮合体的衣装。但是有的女人总是整个人松松垮垮、无精打采，有时候还跷着二郎腿不停地抖动。这些女人即使穿着再漂亮，也会让人觉得毫无美感，更无气质可言了。

2.注意个人举止

一切行为举止，都要合乎体统，符合身份，适应场合，并且能够恰如其分地借以传达出个人意愿。有关统计数据表明，在人际交往中，约有80%以上的信息是借助于举止这种无声的"第二语言"来传达的，而语言所传达的信息却绝对不会超过20%。所以说，女人想要在交际中塑造优雅的形象，行为举止一定要得体。

3.注重自身内在修养

优雅，更重要的是要拥有内淑，注意培养良好的美德，要有处处体谅别人的胸怀，切不可凡事只坚持自己的主张，只顾自己的感情和好恶。有了外表的美丽再加上善于体谅别人的胸怀，你就会具有非比寻常的魅力了。优雅是女人外在相貌与内在修养的和谐展现。

> **心理小贴士**
>
> 真正的优雅来自内心，只有拥有优雅的内心才会拥有优雅的仪态。真正的优雅无法伪饰，它来自你所受的教育、你的自身修养以及你美好天性的培植与发展，是一个人个性的完整体现和融合，每个人所能培养出的优雅气质，只能属于她自己。

多鼓励他人，你将更受人喜欢

王志勇一直想当一个推销员。后来一个偶然的机会，别人给他介绍了一份工作，他开始推销家电，但是不论他多么努力，事情都没有什么好转。王志勇有点忧虑，尤其对没有卖出的家电感到担忧，后来他开始紧张而痛苦；最后，他觉得必须辞职，以免精神崩溃。

"我就是一个失败者，"王志勇说，"但是我妻子小颖，她坚持认定这样的困境是暂时的。'坚持一下，下次你一定可以做得更好。'她不断告诉我，'没事的，老公，我相信你，你不要气馁，我相信你一定可以成为一个最出色的推销员。'"

第13章 沟通心理学：女人与人保持愉快交谈的技巧

后来，王志勇在一家工厂里找到了新的工作，小颖也找到了工作。这时，小颖要王志勇注意自己的衣着和谈吐。

"后来，在一年左右的时间里，"王志勇说，"小颖不断地赞美我有气质，她说我是一个有天赋的人，只不过是自己信心不足，没有发现而已，让我不要放弃，一定要坚守自己的梦想。如果不是小颖持续不断的鼓励，我可能已经放弃再试一次的想法了。小颖不希望我放弃。'你是一个有天赋、有能力的人，'她一次又一次对我说，'加把劲，相信自己，你一定可以成功。'"

"面对如此贴心的妻子，我怎么能让她失望呢？我不忍心辜负她的期望，她的鼓励也给了我最大的支撑。当我离开工厂重新回到推销工作岗位时，这一次我开始信任自己，因为我身边有一个支持我、鼓励我的妻子。"

后来，王志勇在小颖的鼓励下不断前进，终于成为了一名出色的销售能手。

王志勇说："未来的路还很长，我需要做的是不断努力，继续前进。我得感谢小颖，至少我已经上路了。她已经使我深信，只要我真的想实现梦想，我就能够实现。"

每个人都需要鼓励。鼓励可以带给人希望，一个懂得鼓励他人的人，可以帮助他人从低谷或是跌倒中站起来，而自己也可以享受到助人的快乐。有时候，一个及时的鼓励，可以给人以勇气，让人有继续走下去的力量，重拾信心。女人们，做一个喜欢鼓励他人的人吧，如果你做到了，那你的人际关系一定非常好，你会赢得他人越来越多的欢迎。

每个女人都想在交往中受人欢迎，但是大家不妨思考一下，在别人出现问题的时候，你有没有给予对方及时的鼓励呢？如果没有，那你就要反思一下自己了，毕竟鼓励是拉近人们距离的一种极好的方式。那么，女人知道怎么鼓励他人更有效果吗？

1.给人鼓励，学会真诚地赞美

真诚的、发自内心的鼓励可以让我们快速地获得他人的好感，化解对方的疑虑、尴尬等。每个人都有自己的优点和成绩，都希望获得别人的肯定

和赞美。因此对于别人优点和长处的肯定不仅不会贬低自己的位置，而且可以鼓励对方走出困境，此外还能让周围人感受到你的热情与善良，何乐而不为呢？

2.给人鼓励，要送去新的希望

鼓励的最高境界就是给人带去新的希望。当一个人处于低谷时期，只要有人坚定地告诉他："你一定可以度过这段困难的时期！"或者"我相信你一定可以做得到！"这些给人希望的语句，常常可以给予人坚持下去的勇气。

3.给人鼓励，给他人一点点拨

这一点，是使被鼓励者更加清晰地看到希望，从而激发起行动的信念。比如，一个学做生意却放不开手脚的朋友，你可以向他举一些具体的行情，举出某一项生意怎样投入，就会得到多少利润，他就会产生试一试的念头。

心理小贴士

与其嘲笑，去伤害、得罪别人，不如去鼓励。鼓励好比雪中送炭，在朋友遇到难堪、挫折、困境时，当他感到自卑时，我们一句简单的鼓励，也许可以唤醒他们体内沉睡的力量，使他们重新燃起希望和斗志。相信对方在重新振作的时候也一定会明白你的善心，对你充满感激。

让你的善良打动更多的人

有一位名人说："最好的果实是一颗仁慈的心灵，它对坚硬来说是柔软，对无法克制来说是柔和，对冷酷的心灵来说是温暖，对厌世来说是乐趣。"善良的女人是一种美丽的女人，善良的女人也会得到大家的尊敬与支持。善良的女人每做出一件善事，也是为自己多铺一条路。善良会使人与人

第13章 沟通心理学：女人与人保持愉快交谈的技巧

之间更和睦、更团结，也会使生活更美好，社会更和谐。

邢肖潇和王丽丽是老乡，在同在一家公司工作。邢肖潇家里经济条件不是很好，但她在工作上一直很敬业，经常加班，同事都认为她是个地地道道的工作狂。邢肖潇是一个非常善良的人，她之所以如此拼命的工作主要是因为她想多攒点钱，因为她要供家里的弟弟妹妹上学。除此之外，她还要照顾婆婆一家，所以说她也是非常辛苦的。邢肖潇不仅对家里人好，她对同事也是非常热心。她也很喜欢结交朋友，为人豪爽，遇到同事需要帮忙从不含糊，在工作中指点王丽丽这些新来的同事也是尽心尽力。周末的时候，邢肖潇经常把王丽丽和其他的单身同事请去家里吃饭，她常常给这些在外上班不常回家的朋友做些家常菜。邢肖潇家房子很小，但是就在这几十平米的房子里经常能听到十几个年轻人聚在一起的欢笑声。邢肖潇和老公一起教大家做家乡的各种面食，常常是一顿饭就要吃掉半袋面。大家在一起常来常往，都很喜欢邢肖潇的为人，就连别的部门的人也被她的善良所感动，经常去她家热闹。

突然有一天，公司总部调来一位新的经理，恰巧是王丽丽爸爸的好朋友。一次，王丽丽去看望这位长辈，谈话中无意提到了第二天还要和朋友去邢肖潇家蹭饭。这位领导顺便问起了邢肖潇的情况，王丽丽就如实表达了自己对邢肖潇的看法。从王丽丽的话中，经理明白了这是一位人品很好且非常上进的员工。没想到完全是拉家常的一次谈话居然成了一次机缘。没过多久，就被任命为一个项目的负责人。邢肖潇原本就是个天分极高的人，而且勤奋上进，有了这次展示自己的机会，更是得到了公司上上下下的赞赏。现在，邢肖潇已经升任为公司项目开发部的经理了。她总认为是王丽丽帮了自己不少的忙，其实，那纯属偶然。但正是由于这些，两个人的交往更密切了，感情也更深了。

善良的人一定会有好的福报，邢肖潇的案例就证明了这一点。善良是一种心态，一种为人处世的方式，是日常生活中的一点一滴。善良也是一种智慧，是一种远见，是一种自信，是一种精神的平安，是一种快乐。女人要记住，不管做什么事，心存善良，不仅会温暖别人的心，也会滋养自己的

心灵。

与人交往，人品是非常重要的，如果你心存邪念，连最起码的善良之心都不具备，谁还愿意与你打交道呢？所以说，女人想要在交际场上站稳脚跟，就一定要先做一个善良的人。

1.善良的女人懂得宽容

女人细腻、丰富的情感，常常让她的心胸变得很狭窄。她往往会因为一些不起眼的小事就和周围的人产生矛盾，而且还会"记仇"。女人一定要学会开导自己的内心，做一个宽容大度的人。不要为别人的失误而生气，给别人你的宽容，你的微笑，你的理解，别人就会同样对你，你的生活也会变得更加和谐和美好。

2.善良的女人乐于助人

当你经营人脉的时候，最重要的就是主动帮助别人，不断地帮助别人，尽你所能地帮助别人，只有这样，你才会获得别人的信任和好感，你储存的人脉才会越来越广，他日你需要帮助的时候，这些人必当挺身而出，为你效力。

3.善良的女人为他人着想

与人交际，你不懂得为他人着想，他人怎么会为你着想呢？很多人不会或很难做到换位思考，他们要么是站在自身的立场上首先考虑自身的感受，要么就是想当然地、情绪化地设想别人感受。这样往往会在不知不觉中得罪了别人，办了坏事，失去了机会。

心理小贴士

有人曾说："女人的美德，应首推善良的心灵。"一个女人如果心胸狭窄、心地险恶，她的外表、声线再女性化，别人也不会长久地欣赏她。一旦发现她的"庐山真面目"，就会避而远之。因为，跟一个心地险恶的人相处，是毫无安全感可言的。

第13章 沟通心理学：女人与人保持愉快交谈的技巧

🦋 语言得体，沟通才能更愉快

最近某公司新招了两名员工，一名叫王琳琳，是一名大专毕业生；另外一名叫董凯琪，是一名研究生。一开始的时候，她俩都是从普通的助理做起。两个人对待本职工作都兢兢业业、任劳任怨，工作干得都很出色。

但是有一点两人非常不同。王琳琳对人总是很随和，同事们在工作中有什么事请教她或有什么事求她帮忙，只要她有空闲，她都尽力而为，很快她获得了同事们的好感，和同事们相处和谐。有一位同事这样评价她："每次跟王琳琪接触，我都觉得她说话非常亲切，语言也非常和谐，她是一个很有礼貌的姑娘，我们大家都非常喜欢和她沟通。"而董凯琪则个性孤傲，总觉得自己的学识是公司里最高的，领导把自己放在这里是屈才。平时她总喜欢独来独往，见了同事也比较冷淡，有时见王琳琳与大家打成一片，还隐隐地不屑一顾。一次，一个同事找董凯琪请教问题，她听后皱着眉头说："不是吧？你都在公司这么多年了，这点问题都搞不懂吗？"一听到董凯琪这句话，那位同事的脸瞬间红了起来，他苦笑了一下，什么也没说，摇了摇头就走了。从此，再也没有人愿意和她商量问题了，也没有人愿意找她帮忙。董凯琪就这样一步步远离了这个大集体。

过了半年的时间，公司要提拔技术部主管，公司经过考查，决定让王琳琳担任技术部主管。听到这个消息，大家都来跟王琳琳道喜，办公室里非常热闹。可是，有人欢喜有人愁，董凯琪感到非常不服气，于是她气冲冲地跑到总经理办公室评理。总经理告诉董凯琪："技术部主管当然要懂技术，如果仅仅懂得技术，他永远都只能做技术员；技术部主管更要懂得如何去管理好他手下的员工，让他的员工信他、服他。王琳琳虽然技术上比你略逊一筹，但她能让员工们上下一心。我们的企业需要的正是这种能实现人性化管理的人才，而不是一个只知干活的冷冰冰的机器人。"对于总经理的解释，董凯琪非常不屑，她觉得这就是借口，她感觉这个公司在选拔人才方面有失公平，于是她毅然决然地选择了跳槽，远离了这个对她"不公平"的公司。

六年后，王琳琳已经从一名技术员做到老板的位置了，她自己开了一家公司，规模不算小，员工齐心协力，她的成就可以说非常不错了。可是董凯琪什么情况呢？董凯琪混的并不好，她总是自视清高，不断地在各个公司之间跳槽，而她并没有如愿做一个大领导，而是一直做着她的技术工作。

其实，论人品，董凯琪和王琳琳差不多，都没有什么人品问题，只不过董凯琪比较高冷；论技术，董凯琪比王琳琳更胜一筹，可以说技术更精湛。但是为何她们两个人最后的差距这么大呢？原因就在于王琳琳善于用得体的语言为自己打造良好的人际关系，而董凯琪就有点恃才傲物，说话不注意言辞，从而影响了自己的人缘。

说话得体会使语言表达得明确和使人信服，也会给你的话增添活力，给你的语言带来生命力。一个女人要想在交际中表现得出众而又受人欢迎，那就一定要记得把话说的得体一点。

1.说话用语要谦逊、文雅

谦逊、文雅的语言能够体现出一个人的文化素养以及尊重他人的美好品德；平时我们应该多使用这些用语。比如，称呼对方为"您""先生""小姐"等；用"贵姓"代替"你姓什么"，用"不新鲜"代替"发臭"。

2.适当迎合对方一点

别因为"迎合"这个词过于主动而不屑一顾，在人际交往中，"迎合"可能起到引导和激发的作用。比如，你知道他喜欢旅游，如果你感兴趣地问起旅途中的见闻，他一定会滔滔不绝地讲给你听，你们的信任度和亲密度也就随之加强了。

3.注意说话措辞问题

在与他人交谈的时候，女性朋友们要充分尊重对方的个人习惯，不能说有损对方自尊心的话。这就要求女性朋友们要特别注意语言的措辞方式，注意语言的措辞修饰性，有些话尽力表达得委婉动听一点。

第13章　沟通心理学：女人与人保持愉快交谈的技巧

> **心理小贴士**
>
> 每个女人的性情都不尽相同，但是与人交际的得体方面还是有许多规律可循的，确实是有总体的原则需要把握：流露出美好的心灵；表达你丰富的情感；表现出谦虚的语气；让对方看到你诚恳的情态；在某些方面要表达得含蓄些。倘若能够做到这些，那么你和他人交谈就会十分顺利。

积极沟通，人际交往更顺畅

古代有个寓言故事《疑邻偷斧》，说的是一个人丢了斧子，他怀疑是邻居偷的。从此，当他看见邻居时，发现邻居走路像偷斧子的，说话像偷斧子的，一举一动都像偷斧子的。后来，他在山谷里找到了斧子，再看到邻居时，却发现邻居走路、说话一点儿也不像偷斧子的。

这个小故事可以很好地影射人们之间缺乏交流和沟通而引起猜疑的现象。如果出现问题，人与人之间懂得用积极的态度进行沟通，那么人际交往的道路将会更加顺畅，许许多多的矛盾和误解将会及时解开。

沟通的力量很大，不仅能化解人与人之间的误会，还能提高工作效率，让工作更为顺利的进行。日本"经营之神"松下幸之助有句名言："企业管理过去是沟通，现在是沟通，未来还是沟通。"为将者的工作离不开沟通，一个优秀的将才绝不能忽略了沟通，而是要积极地沟通，主动地沟通，更要善于沟通，不要怕啰唆。

谭小莫大学毕业后进入一家服装公司工作，她天天加班。尽管同事向她暗示，公司领导"并不十分欣赏"加班行为，但谭小莫仍固执地认为"慢工出细活"，加班还可以换取良好的自我表现。一天，谭小莫的领导找她谈话，开口很直接，领导说："有些话我就不跟你绕弯子了。你的工作方式我们并不认可。我们的工作需要彼此之间的沟通与合作，'闭门造车'并不合适。分配一项任务，对于一个人来说并不是单打独斗，每个员工之间都是相互联系在一起的，可以说'牵一发而动全身'，你总是自己闷头做任务，跟其他同事不搞好协调，问题一出，大家的努力都会白费。此外，你不能在工作时间内完成任务，还要靠加班来完成，这只能说明你效率低下。你加班的一水一电，可都是公司的开支。你做的这些，对我们整个项目的完成来说是非常拖后腿的。"

谭小莫自以为表现敬业，却与领导"重效率"的精神相违背，职场新人要多和同事们交谈，并培养敏锐的观察力，找出领导的核心价值观，才能少走弯路。高效率的人都具有的一个显著特点，就是具有卓越的沟通能力。无论是在社交活动中，还是在工作岗位上，他们都能尽情地发挥特有的与人沟通的艺术和能力，巧妙地赢得别人的喜爱、尊敬、信任与合作，从而开创出人生的丰功伟业。

那么，女性该如何积极沟通，提高自己的工作效率呢？

1.沟通之前，先懂得倾听

如果你想成为一个善于谈话的人，那么首先你要成为一个善于倾听的人。一个懂得倾听的人比总是滔滔不绝的人更让人喜欢。听人谈话时，可以通过赞同的微笑、肯定的点头，或者手势、体态等做出积极的反应，表现出对谈话内容的兴趣和对谈话对象的接纳与尊重。

2.遇到问题，主动提出疑问

在工作中有问题要积极主动与同事或者是上司进行沟通，不要不好意思，也不要一条道走到黑的自以为是，试想一下，如果你耽误了问题解决的最佳时期，让问题扩大化，那后果你能承担的了吗？所以，为了避免不必要的麻烦，尽早提出问题，多与他人沟通。

3.说话简洁不啰唆

很多人都讨厌废话连篇、半天都说不到点子上的人。但是，我们应该注意的是，说话简洁并非"苟简"，而是以简代精的意思。简洁要从实际效果出发，简得适当，恰到好处，否则硬是掐头去尾，只会让听者不明，从而得

不偿失。

> **心理小贴士**
>
> 安东尼-罗宾曾说:"沟通是一门艺术,你不拥有这项基本技巧就不可能获得事业上的成功。"工作中,你是否遭遇过相同的情形?因为缺乏沟通能力,不能很好地与同事、下属、上司进行沟通,结果陷入自己的设想之中,以致自己的好主意、好建议以及才华、能力得不到别人的理解和重视,甚至因此而产生了误解,造成工作的拖延甚至失败。相信很多女性朋友都曾遇到过吧。沟通是顺利做成一件事的基础,希望大家能认识到其重要性,态度积极一点,让一切活动的进程变得更加明朗吧!

口无遮拦,只会让你自毁前程

聪明人都懂得谨言多听的妙处,一个看到什么就想说什么,想到什么就说什么的人,无论他多么富有才华,都算不上一个有智慧的人,口无遮拦便是他致命的弱点。有人讽刺那些喋喋不休的人像一艘漏水的船,每一个乘客都急着赶快逃离。所以说,女性想要在交际中获取好人缘,那就改掉自己口无遮拦的坏毛病,否则总有一天你会吃大亏。

许小杰在一家公司负责人事工作,主要工作就是协调公司内部员工间的关系,因此有些矛盾的确让许小杰感到很棘手。

一天,同事陈旭在酒吧里遇到了喝醉酒的许小杰,见许小杰喝得酩酊大醉,陈旭说:"许小杰啊,你咋跑出来喝酒呢?竟然喝这么多,我送你回去吧。"一脸醉意的许小杰说:"唉,你可不知道我有多难啊……"陈旭赶紧附和:"知道知道!"心想得赶紧把许小杰送回去,可心里总归有些别扭,因为之前陈旭曾找许小杰帮忙解决人事调动的问题,但遭到了许小杰的

拒绝。

陈旭正琢磨着，只听见许小杰在醉醺醺地说："上次你跟我说调动工作的事，不是我不想帮你，是当时盯那个位子的人太多了。这不，李哥的儿子、王经理的外甥都想要，李哥的官比我大，我得看他的脸色做事，不得不给他。按说你的能力是最好的、最合适的，我也很想把那个位置给你，可我没有办法啊……"陈旭听到这里气往上冲，他没想到自己申请调动工作失败是因为李哥儿子的原因。

第二天一大早，陈旭就气冲冲地闯到李哥的办公室找他理论，越说越生气，最后两个人就吵起来了，陈旭很激动地说："昨天许小杰喝酒时都跟我说了，你还想说什么吗？"没过几天，许小杰就接到了公司的下调信。又不是许小杰跟李哥吵架，为什么许小杰会接到公司的调职信呢？其原因就是许小杰在醉酒时，吐露了陈旭当初为什么没有被提升的原因。她并没有考虑到陈旭是个火爆脾气，让他知道真相，他当然不服气，这就导致陈旭在第二天找李哥理论。

害人之心不可有，防人之心不可无，为人处世无论如何都要对自己有所保留，不该说的话不要去说，私密的话不要说，不要轻易就相信别人，更不能义无反顾地将自己的一切都告知他人。尤其是在竞争环境中，一定要小心谨慎，否则总有一天你会遇到大麻烦。

女人应该明白，与人交往并不是所有话都可以说的，即便是对自己最好的朋友。真诚坦率、快人快语是人的美好品德，但社会并非如此单纯，所以坦诚交心和无所不言难免会被一些人利用。特别是在交情比较浅的人面前，要切忌这一点。这不是狡猾耍诈，而是在生活和工作中堆积出来的经验，也是保护自己的一种办法。

那么对于口无遮拦的毛病，女人该如何避免呢？

1.一定捍卫好他人隐私

没有得到朋友的同意，不要向外人透露朋友的年龄或收入状况。特别是未婚的年轻女性，年龄一般都是秘密，而对于男人来说，收入算是秘密。这些都不愿被人所提及，逢人就把朋友的这些秘密都透露出去了，时间久了，

谁还会和你做朋友呢？

2.说话不要中伤他人

口无遮拦，会导致"祸从口出"。特别是人多的场合，一不小心，一旦失言，你的话就可能中伤或伤害到某个人。其最终结果是自己给自己招惹祸端。在事业成功的过程中，一言一行都关系着个人的成败荣辱，所以言行不可不慎。

3.给嘴巴设道坎

在与人交谈中，女人说话要讲究语言优美，而不是出言不逊。说话要根据事实，不能听风就是雨。所以，在社交活动中，女人在说话之前，要考虑一下自己要说的话是否可以在这个场合说。所谓"祸从口出"就是这个道理，给嘴巴设道坎，不要什么话都往外说。

心理小贴士

慎言，这是老祖宗们用鲜血和脑浆写下来的忠告！我们不但在工作中要注意，当与朋友交往时也应该谨慎。如果总是不分场合，口无遮拦，身边的人就会越来越讨厌你，甚至会离你而去。对待家人也要慎言，否则会因为种种误会而影响关系，带来不必要的麻烦。

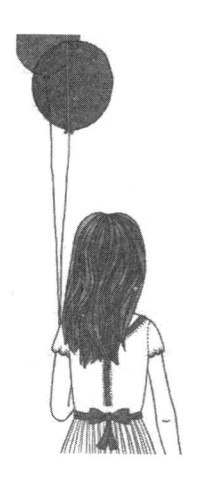

第14章　打开第六感：
读懂周围人，别被假象所蒙蔽

待人处世是一门学问，它不仅能体现一个人的素养和智慧，更为重要的是，待人处世的好坏常常会直接影响一个人的前途和命运。一个不懂待人处世学问的人，一定会被各种人际交往中的问题所困扰。想要做一个在待人处事方面比较擅长的人，那你就首先要学会看懂人心。如果不懂人心，那何谈交际？你又如何看清一个人待你的真面目？又如何在职场、商场及更大的人生舞台上行走得游刃有余？所以说，女人要想更好地在人际关系中站稳就必须要懂得人心，这样才能让生活更为澄澈，这样才不会让自己被假象所迷惑。

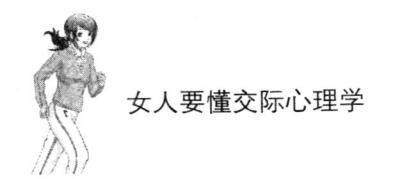

读懂人心是一门社交技术活

　　了解一个人，不是看他的外表，而是看他的内心，要深刻地认识这个人的性格、人品等是怎样的，这样你才能交往得更为澄澈。其实别人想了解我们自己的内心也不是一件容易的事。因为我们都会伪装，会撒谎，讲的话言不由衷、司空见惯。我国有句老话叫作"画龙画虎难画骨，知人知面不知心"，讲的就是古人也对识人这个问题感到很伤脑筋。

　　艾琳是一名销售，一直以来她都能很好的把握客户的心理，她的销售业绩在公司里也是数一数二的。一次，艾琳到郊区的村落去推销电器，看到一家很漂亮的房子，四处散发着唯美的田园风光，于是艾琳就敲了敲门。开门的是一位五十多岁的农妇，从艾琳的外貌和打扮上她看出这是一位上门推销电器的销售员，于是农妇什么也没说就猛地把门关上了。

　　艾琳没有放弃，她再一次叫门，这次，门只打开了一条小缝。艾琳着急地向这位农妇解释："阿姨，很抱歉，打扰您了。我并不是来推销家电的，我是路过过来跟您打听点事情的。"

　　农妇就问："什么事情？"

　　"阿姨，其实我想跟您买些鸡蛋。"

　　农妇的脸色马上就和缓了下来。她把门打开了一点，把头探出来，用怀疑的目光看着艾琳。

　　艾琳说："刚刚看到您的房子非常的喜欢，您院落里的景色非常迷人，所以我就被吸引住了，后来我看到您院子里养了好多鸡，所以想买一些鸡蛋，"艾琳充满诚意地说，"商场买的鸡蛋好多都是饲养的，我妹妹刚刚生

第14章　打开第六感：读懂周围人，别被假象所蒙蔽

完孩子，我想买点这种散养的营养丰富的鸡蛋给她。"

听了这些话，农妇的戒心立刻消失得无影无踪，就从门里走了出来。而且，农妇的态度也温和了很多，和艾琳聊起了关于鸡蛋的事。

又过了一会儿，艾琳忽然看到农妇的院子里有一个猪圈，就指着那猪圈说："您丈夫还养了好多猪吗？一定能赚不少钱吧？"

农妇一听就有点儿不高兴，马上又沉下脸来。艾琳一看，大事不好，立即接着说："不过，我敢打赌，您养的鸡肯定比您丈夫养猪赚钱多。"

农妇脸上立刻露出自豪的笑容，简直就快把艾琳当知己了。因为长期以来，她丈夫就不承认这个事实。随后，她高兴地带着艾琳去参观鸡舍。

艾琳看到农妇的神情，就知道自己此行的目的已经八九不离十了。于是，她一边参观，一边夸奖农妇的鸡棚和养鸡经验，貌似不经意地说："您的鸡舍，如果能用电灯照射，那鸡蛋的产量肯定会增加。"

此时，农妇对电器已经不那么反感了，就问她用电是否合算。艾琳趁机大肆夸赞了一番用电灯的好处，给了农妇一个圆满的回答。

一周之后，艾琳在公司收到了农妇的电灯订货单。

想要在社交中处于有利地位，你必须学会读懂对方的心理，这可是一门技术活。艾琳的成功源于何处，相信大家已经明了，她非常善于察言观色，读懂对方的心理活动，然后有针对性地进行交谈。艾琳从言谈中促使农妇的态度一点一点地发生变化，并最终实现了自己的目的。

人生如棋，人际交往中处处存在着博弈。谁能够有效地掌控人心，谁就是人际交往中的大赢家。那么，如何才能够掌控对方的心思，操纵局面呢？最有效的办法就是快速地读懂人心，只有读懂人心才更能掌控人心。

1.识别他人面部表情

人的脸部是非常微妙的，任何微妙的情绪都可以在脸上显现出来。所以说，想要更好的看懂对方，你一定要懂得识别对方面部的情绪变化，所谓"相由心生"，一个懂得从面部入手思考的人一定能循着线路走入对方的内心。

2.换一个角度，看看对方怎么想

为了更好的明了对方的内心，我们更应该走出自我，变换角度，读懂人心。当我们站在对方角度思考问题的时候，我们就会明了如果自己是对方，自己会怎样想，这样我们就能更好地读懂对方的心思，让自己的头脑更清晰。

3.语言是心底的声音

"言为心声"这话是有一定道理的，从某种意义上说，说话是一个人自我的一种表现。人们可以在谈话中表达自己的思想感情，发表对事物的观点和看法。语言是人的心底的声音，没有语气作为工具，思想及情感就表现不出来。所以，从对方语言着手参考也是一种很好的方式。

> **心理小贴士**
>
> 人是一个矛盾的综合体。人们的喜怒哀乐，远非自身所表现出来的那么简单。欢笑并不一定代表高兴，流泪并不一定代表伤心，鞠躬并不一定代表感谢，拍手并不一定代表赞赏……要想与他人建立亲善关系，必须善于揣摩他人的心理。只有懂得了他人的心思，你才能更好的在人际场合生存。

识破他人谎言，巧妙避免欺骗

在与人交际的过程中，并不是每个人都会与你真心相待、坦诚沟通，所以我们需要懂得识破对方，看透伪装，一个聪明的女人是不会被假象迷惑的。识破对方的心理其实是人与人之间的一种心理博弈。每位伪装者都有很强的心理防线，以预防谎言被识破。所以大家一定要掌握一些攻破谎言的招数，让伪装者"原形毕露"。

第14章　打开第六感：读懂周围人，别被假象所蒙蔽

晴晴马上要毕业了，一直以来她特别想毕业之后跟她的对象子阳出国生活。但是子阳却想接受家里安排好的生活，于是就和晴晴提出分手。晴晴非常生气，但也无可奈何。恰巧一个偶然的机会晴晴在一个相亲网站上看到一名男士的信息：张凯，28岁，留美硕士，想结交一个贤妻良母型的女友，若合适的话，可以带出一起发展。晴晴顿时心动了，而且越想越兴奋，于是整理好资料寄了过去。

一个月后，留美硕士张凯约晴晴见面。在高档酒店的客房里，身材高大的张凯说美国好友娶了一个温柔贤惠的中国女孩，让他羡慕不已，因此这次希望能在中国找到一个同样温柔贤惠的女孩。临走前，张凯还将自己的护照和签证给晴晴看了。

两天后，张凯就打来电话，说自己对晴晴很满意，希望听听晴晴的意见。晴晴也同意交往，便答应让张凯来家里看看。饭桌上，张凯开朗健谈。尤其是讲到他父亲有了外遇，患有心脏病的母亲发现后由于经受不住强烈的刺激而身亡，料理完母亲的后事不久，父亲就顺理成章地将外遇对象娶进家门，自己却无依无靠……出国留学最终事业有成等，更是博得了晴晴家人的同情和好感。

晴晴和张凯的关系也火速升温。沉浸在幸福里的晴晴已经开始计划出国后的生活了。

忽然有一天，张凯提出在出国前回老家看看姥姥，然后直接回美国，并一再表示等晴晴毕业后马上带她出国。晴晴家对此深信不疑，还拿出一万块钱，作为出国办理手续的费用。

就在张凯要离开的前一天晚上，两人喝酒叙别。酒醉乱性时，张凯几乎没有听到晴晴的拒绝，只是一直说"我爱你"。得逞后，张凯将一束玫瑰花送给了晴晴，还说以后会好好照顾她，晴晴感动得破涕而笑。

谁知，张凯走后，就再也没有消息了，就像在人间蒸发了一样。晴晴去酒店打听张凯的信息，才知道自己并不是第一个找来的，还有好几个自称是张凯未婚妻的女孩来找过。

其实，最初晴晴也在内心里怀疑过，比如张凯的行李除了一身西装和电

脑，就只有几件衬衫；比如晴晴曾听酒店的服务员在私底下说张凯几乎一天换一个女人……但晴晴却忽视了这一切。

现实生活中有美好的东西，也有丑恶的东西，甜言蜜语的后面可能是阴谋诡计，功名利禄的诱饵后面可能是圈套陷阱。因此。女人们必须懂得"防人之心不可无"。培养提防他人的心智是一种自我保护的防卫技巧，可以有效防止自己被社会生活中的复杂情况所伤害。那么，如何才能识破他人的诡计，不被假象迷惑呢？

1.从笑中发现

一个人发自内心的悦愉，脸部两边的肌肉是对称的，并且在鼻子、嘴色和眼睛的周围都会产生皱纹，而且真正的笑来得快，但消失得慢。而伪装的笑容则会有轻微的不均匀，眼部的肌肉没有被充分地调动，因而不会产生笑纹，假笑来得相对会很慢。所以说，想要看透对方是不是伪装出来的，我们可以从他的笑入手。

2.出现口误，重新判断

一个说谎者如果担心被识破或者心中有愧，就会发生口误。如果一个人在说话时出现言语错误或在一个语句中出现主谓语错位情况，或者是一个语句中有读音相似的文字时出现，脸上再流露出不适当的神色，那么可以初步判定这个人可能在说谎。这时候我们千万不要忽视对方的言行变化，要根据形势对对方的印象及时作出调整。

3.对比平常，是否有变化

如果对方平日里是一个优柔寡断的人，但是在和你谈话时对方下决定时表现得十分果断，这有可能是在欺骗你。因为果断地下决定是人们在掩饰自己内心的不确定。当有人在和你说话时语速很慢而且用词十分小心，那就很有可能是在对你说谎。想必对方正在脑海里思考怎样才能把话说的更能让你相信。

第14章 打开第六感：读懂周围人，别被假象所蒙蔽

> **心理小贴士**
>
> 在识破他人的过程中，女人不要显露出自己的防卫之心。提防他人是必要的，但是不能明显地流露出来，因为防人之心过甚，也会成为人际交往的障碍。如果大家互相戒备、猜疑，那么人际关系中就会充满紧张冷漠的气氛。

点滴细节，彰显真挚情感

人生的大事是与许多小事息息相关的，而人们却往往把精力全部集中于大事上，却忽略了能够决定成功的小事。一些看似平凡的小事，往往能反映一个人的习惯，折射出一个人的品质和敬业精神。不要忽略了生活的细节，它不仅能够改变自己，还会为你创造好的机遇，让你在人生的交际道路上走得越发顺畅。

杨莹是公司新来的一名行政。她非常爱笑，不管是见了谁，都会报以一个真诚的微笑，所以身边的朋友都非常喜欢她。这天中午，杨莹忙着整理资料，所以耽误了吃饭的时间，就在她急急忙忙下去吃饭的时候，突然看到隔壁办公室的同事黎宁也还在。于是她说："黎宁，怎么还没有去吃饭啊？"

黎宁头也没抬地说："你先去吧，我一会儿去。"

杨莹来到了餐厅，她并没有在那里吃，而是买了两份盒饭带到了公司。

她对黎宁说："吃点儿吧，我帮你带了一份。"

黎宁有些不好意思地说："我正打算出去吃呢，你却帮我带了回来，真是太谢谢你了。" 杨莹笑了笑说："没什么，我见你忙得顾不上吃，所以顺便帮你买了一份。"

过了几天，杨莹在打扫卫生的时候，看到同事肖雨的桌子上多了几盆

花。可是由于肖雨业务非常忙，又赶上最近在不断地出差，好多天都没有浇水了。于是杨莹每天早上下午都开始认真地给花浇起了水。

等肖雨从外地回来后，看到花儿竟然没有枯死，非常惊讶，当她得知是杨莹在她不在的这段日子里一直精心照顾着，她的心里充满了感激。

这天下午下班后，她对杨莹说："杨莹，真是太谢谢你了，在我不在的这段日子帮我照顾我的花。"

杨莹微笑着说："应该的，你不是一直在忙嘛！"

肖雨拉着杨莹的手说："走，我请你吃饭去。"

杨莹不好意思地说："不用了，我就是给花浇了浇水，没有为你做多少事情，怎么好意思让你请客呢。"

肖雨说："这还不算帮我，你这个人心好，我一定要交你这个朋友。"

见肖雨的态度非常坚决，杨莹也没有再推辞。

就这样，杨莹在生活中，总是对同事们表现出极大的友善。同事们都非常喜欢她，不管做什么事情，都会想到她。

关注细节，更能走进对方；关注细节，更容易让对方感动，尤其是对方想不到的细节问题，把这些细节问题帮助对方解决好了，你就更能赢得他人的喜爱，成为交际场合上最受欢迎的人。

通过细节更能看出一个人是否对你有着真实的情谊，那么，怎样从细节中了解一个人呢？

1.看他对待别人的态度

从他怎样对待别人的细节中看清他的为人。如果他对你说，如何占了别人的便宜，又如何欺骗了别人，那你以后要特别提防他。如果他在你的面前说其他人的缺点，就很有可能在他人的背后说你的缺点。如果他喜欢当面提出你的错误，给你改进的建议，或者是喜欢背后夸赞别人的品行，那么这个人值得你信赖。

2.透过眼神看他的内心

眼睛是心灵的窗户，它传达着一个人的内心世界。很多人不敢正视别人的眼神，就是因为怕被别人猜透内心世界。如果你想了解对方是否真挚，你

不妨学着看看他的眼睛，看看里面到底含有什么样的信息。如果在交谈中，对方不时地移开目光向远处眺望，那么他根本就不关心你在说什么。如果他的眼神忽东忽西，那么他的内心正在担忧着一件事，并且正在想着如何欺骗你。如果在交谈中，对方的眼睛突然地明亮起来，则表示你的话正好触动了他的心灵。

心理小贴士

从细节看人，能看到他平时隐藏起来，不轻易示于人前的品性。本身是怎样的人，平时在细节上就会有怎样的表现，想隐瞒都没有办法。人人都是如此，包括员工，也包括管理者。所以我们说，细节看人是最真实的。细节最容易为人所忽视，所以最能反映一个人的真实状态，因而也最能表现一个人的修养。正因如此，透过细节看人，逐渐成为衡量、评价一个人的最重要的方式之一。

看清一个人，需要的是时间

所谓"路遥知马力，日久见人心"。时间会揭开人们的面纱，时间会证明你周围的真假，时间会让一切现出原形。用时间看人，对方无所遁逃；用时间看人，你的同事、伙伴、朋友，一个个便会"现出原形"。你不必去揭下他们的假面具，他们自己就会揭下来，让你一次看个够。

陈娇娇是一个非常简单、真诚的女孩，虽然她已经工作两年了，但是她还是以前那个单纯的女孩，还没有褪去学生时代的天真。有一次，娇娇和姐妹一道去参加同事的生日party。在聚会中，娇娇发现有一位穿着西装的男子正在注视着她，她羞涩地低下头，当她再抬头时，又碰上了那深深地注视着她的眼睛。

娇娇心中一阵萌动，与他有意无意地凝视了好久……一股冲动在她周身激荡，她想与他说话，问他叫什么名字、联系方式。或许，就在凝视的那一刻，娇娇彻底被这个男人吸引了。

可是，令娇娇郁闷的是，直到生日party结束，都没有找到和那位男士聊天的机会。这一夜娇娇失眠了，为了一个异性，这是什么呢？她自己觉得，是爱情来临所致。她觉得，她已经深深地爱上了这个只有一面之缘的男士，或许他就是自己心目中的白马王子。

抵不住内心的思念，过了几天时间，娇娇就找自己的姐妹打听那个男子的情况。那姐妹很惊讶："娇娇啊，你怎么回事啊，就见过一次面啊，你了解他吗？你不会喜欢上他了吧？我劝你还是别找他。你可真行，不了解一个人就能陷入爱情。""你想说什么？为何不让我与他认识呢？"陈娇娇很奇怪。那姐妹笑道："你或许被他的外表迷惑了。你知道他有多少女朋友吗？说出来吓死你。他不是那种长情的人，虽然他说话很好听，也很有礼貌，看上去也很俊，可是他身边的女朋友换了又换。他真的不是一个负责任的男朋友，他不适合你的，真的，时间久了你了解他了，就知道了。"

陈娇娇不相信自己心目中的白马王子会如此不堪，她还是通过介绍与他认识了。随后不久的时间他们就顺其自然的成为了男女朋友，恋爱了。开始的时候，娇娇很享受对方的温柔，觉得他是一位绅士，是自己心中的白马王子。娇娇沉浸在了美妙的爱情里不可自拔。可是，没过多久，娇娇就感觉到不好了，之前朋友对她的警告不断地出现在自己的面前，娇娇感到痛苦了。因为那个男人确实不是一个负责的人。跟娇娇在一起的时候，他经常跟其他女士保持不远不近的距离，非常的暧昧。随后，没多长时间这位男士就把娇娇甩了，找上了另外的女人。

时间能证明一个人的品质，时间能让你更充分地接纳一个人。时间可以看清楚一个人，那么时间最容易看清哪些人呢？

1.谎话连篇的人

这种人常常要用更大的谎言去圆前面所说的谎话，而谎话说久了，就会露出首尾不能兼顾的破绽，而"时间"正是检验这些谎言的利器。俗话说：

"路遥知马力，日久见人心。"一个人无论多么善于伪装，他骗得了一时，总骗不过一世，狐狸总会露出尾巴。我们如果综合一个人一贯的行为特征、心理状态，是不难分辨他的谎言的。

2.心地不诚恳的人

这种人待人虚情假意，不诚恳，或许刚开始的时候会表现得非常热情，但是随着时间的推移，慢慢地就会出现变化，与起初的态度相差万里。

3.表里不如一的人

这一类人喜欢说一套做一套，当人面是一套，背后又是一套。或许不熟悉的时候大家会被他们巧妙的语言所迷惑，但是随着时间的流逝，他的行为举止就会暴露他们的本性，这样人们就会明白他们是怎样的一类人。

心理小贴士

多长时间才能看出一个人的本质，如果是许多年，这似乎长了些，但如果说一个月又短了些。那么到底多长时间才算"标准"？这并不能作出规定，完全因情况而异，也就是说，有人可能第二天就被你识破，而有人两三年了却还"云深不知处"，让你摸不清楚。所以说，不论如何，为了更好地保护自己，我们在交际中还是要留一个心眼，至少不要像故事中的娇娇一样一头热，迅速相信一个人的全部。我们应该多给彼此一些时间，多观察一下对方，避免自己陷入交际的困境。

不要被第一印象迷惑了双眼

第一印象又称为初次印象首因效应，它是指两个素不相识的人，初次见面，通过对方的相貌、仪表、风度、言谈举止所提供的信息形成的印象。很多时候，大家总是特别在意第一印象，一旦对某个人的认识形成，就会或多或少地影响到后来对这个人的看法。但是，第一印象并不是绝对的，并不代表一个人的真正面目，仅凭第一印象看人是非常片面的。第一印象所依据的只是一些表面现象和材料，但事实上这些现象和材料并不能真实地反映一个人的本质。因此只凭第一印象去处理人际关系，在多数情况下是会出差错的。

章小亚第一天来这家公司上班，她刚一走进办公室，就对主任王铭颇有好感。王铭主任有干脆利落的工作作风，风度翩翩的仪表，尤其是对章小亚十分热情。当他抬头打量章小亚时，便喊道："嗨，姑娘，你好，请坐。"随后带着章小亚熟悉了公司的各个部门，还重点介绍了他所在部门的情况。章小亚对此感激不尽，认为王铭是个讲义气的朋友，而他们部门的设计师韩毅则脸色阴沉沉的，手里还正忙着设计，只是抬头看了章小亚一眼，连声招呼也没打。章小亚在心里给韩毅的定义是"死板、冷漠，肯定是个冷血动物"。

此后，章小亚碰上事，就以此为"尺度"进行衡量了。对于王铭的事，章小亚总是尽心尽力，而对于韩毅，当然就是爱搭不理了。

转眼到了年底，各项评选开始了，章小亚平时工作很努力，也帮助公司签下了几个重要客户，按理说，年终评选的先进个人应该就是她的。可是没想到，结果出来后，王铭榜上有名，而章小亚却被总经理找去谈话，还怀疑她是不是利用公司资源做私事。章小亚十分不解。

后来，章小亚与总经理开诚布公地谈了谈，并请求经理去向同事了解情况。没想到，帮章小亚说了公道话，为她挽回损失和名誉的，竟然是设计师韩毅。而且，章小亚了解到，向总经理打小报告说自己利用公司资源做私事的，正是自己平时最信任的王铭。要不是韩毅帮章小亚揭穿了王铭的诡计，也许章小亚就要蒙受这个不白之冤了。章小亚现在真是追悔莫及，后悔自己不应该先入为主，仅凭第一印象就对王铭死心塌地的信任，以前为了王铭这么卖命，却忽视了韩毅这个真正的朋友。

在生活中，第一印象一旦形成，就等于给被观察对象，即人和事物贴上了一个标签，这时，我们就难免会形成一种偏见，尚未开始既已固执地下好

结论、定好位，第一眼的喜好，通常决定了一个人或一件事的发展方向和心理倾向。因此，这种偏见并不见得完全正确。

心理学家认为，第一印象是比较真实而持久的反映。但是，它并不能作为评判一个人好与坏的结论。因为在形成对他人的正确印象方面，它存在很多显而易见的局限性。那么，在生活中我们应该怎样才能准确、全面的看一个人呢？

1. 保持积极健康心态

首要的就是自己要有良好的心态，擦亮自己的眼睛，分清对方的意图，不要失去自己的立场，保持客观的眼光及客观对待人的做事方法。不要总是因为某人做过一件事或者第一印象不讨你喜欢就把这个人一票否决。

2. 看他待人的品行如何

看一个人怎样对待别人，就知他的基本品行。若想真正全面认识一个人，就要留心观察他是怎样对待别人的。人在得意的时候，特别爱诉说他与别人在一起交往的情景，他说的时候是无意的，你听其倾诉是有心的，对方可能毫无防备，而你正好得到识人的重要资料。

3. 多增加一些社会经验

想让自己不再被第一印象所迷惑，想让自己看人处事的能力更为全面、真实，女性朋友需要做的就是不断增加自己的社会经验。看人的本领是从千万次的经历当中磨练出来的，是人生经历的凝结。所以人应当丰富自己的阅历，多经历一些事情，就能够分辨真假丑恶，也就能够对好人和坏人有所区分了。

心理小贴士

对于女性而言，识别他人、甄别事物，不能被第一印象蒙蔽而求全责备，抛去第一印象的枷锁，摘下有色眼镜，用你自己的眼睛看人、看事，才能正确审度一切。所以说，想要让你的生活不留遗憾，你还需要多多观察，多多思考，做一个思想全面的女人。

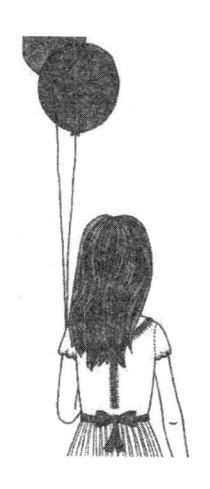

第15章　潜意识心理：
聪明女人用暗示悄悄地影响他人

有些话没法说，但是我们可以通过暗示的方法把信息传达给对方，一个聪明的女人是非常善于用暗示来悄悄影响他人的。暗示，是人与人之间相互影响的一种特殊方式，暗示者出于自己的目的，采用隐晦、含蓄的语言，巧妙地向对方发出某种信息，并以此来影响对方的心理，使其不自觉地接受一定的意见、信息或改变自己的行为。那么，在交际中，女人该如何做才能从潜意识里改变他人的心理，让对方从心底里喜欢自己呢？对于这个问题，本章将会为大家进行详细讲解。

巧妙暗示，让对方心领神会

在与人交往的过程中，很多话不是随随便便就能开口说的，所以懂得暗示是一门非常重要的交际学问。语言的技巧在于让对方听得舒心，听得开心，听得进去。所以，从这个角度来说，在和别人沟通的时候，适当地控制自己的情绪，学会巧妙地暗示，把那些不方便明说的话用另一种方式传达给对方，是每一个会说话的人都应该掌握的说话技巧。

王丽娟很有才气，业务能力强，工作成绩非常突出，唯一不足的是她个性比较自我，工作时不重视团队合作，总是独自行事。例如，她接手一个项目之后，她会根据自己的时间制订好工作计划，而对与其他人合作的事宜不管不顾。每当需要同事合作的时候，她就要求对方配合行事，且不管对方有无时间。大多数情况下，同事为了项目的顺利进展都会配合王丽娟的工作，但心中都颇有不快，认为她太过自私，不够尊重人。

主管亮哥听闻此事之后，找到王丽娟进行了一番沟通，他没有直接指明其问题，而是谈了一件类似的事情：我认识一位朋友，他叫李海。李海是一个合作公司的员工，他能力很强，工作成果非常突出，但是太过自我，工作中不注重团队合作精神，同事对他的意见很大。后来，很多同事渐渐不再配合李海的工作，随之李海的工作成绩一落千丈，最后不得已离开了那家公司。亮哥惋惜地说："本来李海是一位很有前途的员工，就是因为太自我，不善于与人合作，不能为他人考虑，最终使自己的发展受到了极大的影响，实在是太可惜了。"亮哥通过一个相似的例子用暗示法对王丽娟进行了善意的提醒，王丽娟必定可以在这番意味深长的话语中听出"弦外之音"，这样

既维护了她的"面子",又给她敲响了警钟,达到了促进她改善工作方式的目的,一举两得。

与人沟通就要懂得给他人留面子,即便对方真的犯错了,我们也应该首先给他们一个改过的机会,这样我们就会避免很多的冲突。所以说,能通过巧妙暗示顺利解决的问题,尽量别正面冲突,毕竟得罪人并不是一件好事。

如果女人想要通过暗示达到交际的目的,那么你可以从以下几点着手:

1.先进行一定的表扬

为了不伤及他人的面子,可以先创造一种双方都能接受的氛围,如可以先对其进行表扬,等彼此距离拉近后,再进行适当的批评。但我们在批评对方的时候要注意态度问题,要懂得尊重对方,不要当着众人的面批评,此外一定要注意委婉地进行。

2.要懂得旁敲侧击

很多的交流不需要说明白,既不影响感情,减少矛盾,又能提醒他人需要注意的地方。历史上曹操的"青梅煮酒"的故事就是运用旁敲侧击的方法。这种方法在职场上经常运用。

3.给予安慰式的鼓励

年轻的莫泊桑向著名作家布耶和福楼拜请教诗歌创作技巧。待莫泊桑朗读完后,布耶说:"你这首诗,句子虽然疙里疙瘩,像块牛蹄筋,不过我读过更坏的诗。这首诗就像这杯香槟酒,勉强还能吞下。"这个批评虽严厉,但留有余地,给了对方一些安慰。

心理小贴士

委婉的暗示有利于保护被批评者的自尊心,让人既意识到自己的错误,同时也理解你善意批评的意图,使他内心里对你心存感激。此外,暗示之语通常暗含弦外之音,能够巧妙地表情达意,让人思而得之,从而获得深刻的印象。所以,女性一定要好好揣摩这种交际语言,这样才能让自己成为一个更能走进他人内心的人。

给他人留面子，拒绝不要太粗鲁

中国人把"面子"看得非常重要，所以在拒绝别人时很容易产生一种"不好意思"的心理，这种心理阻碍了人们把拒绝的话说出口。因此，很多人往往会答应一些自己办不到或者花费时间极多的事情，从而使自己的工作效率变得极为低下，让自己的心情变得十分糟糕。其实想一下，如果事事不懂拒绝，那我们的生活还怎么继续呢？拒绝就一定是坏事吗？不见得，这要看你拒绝的方法。如果你懂得委婉拒绝，不仅不会得罪人，还不至于让自己陷入两难的境地。所以说，聪明的女人是懂得用暗示来悄悄影响他人的，而不是说的话横冲直撞。

焦小美是一家空调公司的一名销售人员，她聪明能干，人也非常活泼可爱，一直以来，焦小美的工作业绩是非常的优秀，因此大受顶头上司、销售部经理梁晨的青睐。

一天，焦小美遇到了一个要求苛刻的大客户。谈判的时候，由于对方压价太多，使得谈判一下子陷入了僵局。焦小美的性格是绝不轻言放弃。中午休息的时候，她一遍又一遍地研究对方的资料，挖掘对方的弱点，用自己的认真和敬业来感化对方。

一个星期过去了，这件事终于圆满结束，焦小美成功拿下了这个订单，这对她来说是非常具有挑战意义的一项任务。临近下班的时候，梁晨找到焦小美说是要为她庆功，好好感谢一下这位公司的大功臣，然后约好时间请她吃顿好吃的。

焦小美心里被签单的喜悦充满了，也就一扫往日的矜持，毫不犹豫地答应了。她本来以为还会有其他同事，可到了才发现只有他们两个人。焦小美有点尴尬，但是也没多想。吃饭的时候，两人聊了很多。她第一次发现梁晨是个非常幽默的人，总是能把她逗得大笑。

吃过饭，梁晨又邀她去看电影，她推辞了一下，但梁晨的盛情迫使她也

就答应了。那个晚上，他们玩得很愉快。

但是，后来，梁晨便经常请焦小美吃饭、喝茶、打高尔夫。多半是借口庆祝焦小美的出色表现和业绩。有时焦小美并不想去，但看到他那诚恳的眼神，又想想他是自己的上级，焦小美不好意思拒绝。梁晨也每次出差都为她带回些别致的小礼物，这当然逃不过外人的眼睛。时间久了，焦小美便发现有人开始对她指指点点了，私下里议论她和上司之间的关系不简单。这其中不乏对焦小美的出色表现心怀妒忌者。

焦小美知道再也不能这样下去了，于是找到梁晨，装作不经意间提到自己在外地工作的男朋友，并详细地向梁晨讲述了两人相遇、相恋的经过。梁晨很聪明，马上明白了焦小美的意思，从此两人很少有私下的来往。

每个人都会说"不"，但怎样说"不"，却需要费一番思量。如果能够做到不伤害对方，也不使自己为难，这才能算是拒绝的上上策。为此，应该摒弃那种粗鲁的拒绝办法，采取一些更加委婉的方式。毕竟，让对方下不来台、没面子并不是一件多么道德的事情，女人应该注意把握好说话的尺度，适当委婉地表达自己的拒绝之意。

那么，委婉拒绝别人，有什么技巧可言吗？女人不妨参考以下几点：

1. 拒绝要因人而异

面对不同人提出的不同要求，我们应该相应地予以拒绝，同时需要把握不同的分寸，这样才能达到"以和为贵"的目的。毕竟对方的年龄、身份、性格等都是不一样的，我们如果能做到根据不同对象采取不同的方法合理拒绝，那么我们的人际关系肯定会越来越好。

2. 拒绝之前，表达歉意

当你要拒绝朋友的求助时，首先态度要温和，尽管说"不"是自己的权利，仍需先说"非常抱歉"或者说"实在对不起"；其次再详细陈述自己不能帮忙的各种理由。这样，朋友在感情上就能接受，从而避免一些负面影响。

3. 不好正面拒绝，那就转移话题

在不好正面拒绝的时候，就只好采取迂回的战术，转换话题也是一个

好办法。对方提出某项事情的请求，你却有意识地回避，把话题引向其他事情。这样，既不使对方感到难堪，又可逐步减弱对方的企求心理，达到委婉拒绝的目的。

4.既然拒绝，态度一定要明朗

有的人对于要拒绝或是接受，在态度上常表现得暧昧不明，而给对方造成一种期待。虽然想表示拒绝，却又说不出口。听别人几句甜言蜜语，就轻易地承诺下来，这样容易造成纠缠不清，使事情更难以解决。所以，拒绝之前一定要坚持自己的态度。

心理小贴士

我们在拒绝对方的同时，一定要解释清楚自己的苦衷，不用一个"不"字就想使对方"打道回府"，而应给"不"加上合情合理的注解，要让对方明白，自己的拒绝不是毫无理由的，而且自己的理由也不是借口，而是的确有一些无可奈何的原因。

适当沉默让对方摸不透自己

美国科学家爱迪生发明了发报机之后，不知道该卖多少钱。他的妻子主张该多卖些钱，要卖到两万元。

过了一段日子，美国西部一位商人要买爱迪生的发报机制造技术。在洽谈时，商人问到价钱，爱迪生总自认为原想谈的价格太高，无法说出口。所以，无论商人怎样催问，爱迪生都支支吾吾，就是没有勇气说出两万元的价格。最后，商人耐不住了，说："那我说个价格吧，十万元，怎么样？"

爱迪生几乎惊呆了，随即拍板成交。

在这场交易中，爱迪生并非有意地以沉默应对，却获得了出乎意料的收

第15章 潜意识心理：聪明女人用暗示悄悄地影响他人

获。沉默，可以成为表示你没得到满意的一种有力武器。如果你对对方的某个提议不满，你可以将沉默延续几秒钟，你的对手很可能将被迫想办法来填补这个空白。

看完爱迪生的故事，女人应该懂得，沉默是一种非常重要的心理战术，可以说适当时候的沉默是处理人际关系的无声"武器"，它会让你在与人沟通的过程中畅通无阻！适当沉默会让对方猜不透你的心思，犹豫不定，极易在心理上拿下对方。所以说，不要絮絮叨叨没完没了地说个不停，适当的时候你要学会沉默。

沉默能解决很多棘手的问题，它能让你在心理上更好的战胜对方，下面我们再为大家介绍一个故事：

唐朝末年曾有位宰相叫陆象先。都说宰相肚里能撑船，陆象先的气度确实不小，并且有一个特点，那就是喜怒不形于色，很少有人能猜透他的心思。

陆象先早年在同州担任过刺史。任职期间，有一天，陆象先的家童在路上遇到了他的下属，他的下属是个参军，但是这个家童并没有下马。当时，奴仆见到当官的人不下马，就是一种极不礼貌的行为。虽说如此，但并不是多么严重的事。因为这个家童不一定认识那位参军，即便认识，一时的疏忽也是可以原谅的。

可是这个参军却是一个非常蛮横而自傲的人。他因此大发雷霆，拿起马鞭就狠狠地抽打那个家童。也可能是为了显示自己对刺史大人并不畏惧，这个参军打完家童后，就跑到陆象先的府上，用挑衅似的口吻对他说："下官冒犯了大人，请您免去我的官职。"

参军的言下之意实际上是：如果你因为这件事就免去了我的官职，那就说明你在袒护家童；而如果你不免去我的官职，那就证明你这个刺史好欺负。

陆象先得知整件事情后，答复参军说："身为奴仆，见到做官的人不下马，打也可以，不打也可以；下属打了上司的家童，罢官也可以，不罢官也可以。"说完这番话，陆象先便不再搭理他。那个参军听后愣在那里，独自站了半天，也不明白陆象先到底是什么意思，更是揣摩不出陆象先的真实意

219

图。最后，只好灰溜溜地退了出去，此后他对陆象先的态度收敛了很多。

生活中，大多数人既不聋也不哑，每每听到不顺耳的话，就要以同样甚至更强的力度回敬对方。殊不知，这样的行为正好中了对方的计。反之，采取沉默的方式应对，挑衅者自然觉得没趣，仓皇地"且骂且退"离场。

女性朋友们，沉默并不是一直不说话，沉默是讲究尺度的，那么，如何才能把握好这个尺度呢？

1.场合问题要警惕

沉默也要选择场合，不然，沉默只会引发连锁效应，会引起别人的忌恨。不要以为沉默就可以让一切云淡风轻。我们要学会看场合，当所有人都在等着我们发言的时候，我们选择沉默，就只能让所有人冷场，这时，就需要我们打破沉默，勇敢说出自己的想法。

2.沉默不是不说话

沉默是金。在关键的时刻，沉默可以让我们远离尴尬，保留自己的底牌，是一种低调的做人哲学。但是，沉默并不是简单的一味地不说话，而是一种胸有成竹、镇定自若的姿态，尤其在神态上更是要表现出一种优势在握的感觉，而逼迫对方沉不住气，先亮底牌。

3.沉默不是对不良行为的纵容

很多人觉得那些沉默的人比较好欺负，总是觉得他们没有什么反对意见，所以说女人一定要沉默得有价值，不要表现出一种怯懦，要明白，沉默并不是对他们的纵容。该表现出你的想法的时候，你一定要有所行动，否则别人会骑到你的头上。

心理小贴士

在人际交往中，有时候是"此时无声胜有声"，巧用沉默，该说的说，不该说的不说。它的无声会给人造成一种心理压力，使人感到没有依靠，觉得没底，捉摸不透你的心思，适时运用沉默则可以控制全局，胜券在握。

第15章 潜意识心理：聪明女人用暗示悄悄地影响他人

🌸 有了好奇心，还怕话题没进展

包文文在一家著名玻璃生产厂工作，她是一名出色的销售。包文文的工作能力是众所周知的，每年公司的业绩排名她总是拿第一。同事们都非常羡慕包文文的成绩，于是大家都纷纷向她打听她到底有什么销售秘诀。当时包文文就笑了，她说："说实话，秘诀倒是谈不上，只不过我不喜欢一开始就跟对方谈销售，这样他们心理上会反感。在销售之前我都会从侧面了解一下客户，根据客户的特点去讲一些能够引起对方好奇的话题，从而与对方打开话匣子。"

曾经有一次，包文文到一家公司去推销玻璃，她是这样跟对方交流的："有的玻璃即便是破了也不会碎，您见过没有？"当时客户非常好奇，觉得不可思议，于是带着疑点，包文文开始了自己的推销。她就拿出一块完整的玻璃样本，把它放在客户的桌子上，然后用一个榔头用力敲。客户往后躲避玻璃碎片，但却发现根本没有任何碎片。然后，客户就追问包文文："难道你的玻璃是特殊材质做成的？是什么呢？……"这样就打开了与客户交谈的话匣子，随后顺利地把玻璃销售了出去！

包文文见到客户后，她并没有絮絮叨叨地谈论自己的产品有多好，而是巧妙提出问题，引发对方好奇心，让对方主动去问问题，对方感兴趣了才能让自己变被动为主动，让话题自然而然的展开，最终激发了对方的交流兴趣，达到了自己的交际目的。

每个人都天生有一种猎奇心理，对那些新鲜事物或传闻有强烈的好奇心，越是自己不知道的事物就越有兴趣去了解，也就是说，好奇心是一种强大的推动力，能够在无形中调动一个人的积极性，诱导人们行动。所以说，女性在交际中要学会把握对方的这种心理，这样你的交谈才能更主动，你对别人的影响才会更深入。

韩美玉是某休闲鞋厂家的一名销售，一直以来她非常期望能把鞋子顺利推进一家大型商场。为了达成这个目标，韩美玉可没少下功夫，但是每次都以失败告终。

经过调查，韩美玉终于明白了失败的原因，原来该商场的鞋子一直在进着另一家公司的货，公司老总认为没必要再进别家的。

可是这并没有让韩美玉退步，终于她又想出了一个新的方法。在又一次推销访问中，韩美玉早早地来到该商场管理人员办公室门外，见到该老总，她直截了当且诚恳地问道："您好，我只希望您给我五分钟时间，就一个经营上的问题，让我提一点建议可以吗？"

果然，韩美玉的一句话引起了对方的好奇心，于是，老总请她进办公室谈一下。

韩美玉走进办公室后，拿出一种新式鞋品给老总看，并请这位老总为这种产品报一个公道的价格。老总认真仔细地检查了产品，最后作出了认真的答复。韩美玉也对此作出了非常认真和适当的讲解。

韩美玉看了一下墙上的钟，五分钟快到了，便拿起自己的东西要走。可是，老总要求再看看另外那些鞋子。

最后，老总按照韩美玉的报价订购了一大批货。

其实，韩美玉所做的，不过是"欲言又止"，激发了老总的好奇心，为自己创造了一个在老总面前展示产品的机会。终于，韩美玉巧妙利用心理战术顺利谈成了这笔生意。

引发好奇心在我们的生活中很多地方都会应用到，那么，对于女性来说，具体该如何来用好此招、拿住对方的心理呢？

1.让问题充满悬念

制造悬念，抓住对方的好奇心不是危言耸听，不是夸大其词，而是作为一种技巧、手段，变换了说话方式，特别适合运用于对谈话对象已经作出的决策提出相反建议之时。切记要避开对方的忌讳之事。

2.学会巧妙提问题

提问能够引导一个人的思想，从而改变他人的思维方式。从心理学角度来讲，很少有人愿意被人说服。而通过提问引导对方自己推导结论才是说服

他人的"杀手锏"！

3.发散思维，学会创新

能够成功引起他人的好奇心，肯定是别人以前没见过的东西或事物，所以创新尤为重要。当然，这个创新也不是很难，关键是平时要善于观察和积累，做一个有心人。

> **心理小贴士**
>
> 利用他人的好奇心，从而达到自己的目的，在电视剧中我们可能会经常看到，特别是在劝谏、销售产品方面，好奇心更是被运用得淋漓尽致。此外，女性朋友也可以把这种心理策略应用到家庭教育中，女性可以把握好孩子的好奇心，从而更好地引导孩子健康地成长。

巧用激将法，让对方顺着自己走

关于激将法，《三国演义》曾经记载过这样的故事：

三国时期，北方的曹操率领大军南下，准备消灭刘备，并顺便消灭东吴的孙权。当时，刘备的实力很弱，凭借自己的力量根本没有办法与曹操对抗，于是，他就派诸葛亮前往东吴，劝说孙权联合起来共同抵抗曹军。

当时，东吴的大臣们分为两派，一派主张与曹操对抗，一派主张投降，结果搞得孙权左右为难。

诸葛亮来到东吴以后，看到孙权摇摆不定。他知道，如果直接劝孙权抵抗曹军的话，孙权以及众大臣不一定会接受，于是，他就准备用激将法来实现自己的目标。他装成支持投降的样子，对东吴大将周瑜说："对于投降，我倒有个办法，既不用割让土地，也不用赠送财物，只要派一名使者把两个人送到曹操那里，他就会马上撤走百万大军。"

周瑜问道："是什么办法呢？"

诸葛亮答道："我听说曹操修建了一座异常华丽的楼台，叫作'铜雀台'，里面有很多从各地选来的美女。曹操是个出了名的色鬼，他听说东吴的乔先生有两个女儿，大女儿叫大乔，小女儿叫小乔，都是世上少见的美女。于是，曹操就发誓说：'等我平定天下以后，一定要把两位乔小姐安置在铜雀台，以安度晚年。只要得到她们两个，我就是死也甘心了。'这样看来，他现在率领百万大军南下，只不过是为了得到这两位女子罢了。您只要找到那位乔先生，用重金买下这两个女子，派人送给曹操，他一定会撤兵的……"

周瑜听了诸葛亮的话怒火中烧，立刻站起来指着北方大骂："曹操这个老东西实在太过分了！"诸葛亮连忙劝道："将军千万不要生气，用这两个女子换来东吴的平安，不是很好吗？"诸葛亮假装什么都不知道，连忙道歉："哎呀，我确实不知道有这种事，真是该死！"可是，此时的周瑜已经被彻底激怒了，于是当即与诸葛亮定下联合抵抗曹操的计划。

事实上。周瑜原本就打算与曹军打上一仗，可是面对主降派的压力，他也有些为难。诸葛亮正是看透了周瑜的这种心理，就用"曹操想得到你的妻子"的话语来刺激他，使他为了男人的尊严不得不下决心出战。

《孙子兵法》有这么一句话："怒而挠之"，人们常称之为激将法。激将法是富有戏剧性的谋略，常见于诸多典籍中。没有人愿意轻易服输，英雄人物之所以能够做出惊天动地的事，往往就是因为他们争强好胜。这一点，正是激将的心理基础。其实女人可以把激将法巧妙地运用于自己的交际中，这样对于迅速达成自己的目标还是非常有效的。

巧言激将，一定要根据不同的交谈对象，采用不同的激将方法，才能收到满意效果。犹如治病，对症下药，才有疗效。一般情况下，女人需要注意以下几点：

1.尊重对方是前提

你想取得的结果是让对方按照你的意思去做，如果不小心激起对方怒气，可能还会把火撒在你身上，对你反目相向。所以应当在尊重对方人格尊

严的前提下，切忌以隐私、生理缺陷等为内容贬低评判对方。

2.要注意运用时机

俗话说"请将不如激将"，但要想激对方也要把握一定的时机。如果时机不合适，很容易激起对方的愤怒情绪。所以说，女人要懂得根据对方情况选取合适的时机，这样才能把方法运用得恰到好处。

3.分清对象，不要滥用

激将法一般都是遭贬，切忌滥用。男人易受斥责影响，女人易受颂扬影响。对男士适当刺激往往会产生好效应，而对女士则多表扬少批评。激将法的运用和年纪也有关，因为血气方刚的年轻人和精明睿智的老年人对于他人激怒自己的行为是有着不同的反应的。

4.一定要把握好语言

激将法靠的是怎样说，着力点在于语言，而不是态度。说话的时候要尽量做到风平浪静、态度和善，只需要用语言切合对方特点，切合追求目标即可。

心理小贴士

"请将不如激将。"女性一定要根据不同的交谈对象，采用不同的激将方法，才能收到满意的效果。犹如治病，对症下药，才有疗效。如果把药下错了，或是于人无益，或是置人于死地，反而使事情向更坏的方向发展。正确运用巧言激将法，一定能收到预期的效果。

努力成为对方喜欢的"自己人"

周一下午，张瑾下班回家就到洗刷间洗衣服，刚洗了没一会儿就听到女儿小琪开门进来，冲着在洗刷间忙碌的张瑾嚷嚷："妈妈，从明天开始，我不上学了，我要静一静，你也别过来安慰我！"

张瑾的老公王刚还没下班，王刚可是一个暴脾气，倘若他在家，一定会好好教训女儿，但张瑾是个脾气比较温和且知书达理的女性，她心想，女儿一定是在学校遇到了什么不开心的事。

"怎么了，怎么突然冒出这样一句话？"

"没事，就是身体不太舒服。"

"啊？你别吓妈妈，哪里难受？既然不舒服，你应该请假早点回来，妈妈陪你去看医生。"

"妈妈，我没事的，你别唠叨了，我不去学校就是不去，你快忙你的吧。"其实，张瑾心知肚明，女儿有劲儿这么嚷嚷，怎么可能是不舒服呢，一定另有隐情。

"不行，你身体不舒服怎么能不理睬呢？走吧，妈妈陪你去看看。"张瑾在说这话的时候，故意露出一点笑容，女儿明白，妈妈看出端倪了，于是，只好说："不是的，妈妈，我想问一问您，我是不是很没用啊？"

"瞧你这孩子，胡说什么呢？在妈妈心里，小琪是最聪明的，而且心地善良、礼貌待人，此外，还非常孝顺。"

听到妈妈这么说，小琪笑了，主动招出了今天遇到的事："其实吧，今天老师叫我们写一篇作文，我写错了一个字，老师就嘲笑了我一番，结果同学们都笑我，真没面子！"

此时，张瑾没有说话，只是搂着伤心的女儿。随后，张瑾就给女儿讲了很多的故事和道理，女儿沉默了几分钟，从张瑾怀中站了起来，平静地说："妈妈，我本来不想跟你说这些的，但是你这么耐心开导我并鼓励我，我真的非常开心和感激。以后遇到事情我再也不这样消极了，我也会积极跟你沟通，因为我有一位贴心的好妈妈。好了，我要去琳琳家了，她还等着我一起复习功课呢。"

心理学上有个术语叫"自己人效应"，所谓"自己人"，是指对方把你与他归于同一类型的人。"自己人效应"是指人们对"自己人"所说的话更信赖、更容易接受。人与人之间的交往，本身就是一个相互影响的过程。如

果你能利用一定的技巧，让他人与你产生"我们在同一阵营内"的感觉，他们便会对你心生好感。

女人要想成功地让自己成为对方的"自己人"，那就要看你如何去做，以下几点大家可以借鉴：

1.多说"我们"，把对方当自己人

很多情况下，你可以用"我们"一词代替"我"，这可以缩短你和大家的心理距离，促进彼此之间的感情交流。不可避免地要讲到"我"时，你要做到语气平和，既不把"我"读成重音，也不把语音拖长，你要把表述的重点放在事件的客观叙述上。这样，对方就不会觉得你是一个不可一世的人，你们的距离也会越来越近。

2.做一个值得对方信赖的人

女人要尽力做一个值得信赖的人，要给人一定的"可信度"，所谓"可信度"，是指使他人相信你的言行真伪的程度。在人际交往中，你的话语必须使人感到你说得在行、说得中肯、说得动听，这样才能增强信息传递的效力。

3.学会站在他人角度看问题

当你企图说服别人的时候，如果你不去站在别人的角度看问题，别人也肯定无法接受你的观点。如果你能换个角度，让对方觉得你是他的"自己人"，那么对方很可能会因为感到他自己被理解而改变最初的逆反、防御心理，一步步慢慢地接受你。

4.增强自己的人格魅力

人的良好个性品质是增强人际影响力的重要因素。心理学研究证明：具备开朗、坦率、大度、正直、实在等良好个性品质的人，人际影响力就强。反之，则很难被人喜欢，也就无人际影响力可言。所以，女性一定要加强良好个性品质修养，以增强自己的人际影响力。

心理小贴士

女人要注意,"自己人效应"一经形成,人与人之间的摩擦事件与心理冲突会大大减少,就更容易建立良好的人际关系。所以,为了使自己的热情获得他人的正面评价,有必要在交往过程中积极创造条件,努力形成双方的共同点,从而使双方都处于"自己人"的情境中。

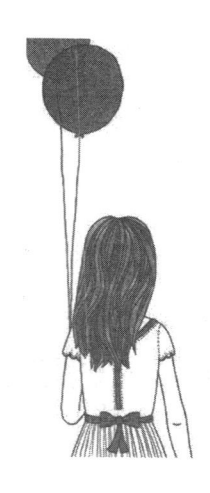

第16章　人情留一线：
给别人留面子，给自己留退路

　　有句话说得好："人有脸，树有皮。"所谓的脸，就是面子，是一个人的自尊。"面子"是一件很重要的事，"士可杀，不可辱"就是这样一个道理，面子在有的场合甚至重于性命。如果你处处不给人留面子，别人就会对你心存怨恨，也不会顾及你的情面，暗中堵你的门路。所以说，女人在交际中一定要懂得一些重要的人情世故，千万别让对方下不来台，否则你就会自断后路。那么，对于面子问题，是否有什么需要注意的技巧呢？对于这个问题，本章将会为大家进行详细讲解。

太刻薄，没人愿意与你做朋友

张大姐来到平时经常光顾的理发店来理发，恰巧平时经常为张大姐设计发型的设计师不在，老板安排一位新发型师为张大姐服务。谁知张大姐张口就说道："你是新学徒吧？给我理发用心点，过几天还有会议呢，要是剪坏了你可小心自己的饭碗。"发型师听了张大姐的话心里有些不高兴，毕竟这是自己的第一个客人，发型师希望能给自己和顾客都交上一份满意的答卷。发型师很认真地修剪起张大姐的头发，修剪完后，张大姐一看镜子说道："你这怎么剪的啊？还留了这么长，是怕我不给钱还是怎么的？"这时候店长在一旁赶紧说道："这头发留长了好，显得您含蓄而不外露，符合您的领导身份啊！"张大姐听罢，撇撇嘴说："再修修，仔细点儿剪。可别想敷衍我啊！"于是，按照张大姐的要求，发型师继续修剪，按照原来的样式修短了头发。哪知张大姐大怒，喊道："你是在哪里学的这三脚猫的技术啊？剪了半天剪成什么了？我看你这手艺根本做不了发型师，赶紧收拾收拾回家算了。今天出门碰到你这么个不入流的小子真是倒霉透了！"发型师在一旁一脸的窘相，店长只得过来圆场："瞧您的头发剪得精神着呢，一看特别干练。您这是样貌端庄，剪什么发型都漂亮。咱们这里虽然剪得慢，但是为了'首脑'，多花点时间也是应该的。张姐，您也别生气，先坐下我给您重新修整一下。我先给您做个肩部和脊椎的放松，我看您这一直是紧张状态，一看您生活中就是经常忙碌，对自己要求特别高的人。完美主义者一般在生活中都比较辛劳。其实，您看您这个发型，主要是您觉得不符合您的一贯风格。其实吧，生活可以换换方式，尝试下新的风格。"张大姐听了店长耐心

的劝解，心中的愤怒消散了一大半。"不好意思小伙子，刚才说话有点刻薄，咱们都相互谅解一下吧。"

古语说："喜时之言多失信，怒时之言多失礼。"愤怒，让我们像闻到血腥的猛兽一样冲动，行为失态、失礼，说话偏激、绝情，结果对自己和他人造成不可弥补的伤害。女性朋友们，如果你总是因愤怒说一些尖酸刻薄的话，那你真的应该改一下自己的脾气了，否则你身边的人就会离你越来越远。

太刻薄，这是一种不礼貌的行为，也是一种心理上的缺陷，它会让你前方的路寸步难行，女人想要远离这种行为，需要做到以下几点：

1.说话温柔一点

温柔的女人更让人喜欢，因为她能让对方感受到一个女人的亲切与和善。如果需要指正他人的错误，语气要委婉一点，以能够说服人为最佳。不要搞人身攻击，要针对事不要针对人，要懂得维护他人的自尊，哪怕是他犯了错误。

2.把自己当作对方

换个角度去想，如果你看到对方对你动怒，并且言语尖酸刻薄，恐怕你就不乐意了吧。孔子曰："己所不欲，勿施于人"就是这个道理，如果每个人都能对别人多一份谅解，这个世界可能就美好很多了，别人也会因此对你多一份尊重。

3.问题不大，放对方一马

其实，不管对方是无意的还是有意的，既然错误已经发生了，再说那么多的话也于事无补，所谓"得饶人处且饶人"，批评的话也见好就收吧，别不留情面，他日对方若有了出头之日，定会向你讨这旧耻雪恨。

4.提升自身的修养

这实际是最关键的一点，一个人只要眼界宽了、境界高了、知识丰富了，他也就变得更加宽容、善良了，不再以出语伤人为乐，不再把刻薄当成自己的本事。许多女人只是随着岁月徒长了年岁，却没有增长任何与其年岁相称的成熟，实在是一件令人感到遗憾的事！

心理小贴士

相信每个人都愿意和有教养的女人交往。因为她的气场会让周围的人都觉得轻松、觉得安宁，能感受到清爽、踏实。而刻薄、对人不留口德的女人，会让人觉得她身上似乎安装了一颗定时炸弹，似乎随时会炸，因此都自觉地敬而远之。

先赞美对方，你会办事更顺利

一位女领导曾经说过这样的话："称赞能使员工兴奋，也能使你发现对方的许多优点，而当你批评他时，他也会欣然接受。"如果你真想批评人，不妨用这样的话开始：

"小陈啊，上次你给公司提出了几点意见，非常好，年轻人很有想法，我们在对此讨论的过程中都非常受益。只是，有一点，你需要注意……"

"小文，进公司有一段时间了吧？你非常上进，是一名非常认真干活的员工，我记得从你来我们公司，你的业绩就一直是最好的，大家都看在眼里，非常不错。为了你发展得更好，我想跟你谈谈你需要改进的一部分，相信克服这点以后会发展的更迅速……"

……

对一个人的成长来说，表扬是激励，批评是引导，两者缺一不可。所以，女性在与他人交谈的过程中要学会合理搭配，这样才能让交谈更为舒心、有效。

其实，与人相处，难免会遇到不愉快或者彼此有些冲突的时候，这时候就要看你如何巧妙面对这些问题了。批评他人时，一定不能伤害了对方的自尊心，我们可以先赞扬他，说他在某一方面真的做得挺好，不过就是在某一

第16章　人情留一线：给别人留面子，给自己留退路

个小环节上有一点小小的失误，希望他以后能够注意这一点。如果你真的这样对他说，那么他肯定不会对你产生反感。这样，你不仅不会伤害对方的自尊心，还能收获对方对你的好感，何乐而不为呢？

赞美不仅能把批评说得更容易让人接受，还能让你做事更方便。一位成功学研究专家曾经就讲述过他所经历的这样一件事情：

以前，我经常到政府机关去办事。办理具体事务的那些工作人员可能是每天面对的事情太多了，所以看上去非常疲劳，服务效率很低，我办一件事要跑好几趟才能够有结果。

有一次，我又到那里去办事。这一次接待我的是一个年轻的小伙子。在办事之前，我先问了他一个问题："先生，你在这里做多久了？"

"4年了。"小伙子连头都没有抬，有一搭没一搭地回答了我一句，显得非常不耐烦，"怎么？有什么问题吗？"

"是吗？难怪呢。"我故作惊讶道。

"怎么了？"小伙子用非常疑惑的眼神看着我。

"我经常到这里来，但是没有见过你。不过我今天在这里有一个巨大的发现，那就是：我发现在这个机关里，你是从头到尾最卖力气的一个。"

其实，这并不算是我最大的发现。我最大的发现是当我说完这句话后，那个小伙子的眼神立刻变得非常亲切，整个人也精神起来，立即接手办我的事情。

我趁机又美言了一句："你的工作精神真好，我真希望每次来办事都能遇到你。"

小伙子在几分钟之内就给我办完了所有的手续。按我以往的经验，那些手续最少要跑两次才能办完，然而那天只用了五分钟。

一件事情，通过几句赞美之词，竟然五分钟就完成了。可见，赞美的效力还是非常大的。不要埋怨对方脾气不好，如果你懂得巧妙变通一下，那一切不就很快解决了吗？

人的心理都是相通的，人人都喜欢赞美的话，人人都希望被重视，任何时候都要经常讲一些赞美别人的话，而且是真诚的赞美。赞美的力量是非常

大的，它会鼓舞一个人的士气，会让一个人心甘情愿地做一件事情。所以，当你想说服他人时，别忘了从称赞与真诚的欣赏开始。

那么，女人该如何赞美别人呢？有什么技巧可言吗？

1.在他人面前赞美一个人

当你想直接赞美一个人时，对方极可能认为那是应酬话、恭维话，这样效果并不能令人有荣誉感，而只觉得这是你对他的一种安慰罢了。赞美若请第三者代为转达，效果便截然不同了。此时，当事者必认为那是认真的赞美，毫无虚伪，于是真诚接受，感激不已。

2.要有具体贴切的内容

交往中，应从具体的事件入手，善于发现别人哪怕是最微小的长处，并及时进行赞美。赞美用语越翔实具体，说明你对对方越了解，也就代表你越看重他的长处和成绩。如果你赞美的话语跟对方不搭边，那么对方也会觉得你只是会拍马屁罢了，严重会对你的人品产生反感。

3.话语要发自内心

当你准备赞美时，首先要掂量一下，这种赞美，对方听了是否相信，第三者听了是否不以为然，一旦出现异议，你有无足够的理由证明自己的赞美是有根据的。

心理小贴士

要想矫正某人的缺点，不妨反过来先赞美对方的其他优点，这样，他才会乐于迎合你的期望，自我矫正。一位管理大师说过："当我们想改变别人的时候，为什么不用赞美代替责备呢？纵然别人只有一点点进步，我们也应该赞美他，只有这样才能激励别人，不断地改进自己。"

第16章 人情留一线：给别人留面子，给自己留退路

有理不蛮横，谦让一下又何妨

在现实生活中，一些人常为一些鸡毛蒜皮的小事争得面红耳赤，谁都不肯甘拜下风，以致大打出手，造成很坏的后果。但是想一下，这么做事，真的有必要吗？即便是你有理，难道谦让一下就真的那么难吗？得理不饶人，这是一个人气度狭小的表现，相信很多女人并不想给人留下一个这样的印象。这里，我们先给大家讲一个故事，相信看完这个故事，女人就会懂得该如何在有理的情况下与人相处。

战国时，梁国与楚国交界，两国在边境上各设界亭，亭卒们也都在各自的地界里种了西瓜。梁亭的亭卒比较勤劳，每天锄草浇水，瓜秧长势极好，而楚亭的亭卒则很懒惰，对种瓜的事很少过问，因此瓜秧长得又瘦又弱，与对面的瓜田简直不能相比。

可是，楚国的亭卒却又死要面子，觉得别人种的西瓜超过了自己种的，于是便产生了强烈的嫉妒心。他们在一个月黑风高之夜，偷偷地跑过去把梁亭的瓜秧全扯断了。梁亭的亭卒第二天发现后，非常气愤，便将此事报告给了县令，并请求县令说："我们也过去把他们的瓜秧扯断好了"。县令听了以后，对梁亭的亭卒说："楚亭的亭卒这样做当然是很卑鄙，我们也十分怨恨他们扯断我们的瓜秧。可是，若我们再反过来扯断他们的瓜秧，别人本来已经不对，我们再跟着学，那就太狭隘了。你们听我的话，从今天起，每天晚上去给他们的瓜秧浇水，让他们的瓜秧长得好了，他们就不会再来扯断我们的瓜秧了。但是，你们这样做，一定不要让他们知道。"

梁亭的亭卒听了县令的话后，觉得很有道理，于是就照办了。

再说楚亭这边，他们发现自己的瓜秧长势一天好似一天，心里自然非常高兴。但他们也发现，这些瓜秧原来是有人专门浇了水才长得如此好的。而且，他们从脚印观察，发现这些事原来是梁亭的亭卒在黑夜里悄悄来做的。于是，楚亭的亭卒便把梁亭的亭卒来浇水的事报告给楚国的县令。县令

听后，感到非常惭愧又非常敬佩，于是把这事又报告给了楚王。楚王听说后，也感于梁国人修睦边邻的诚心，特备重礼送于梁王，既以示自责，也以示酬谢。

结果，这一对敌国从此便成了和睦相处的友邻。

看完这个故事，相信各位女性朋友感慨非常多。人与人之间的差距或许就在此吧。其实，与人交往又何尝不是这个道理呢？我们说有理走遍天下，意思并不是说有了理就不依不饶。在得势的情况下饶人，矛盾会立刻缓解。所以说，主动示弱是处理人际关系的一剂良药。

其实，女人应该明白一个道理，有些时候给他人留下台阶，也是为自己以后留下一条后路。而更多的时候有理让了别人三分，别人就会自然地冷静下来，思考自己的不足，不禁就会佩服起你的气量和胸怀，此时，你得到的则是别人彻彻底底的心悦诚服和尊重。

那么，女性朋友们，在与人交往中，如果你占据上风，面对他人的无理，你该如何处理呢？

1.别把你的"理"看得太重

很多人觉得自己手中有"理"，就像有了尚方宝剑一样，提出什么样的要求别人也会满足自己。可是，你手中的"理"是不是真的有理呢？也不一定，或许只是在特定的时间、场合有理。所以，不要得理不饶人，你应该告诫自己：看淡一点，再看淡一点。

2.有理也要给对方台阶下

生活中常有一些人特别固执己见，十分容易为一些小事情同别人争论，而且火药味浓烈。这时候，得理的一方应当有饶人的雅量，他可以一面解释一面折中调和，最好使用不带刺激性的"各打五十大板"或者"你好我好"的语言形式，以避免冲突的扩大。

3.注意场合，该谦让时别计较

有理，没理，饶人，不饶人，一般都在是非场上、论辩之中。假如是重大的或重要的是非问题，当然应该不失原则地一争到底。但在日常生活或工作中，如还为一些非原则性的鸡毛蒜皮的事争得头破血流，那就实在太没

第16章　人情留一线：给别人留面子，给自己留退路

必要了。与人交际，你要展现出自己谦让的风度，这样大家才会认可你、喜欢你。

> **心理小贴士**
>
> 在与人交往的过程中，不管面对什么样的情况，都应当让自己态度谦和，说话的语气要尽量地温柔，这样才能展现出一个女人的度量和知书达理。很多时候，有些女人总是越在自己占理时，越会表现得理直气壮，态度异常嚣张。殊不知，这种行为只会让你失理于人，让原本不占理的对方变成主动位置。

争一争，行不通；让一让，六尺巷

"六尺巷"的故事相信很多女人都曾听说过：

据说当朝的宰相张英和姓叶的一位侍郎都是安徽桐城人，他们的祖居毗邻。一年，他们的家人都要起房造屋，为争地皮发生了争执。于是，张老夫人便修书上京，想要张英出面干预。宰相看完了来信，马上作诗劝导老夫人："千里家书只为墙，再让三尺又何妨？万里长城今犹在，不见当年秦始皇。"张母见书明理，马上把墙主动退后了三尺；叶家见到这样的情景，深感惭愧，也把墙让后三尺。

这样，张、叶两家的院墙之间就形成了六尺宽的巷道，成了有名的"六尺巷"。

争一争，行不通；让一让，六尺巷。事情很简单，只要一方让一下，对方也不会过于与你过不去，所以说，一点小事，何必闹得满城风雨呢？生活中，每时每刻都在面临着选择，进和退、利和弊、远和近、好和坏、得和失，是经常挂在人们心头的难题。聪明的人，能够以独特的思维方式，见人

所未见，知人所未知，随机而动，适时进退，总能立于不败之地。

　　董宁是某学校的一名老师，她是学校里有名的老好人，从校长至校工没有一个不夸奖她的。有人问她怎么这么有人缘，董宁说："现在的人啊！谁都想得理再咬三分，因此我就大度一点，遇事忍耐退让一步，这样做别人心里岂会不明白？人敬我一尺，我敬人一丈，再遇到我时他们自然就会客气一些。表面上看我是吃了点亏，实际上我却得到了一个人情。你算算我这样做值不值！"董宁确实是从退让中受益不少。有一次，董宁腿摔伤了，休假三个月，等她回学校后发现一位新调来的女教师代替她教了两个月政治课。这时学校的政治老师太多，数学教研组却缺人，学校领导就有意把新来的女教师调去教数学，可这位女教师似乎是颇有背景，说什么也不答应，还说学校领导欺负新人，背地更是对董宁冷嘲热讽。女教师的做法使许多人都看不下去，但董宁却没发火，她主动找到校领导要求调去数学组，见到新来的女教师还是笑呵呵的。对董宁的退让，校领导既满意又感动，那位女教师也是满心惭愧。几个月后，学校分房时，领导优先考虑了董宁，董宁一家终于结束了"三世同堂"的生活。

　　董宁的忍耐退让，换来了好人缘，换来了真正的实惠，看来忍让一时，并不是吃亏而是在占便宜。咄咄逼人的人，得理不饶的人很难得到别人的喜欢，有时甚至会惹起祸端。所以，做人不妨大度一些，这对你有百利而无一害。

　　总之，在生活中，适当让步亦是一种维系彼此之间关系的一种调和剂。所以说，女人应该把眼光放的长远，不要一味地坚持己见，若有必要，适当地退让和妥协反倒是能使你进步得更快。

　　懂得退让并不是说没有自己的原则，退让也是有所讲究的，那么你知道怎么做一个谦让有礼的女人吗？以下几点大家可以参考：

　　1.别太计较小事情

　　生活在这个世界上，要想不为小事烦恼，就应该看淡小事。别人出现了一点失误和过错，我们没有必要计较太多，尤其对于别人无意间犯的过错，我们更应该给予充分谅解。这样做，不仅仅是道德的要求，也是保持好心情

的一种重要方法。

2.让自己的心胸宽阔一点

人对事需要有一份宽让的心态，这是一种为人的气度。这句话看似简单，做起来却很难，多数人宁愿像闭紧壳的蚌一样，不给别人退路，也不给自己空间。他们的行为并不能让别人折服，只会将矛盾扩大，将问题激化。

3.让步也要有底线

有些事情可以退让，但是涉及原则的问题是不可以退让的，否则那就失去了自己做人的底线。此外，对于那些不识抬举、咄咄逼人的人，我们没必要一味地妥协，因为他们并不懂得你的心意，对他们妥协就是对自己的不负责。

心理小贴士

适当的让步不仅不会使我们有什么损失，反而更能促进人与人之间的关系，收获人与人之间的温暖。学会让步，就在无形中为你开启更多通向真善美的大门。"忍一步风平浪静，退一步海阔天空。"学会让步，会使你收获更多。

主动化解干戈，避免拉起仇恨

如果你和你的朋友发生了矛盾，你会怎么做呢？是任由事情恶化下去，还是主动做一个胸怀宽广的人去化解这一干戈呢？女人要明白，感情是需要经营的，我们要懂得用心去维护，情感不是说放弃就放弃的，能有多大的仇恨让彼此老死不相往来呢？天下没有解不开的疙瘩，没有打不破的坚冰，没有过不去的火焰山，只要真诚地付出，主动示好，你会发现，化解误会、重拾友情并不是一件难事。希望女人能够战胜自己的心理压力，做一个胸怀宽广的人。

　　王晶晶是上海某家化妆品公司的部门主管。因为生性多疑，平时爱猜忌，所以，常与同事闹矛盾。

　　有一天，王晶晶因为工作问题被经理批评了一顿，心中十分不痛快。一怒之下就对经理说："反正你怎么看我都不顺眼，这个主管我不干了！你爱让谁干让谁干去！"

　　听到王晶晶说话如此无礼，领导勃然大怒："你爱干不干，你不干我还找不到人干了？我看李月就不错，她当上主管，保证比你强！"听到经理如此说，王晶晶心里又犯疑了："一定是李月在经理面前说了我的坏话，不然为什么把我撤职让她来当这个主管？"从经理的办公室出来，王晶晶就怒气冲冲地找到李月说："你要是对我有意见可以直接跟我讲，别到领导那里去打小报告，行吗？咱们一个办公室，你想坐这个位置，我让给你就可以了，干吗要干这种下三烂的事！"说完气呼呼地转身离去。

　　对于王晶晶的指责，李月感到莫名其妙，她不知道该如何解释才好。看着气呼呼的王晶晶，李月坐立不宁。她想去解释，又觉得自己什么都没做，不知如何开口。但是，这个问题不解决，与王晶晶天天在一个办公室里，太别扭了，何况让其他同事知道，也不利于自身的发展。

　　想到这里，李月站起身，来到王晶晶的办公桌前，心平气和地对她说："王晶晶，同事之间以'和'为贵，我想咱们之间可能出现了误会，咱们可以去问问经理，看看他有没有让我做主管的意思。这样一切就会真相大白了。"听完李月的话，王晶晶也感觉到，自己刚才的表现太失态了。于是，连连对李月说"对不起"。就这样，两人一笑泯恩仇。其他同事知道了此事，都认为李月是个值得结交的人。

　　人生活在这个社会上就避免不了与他人打交道，打交道的过程中出现误会和矛盾也是常有的事情，所以女人一定要放宽心，不要给自己心理压力，自己需要做的就是尽量把问题解决好，不让自己前方道路出现太多的绊脚石。无论因为什么原因得罪了他人，自己一定要弄清问题的症结所在，找到合适的解决办法，让自己与他人的关系重新建立一个良好的开端。

第16章 人情留一线：给别人留面子，给自己留退路

女性朋友们，如果对方因为某种原因对你充满了敌意，你知道该怎么化解吗？

1.在背后多夸赞对方的优点

良好的沟通，可以帮助女性化解人际交往中的矛盾问题。面对矛盾，女性只要能够做到态度诚恳，及时主动，相信再大的矛盾也能化解。如果你也想拥有好的人缘，千万别忘了这一招哦！

2.主动向对方示好

既然对方对你的敌意十分明显，那在这种情况下，你就不能佯装不知了，而应当主动向对方示好。你可以在没有其他同事在场的情况下问对方："我究竟有什么不对呢？"一般情况下，对方会冷冰冰地回答你"没什么不对的"。此刻，你也许觉得自己是自找没趣，不知该如何是好，其实你完全可以巧妙应对。

3.用你的宽容谅解对方

很多时候，我们都需要宽容，宽容不仅是给别人机会，更是为自己创造机会。如果你的同事做了伤害你的事，那么，你只有忘记仇恨，宽宏大量，才能与人和睦相处，才会赢得对方的友谊和信任，才会赢得对方的支持和帮助。

4.有空记得常联络

虽然与翻过脸、生过气的朋友重新建立了联络，但关系终究大不如前，还处于脆弱阶段。所以，应适度保持联络，而且重建的联络基调以控制在比翻脸前联络稍低的程度上为宜。

心理小贴士

"人非圣贤，孰能无过"，每个人都会犯错。对他人犯下的错误念念不忘，就会形成思想包袱，既不利于自己的身心健康，对双方的关系也会带来不良影响。事情过去了就算了，最好将不愉快的事淡忘，谁对谁错，就不要深究了。

看破别说破，友情才能长留

观人下棋时，最常听到的话就是："看透莫说透，说透非朋友。"这是劝诫人们不要道破迷局，交际应酬中更是如此。没有哪个人愿意被别人直言否定，这是人性使然。因而，与人应酬时，女人要懂得话不说破的真理。

童芸芸是某公司的一名普通职员，她刚刚毕业，是一位非常活泼可爱的姑娘，平日里总是嘻嘻哈哈的，逗得大家非常开心。但是，童芸芸发现，不知为何最近却总挨她的上司李总的批评，这让她非常郁闷。

前不久的一天，童芸芸加了整整一个夜班，第二天，她早早地就来到了公司，在进门的时候，正好碰到了李总。李总二话没说，把她叫到办公室里劈头盖脸就是一顿狠批，无论童芸芸怎么解释，李总就是不领情。没办法，童芸芸就只能怀着满肚子的委屈低头认错。之后她请教了公司的一名老员工王敏，王敏悄悄地对她说："你是不是以前跟李总说话言语上有什么不恰当的地方啊？"

这时，童芸芸才如梦初醒，平日里她看李总脾气非常好，说话又和蔼，她经常想说什么就说什么，李总也很欣赏童芸芸的坦诚和实在。可是她的口无遮拦却给她带来了麻烦。

曾经，李总来公司的时候，穿了一套非常笔挺的西装，大家都在一边不断地称赞李总穿西服多么好看，只有童芸芸在一边笑着说："样子不错，不过好像是去年的款式啊。"当时，把李总弄得非常尴尬。

最近几天，李总和客户谈了一笔生意，签完合同后，客户不断地称赞李总的签名非常漂亮，这时，正好童芸芸进来了，笑着说："是呀，您是不知道，这几个月我们李总可是一直在练字啊！"当时李总的脸色特别难看。现在想起这些来，童芸芸真是后悔莫及啊。由于平日里自己口无遮拦，让李总尴尬、难受，怪不得自己工作做得最好，却总得不到提拔，还经常被批评。

童芸芸把事情说破了，直接让李总的颜面扫地，所以自己被批评也是

难免的事情。有些话可以直说，有些话需要委婉的说，而有些话是万万不能说的，只可惜童芸芸不明白这个道理。说话要有技巧，要懂得维护别人的面子，照顾别人的感情，别人才会因此而感激你，觉得你靠得住。

其实，人在犯错时，也许会对自己承认，但如果被人直言不讳地指出来，则往往很难接受，甚至会为维护自己的尊严而展开反击。试想，如若有人硬将鱼刺塞进你的咽喉，你会做何反应？话有时不必说得太明白，即使事实摆在那里，也不该由你去揭破。想一下，自己主动去得罪人，这种行为也太傻了吧？

一个女人要做到暗藏智慧，要求有真才实学和良好的心理素质。看破不说破，这是一种人生智慧，也是一种心理战术，做到这一点，女人需要注意以下几点：

1.适当装装糊涂

有些时候，谁是谁非并不重要。装装糊涂，找个台阶给对方下，也许你会得到意想不到的收获。其实，这世间本无绝对的对与错，更无绝对的公平。有时候要想活得更好，就必须要适当地让自己糊涂。

2.点到为止不啰唆

点破之言应力求简短，最好一两句话就能使对方领悟，然后再自然地转到别的话题上。千万不能多次重复对方的错误，否则就极容易让对方觉得你在紧抓他的错误不放，使对方陷入窘境而产生抵触情绪。

3.谦让对方一步

一般人际交往千万不能伤害别人的自尊。在无关得失的小事中，总要让对方一步，这当然不是为了博得对方的欢心，作升官发财的阶梯，而在于获得多方面的好感，给人面子，给自己多留一些余地，使自己不会因小事而受到不必要的损害。

心理小贴士

　　每个人都有自己的交际圈,都会将自己的形象展现在众人面前,因此人们会塑造自己良好的社交形象,在公众场合表现出更为强烈的自尊心和虚荣心。在这种心态支配下,你刁钻地戳穿别人的小伎俩、小把戏,嘲讽别人的小缺点、小错误,会对别人造成加倍的伤害。

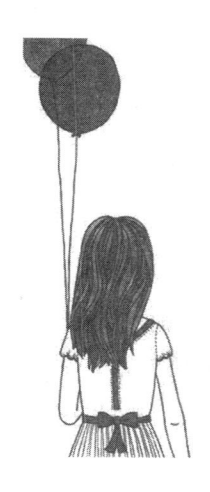

第17章　大胆秀自己：
女人要敢于争抢，抓住机遇

很多人常慨叹时光易逝、人生短暂，若要取得些成就也实属不易。但我们是否知道，在这短暂的一生中，很多人之所以平凡无为，正是在那些本可以让自己闪光的时刻犹豫不决，才错过了做出成绩的时机和创造价值的机遇！俗话说："酒香不怕巷子深。"这话只适合过去，如今是酒香也怕巷子深。一个人无论才能如何出众，如果不善于把握，那他就得不到伯乐的青睐。所以人需要自我表现，而且自我表现时必须主动、大胆。否则，你将会被埋没在茫茫人海中，无人熟知。

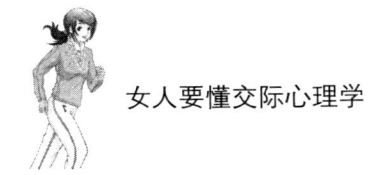

放下身段，机会要靠自己争取

段小阳近一年来一直很郁闷。一年前公司人事调动，原来和自己能力、业绩不相上下的同事被提升到另外的部门做主管，但她却一没升职二没加薪，而且是一个人干了3个人的活。其实段小阳很有才气，但性格内向、敏感、不够自信。平常只顾埋头工作，很少与领导沟通。

段小阳的好朋友敏敏一直告诉她要在领导面前展示一下自己的才干，遇到机遇该主动争的时候一定要主动争取，否则一直端着架子，没人会白送你好果子吃。可是段小阳一直不这么认为，在她看来，她需要做的就是把工作做到最好，等到自己足以闪光的时候领导一定会感受到。

作为职场中的女人，像段小阳这样，不明不白地"雪藏"自己的人恐怕还不在少数吧？被动的等人去发现你的好，那要等到何年何月呢？你耗得起吗？

佳宁刚刚应聘到一家公司上班，试用期是三个月。初入职场的新鲜感让佳宁干劲十足，三个月很快就过去了。佳宁心想，终于过了试用期，要成为公司的正式员工了。她一直等着人事经理叫她去填转正申请单。可是，过了一天又一天，都不见动静。佳宁想，莫非不用填单子直接就转正了？可是应聘时说是需要填的啊。惦记着这些事，她的心里一直七上八下的。一直到发工资的时候，佳宁一看自己的工资还是试用期的工资，佳宁就按捺不住了，终于去找了人事经理。人事经理听完她的诉说才一脸歉意地说："真是不好意思，我的事情太多太忙了，以往都是她们主动找我填的单子，你一直没来找我，我以为你还不到转正时间呢。我马上给你办手续，工资也调成正常

第17章 大胆秀自己：女人要敢于争抢，抓住机遇

工资。"

佳宁恨恨地想，你这分明就是玩忽职守啊。但是，她在人事经理办公室待了不到五分钟，就发现人事经理真不是一般的忙。千头万绪的事都要她处理，也许她真的是没时间注意一个新员工是不是该转正了，这种事只能靠自己主动。

佳宁从这件事中学到了让她受用一生的经验：自己的利益一定要主动争取，别人没时间时刻关注你的事情，不主动争取只能受损失。于是，在以后的工作中，她时刻谨记，凡事要靠自己主动出击。这让她以后再也没有发生过转正时的乌龙事件。

成功的机会每个人都会有，但是面对成功机会的态度却不一样。人生有两种人，他们对待机会的态度各不相同。第一种人是弱者，他们等待机会，如果机会不降临，就觉得寸步难行；第二种人是霸者，他们创造机会，即使机会没有来临，也觉得脚下有千万条路可走。女性朋友们，请记住上面的这一段话。相信它不仅有利于你的交际道路，甚至对你的一生都会产生一定的影响。

女性朋友们，在争取机会大胆秀自己之前，你知道自己需要作哪些心理准备吗？

1.摆脱切忌哗众取宠的心态

如果个人准备不足，或者当别人被吸引后，自己又不能展现出应有的能力与思想内容，那么，这次展示不仅没有起到应有的效果，反而会被别人当作一次笑话来看待。善于展示并不是时时作秀，而是要把握好秀自己的时机，不然我们会被嘲笑为哗众取宠。

2.树立好口碑，让他人从心底接受你

每个人都有自己的圈子，为了工作赢得更多的人际资源，首先就要经营好自己现有的社交圈，把自己的价值传播出去，在相关的职业圈子里，形成一种有利于自己的口碑，通过口口相传，使自己的价值为越来越多的人所熟知。

3.思考一下如何合适地自我曝光

其实,"曝光"的方式需要委婉而含蓄,不要太扎眼,强出头的方式不仅收不到推销自己的效果,还会成为别人谴责的对象。另外,"曝光"的次数也不宜过多,否则你就会给人留下爱出风头的印象。

心理小贴士

女性们,在人生的大舞台上,要放得开,不要做总是被人忽视的小角色,镁光灯可以让给别人,但是要记住:有自己擅长的"出演机会"一定要牢牢抓住。这样才能让别人眼前一亮,为自己赢得更广阔的空间。所以说,眼前有机会,该"秀"的时候一定不要客气,该"争"的时候一定不要退缩。机会总是留给准备好的人,在大多数人都无所适从时,那个能主动出击的关键人物必然能赢得对方的欣赏。

提升气质,做个有内涵的女人

个人的气质往往是指个人内在素养或修养的外在体现。气质是内在的、不自觉的外露,而并非表面功夫。若是胸无点墨,而仅仅凭借华丽的衣服装饰的话,此人是毫无气质可言的,反而会给他人留下肤浅的印象。所以说,女人要想长久在他人心中留下好的印象,一定要懂得做个有气质、有内涵的人。

林女士和杨女士同住在一个别墅区,林女士是专职作家从事文学创作,杨女士是家庭主妇,丈夫庞大的生意网络让她衣食无忧。

同是物质丰足的女人,两个人却有着本质的区别:林女士在生活中注重精神上的享受,而杨女士却将目光投向物质上的满足。一天,两个女人不期而遇,只见林女士素面朝天,一身休闲装扮,除了结婚戒指是唯一的饰品外

再无其他。环顾杨女士上下，周身珠光宝气，身着昂贵的服装，浓妆艳抹，几只超大的戒指闪着耀眼的光芒。

杨女士看到"寒酸"的林女士，自然有一分自豪感涌上心头，不禁向林女士炫耀道："我老公就是疼我，这只钻戒是他从南非带回来的。"说完，立即将肥硕的大手伸到林女士面前。面对炫富的杨女士，林女士忍俊不禁，莞尔笑着附和道："是的，很漂亮。"之后，两个人相互道别离开。

不久，在杨女士与小区朋友闲谈中得知林女士唯一的结婚戒指是传家宝，属于稀世珍品，价值自然不可估量，听到这个消息后的杨女士目瞪口呆，说："我向她炫耀钻戒的时候她为什么不告诉我呢？"

小区朋友听后哈哈大笑，说："这就是你和她的区别。林女士身为作家从来不注重物质上的东西，她追求更多的是生活品质，在她的眼里，价格不菲的饰品根本比不过纯真自在的生活状态，她的气质和内涵是你我这种平庸女人永远也达不到的。"

听到朋友的解释后，杨女士羞愧地低下了头，她终于明白女人的气质和内涵在生活中占有主导作用，堪称生活的灵魂和引路灯。杨女士自言自语道："看来要想在生活上得到真正的满足，仅仅拥有物质财富是不够的，更多的是要靠自己的气质和内涵去打造。"

其实，并不是每一个女人都能让人感受到有气质、有魅力的一面，想要做到这一点，需要谨记以下几点：

1.做人要大度，心胸要宽广

关于这一点，女人可以从这几点入手：不要将那些有可能是伙伴的人刻意地变成自己的对手；对他人的小错误、小过失不要过于斤斤计较；不要有权力的傲慢，更不要有知识的偏见；在有成就与成果时，学会与他人分享；当必须要有人主动站出来推动进程时，自己应先行……

2.举止要保持优雅

最佳的得体举止莫过于浑然天成，完全没有做作的痕迹，在一举一动中完全处于忘我状态，这就要求我们要警惕自己习惯中养成的任何马虎随便，从一开始就要抵制一些不雅的举动和随便、邋遢的习惯。这样长期积累下来，才会变成一个真正得体的人，而不是一个刻意塑造的人。

3.内心坚定，独立自主

要想成为一个有气质的女人，你的内心必须是坚定的，你要有自己独立的思想和人格。胜利的果实，永远都属于那些内心坚定、不屈不挠的人。除此之外，女人还要尝试着去挑战自己的能力，勇敢地去征服身边的困难，你将会发现：无限风光在险峰，人生精彩而充实。

4.腹有诗书气自华

如果要提升自身气质，做到气质出众，除了平时要注意穿着得体之外，还要注意提高自己的知识水平，不断地丰富、完善自己。所谓"腹有诗书气自华"，多读书，定会让你成为一个有思想的人；多读书，定会让你由内而外散发更为迷人的光彩。

心理小贴士

有人说，美貌是女人职场上畅行无阻的"通行证"，但容貌的吸引只是暂时的，智慧与才能才是永久的。青春与美貌就像匆匆的过客，只有智慧与才能会在岁月的沉淀中散发出夺目的光彩，成就你不凡的气质魅力。而女人只有拥有了气质，魅力才会持久闪光。

积极改变，让自己更加闪光

我们常说：世界上唯一不变的就是改变。这个世界处在不断地变化中，变是绝对的，不变只是相对的。只有承认改变，接受改变，把握改变，我们才能不断取得进步，突破自我，跟上时代变化的脚步，让更多的人欣赏自己。

韩影是一名优秀的高中生，一直以来她都是学校的顶尖人才，不论哪门

第17章 大胆秀自己：女人要敢于争抢，抓住机遇

学科，她都能稳拿第一。除此之外，韩影还喜欢绘画、跑步，学校每次组织活动的时候，大家都能看到她的身影。

但是，进入了高二后，韩影却变得闷闷不乐起来，而且学习成绩也直线下降，不仅拿不到各单科第一，连总分第一也拱手让给了别人。她越来越烦躁，脾气越来越坏，身边的朋友一个个都疏远她了……

后来，班主任王老师发现了其中的秘密——原来，韩影长期"第一"后，自尊心膨胀，便力争事事第一，一旦看到"本属于自己的第一"被别人夺走后，便会谴责自己，日夜加班去追赶。结果，由于休息得不到保障，她失去"第一"的次数越来越多，情绪不好的时候也越来越多，内心也越来越痛苦。此外，韩影还出现了嫉妒等心理，她非常排斥身边比她优秀的人。大家见她如此偏激，便都不太喜欢她了。

周一早上，韩影第一个到校，走到教室门口时，另一个同学冲上来，抢着去开门，说："我今天做回第一！让我尝尝开教室门的滋味儿！"

那个同学向韩影做了一个鬼脸，说："干吗老占着第一，让我也尝尝第一的滋味儿……"

事事争第一的韩影此时恨不得找条缝钻进去，因为自己的第一被别人强行抢走了。

事后，王老师找到韩影，对她说道："韩影，我知道你现在的情况，因为成绩一直是第一，所以感觉如果稍微有一点变动就会接受不了。争取'第一'说明你的上进心比较强，但是你不能永远被'第一'牵制住。我们要尽全力让自己变得优秀，但是人人不能保证自己永远第一，我们不能在成绩起伏的时候迷失了自己。我们改变不了别人，无法阻止他人的前进，但是我们要做的就是不断完善自己，超越自己。成绩优秀时不骄不躁，成绩下降时积累经验，这样才能健康的成长。你看看现在，由于你这段时间的心理偏激，你的人际关系都受到影响了。"

韩影听到老师的话感觉非常受益，从此她再也不因此而烦恼，而是以一颗平常心去面对，尽最大努力改变自己，超越自己，变得更加开朗，成绩也仍旧那么优秀。

人说,你改变不了环境,但可以改变自己;你改变不了事实,但可以改变态度;你改变不了过去,但可以改变现在;你不能控制他人,但可以掌握自己;你不能样样顺利,但可以事事尽心……改变自己、努力向上,你将会为自己争取到更多前所未有的美好。

那么,女人该如何改变自己,让自己更闪光、更优秀、更有吸引力呢?

1.用信心树立美好的自我形象

一个人想要成为自己命运的主人,就要充满自信,在内心树立起坚定的自我形象,如果你现在的自我形象是负面的、消极的,那么你可以改变它,想出一个正面的形象。不要埋怨、不要逃避,成功或失败,都取决于你的自我形象。

2.敢想、敢做、敢改变

只要你敢想、敢做、敢改变,那么你就是一个成功者。托尔斯泰曾说:"世界上只有两种人,一种是观望者,一种是行动者。大多数人都想改变这个世界,但没有人想改变自己。"是啊,从此刻开始,行动起来吧,让我们不断迸发前进的力量,把我们的明天变得更加美好。

3.不怕出错,有勇气改正

错误是不可避免的,它将伴随每个人的一生。在学习中,学英语的时候不犯错误就意味着学不好英语;在工作上,不犯错误代表着止步不前、永无进步。人的一生当中或多或少,或轻或重地都会犯错误,做错事情。但是你不要不把错误当回事,要改正错误,相信在改正错误的过程中你一定也会随之得到更好的进步。

心理小贴士

自我价值的创造和提升,其实是一件让人感到非常幸福的事情,而且每个人都可以拥有这样一种幸福,只要你拥有一个正确的价值观,并为此而不断地学习、不懈地探索,那么自我价值的提升自然就会水到渠成。

第17章　大胆秀自己：女人要敢于争抢，抓住机遇

自卖自夸，让对方高看你一眼

　　一个人仅仅拥有才华是不够的，还必须通过各种手段使自己的才华为人所知，得到社会的承认。如果把自己讲得一无是处，对方听了会感到失望，对你也就没有太大兴趣了。如果自己不懂得为自己出份力，那谁还会主动帮你呢？想要对方更为敬重你，你必须要有一定的身价，其实，很少人愿意与一个碌碌无为的人交往。有些人之所以没能得到他人的赏识，在于其不懂得"自夸"。这是一种自我表现的方法，它既能抬高贴金者的身价，又能使别人对你羡慕、相信甚至崇拜。有了这种效果，就会使你在人群中"高人一等"，受人重视。

　　艾丽是一名律师，她非常的有才华，是一个很有想法的年轻人。最近，艾丽成功地注册了一家属于自己的律师事务所，可以说有了自己的事业。但是，万事开头难，即便艾丽很有能力，但是她的事务所还没有打出名声，而且社会竞争又比较大，艾丽感到压力很大。现在事务所处于起步阶段，艾丽没能力招纳员工，所以事务所里只有她一个人，而且她很年轻，很难让他人对自己产生信任。艾丽想："如果一个才开张的事务所就异常忙碌，这一点肯定会立刻获得人们的信任。"于是，她打电话给自己的一个朋友说明了情况，让她每隔十分钟就给自己来个电话。

　　开张第一天，艾丽终于等来了第一个委托人，一个年纪五十左右的妇人。艾丽示意对方坐下来，刚刚开口问对方有什么需要帮助的时候，电话响了。艾丽对这位妇人说了声对不起，拿起听筒说："对，我是。哦，王总回来了对吧？好的，可以，那我们今天晚上七点的时候见面谈一下贵公司收购的问题……行，再见。"

　　这位妇人说："您好，律师，我主要想咨询您一下关于财产分割的一些事宜。"然后对方详细说明了情况，并提供了一些相关的材料。

　　谈了没一会儿，这时电话又响了，艾丽说："是的，我记得，您放心，事宜已经准备妥当，下周见。恩，该带的资料您不要忘了。好的，我知道了……"

艾丽放下电话对这位妇人说："阿姨，实在不好意思，这几天任务有点多，接连几个案件需要开庭，希望您谅解。"这位妇人说："没事的，生意多是好事，说明你可靠、能力足。"

两人谈得相当顺利。临走时，这位老妇人叮嘱艾丽说："律师啊，可拜托你了，这件事对我来说实在太挂心了，你一定帮我好好处理一下啊！我知道你很忙，但是真的拜托了！"

艾丽当然明白她的意思，说："您尽管放心，不管多忙，我都竭尽全力处理每一个案子，不会怠慢任何一个委托人。"刚刚说完，办公桌上的电话又响了起来……

做人处世实际上就如同做生意，只不过在商场中要推销的是实物，而我们在处世过程中要推销的是我们自己，但二者在技巧上具有异曲同工之妙，我们在处世中也可以学学这种"自卖自夸"的推销术。这样，别人才会相信你、敬重你，并乐意与你结交。

"自卖自夸"是一种推销自己的战术，能在心理上让对方更为看重自己，那么你知道如何做好这一点吗？

1. 适度原则要牢记

所谓适度是指不要抬得超过你的能力太多。如果"抬"得太厉害，别人也信以为真"买"下了你，过后才发现你是个"劣品"，这样，你的自抬身价会使你"破产"！凡事讲究一个度，切忌为了达到目的而不择手段地进行自我吹嘘。

2. 对自己的能力有个正确的定位

有些事你擅长，那你自抬身价推销自己也无妨，但是如果你对某一方面一无所知还要与人吹嘘，那么，你这样做只会让自己难堪。"自卖自夸"之前你需要对自己有个准确的定位，看看自己哪些方面擅长，哪些方面欠缺，不要随口夸夸其谈，这样只会让人觉得你不靠谱，便不再愿与你打交道。

3.自夸要夸到点子上

自赞自夸应目的明确、有的放矢。招聘人才、购买商品，都有一定的规格、要求。你的优点非对方所需，你的长处非对方所急，这时自赞自夸如同对牛弹琴。而要了解对方的所急所需，就必须事先对人才市场、商品市场搞调查研究，做到知己知彼，心中有数。

> **心理小贴士**
>
> 人人都愿意与身份较高、能力较强的人交往，而不愿意结识那些地位低下、庸庸碌碌的人。因此，当我们想要得到别人的重视和赏识时，千万不能贬低自己，而要抬高自己的身价，展示自己的能力，表现自己的优秀之处，必要的时候我们还要学王婆"吹嘘"一下。总的来说，适当地自抬身价总比自贬身价好。而且，只要你自抬成功，你就会从中受益，你以后的身价只会上升，不会下降。需要注意的是：当你的身价抬上去之后，你就要想方设法努力使自己的能力也提高上去。否则，这样抬高身价对于你的成功没有多大的帮助。

机会不是等来的，要敢于推销自己

据《史记·卷七六·平原君虞卿列传·平原君》记载，战国时，秦国出兵攻打赵国，包围了赵都邯郸，情况十分危急，于是赵王派平原君前往楚国，请求援救。平原君打算在其门下食客挑选出二十个文武人才一同前往，但只挑选出十九个，剩下的都不符合条件。这时，有一个名叫毛遂的人，主动向平原君自我推荐，请求加入前往楚国的行列。平原君问："你在我门下多久了？"毛遂回答："三年了。"平原君说："一个真正有才能的人，就好像一把放在袋子里的锥子一样，立刻会显露出锋利的锥尖。而你在我门下

三年了,我却没听说过你有什么表现,你还是留下吧!"毛遂说:"我现在自我推荐,就是请求你把我放进袋子里,如果早点有这样的机会,那我就不只是露出锥尖而已,而是早就显露出才能,锋芒毕露了!"平原君觉得毛遂说得有道理,就答应让他一同前往。到了楚国,平原君和楚王会谈,从早上到中午,都还没有结果。毛遂于是持剑走到楚王面前,极力说明赵、楚联合抗秦的利害关系。楚王终于被说服,答应赵国愿意出兵援救。于是两国当场歃血为盟,誓守联合抗秦的盟约。毛遂这次不仅帮平原君完成任务,也为国家立下了功劳,让大家对他刮目相看,平原君因此待他为上宾。

上文便是"毛遂自荐"的故事。看完这个故事,女性朋友应该明白,想要自己不被人群埋没,那就必须要懂得推荐自己,让对方看到你的闪光点。机会不会主动找你,做人要有一定的积极性,主动为自己争取,敢于秀出自己的优点。

当今职场上,有不少人才华横溢,却总是得不到提升,从而沦为怀才不遇的人。怀才不遇者除了怨天尤人以外,也需要反思一下自己为什么会陷入这样的命运?又如何走出这种悲哀的命运?答案就是你应该调整自己的心态,比以前更加积极主动。女性朋友们,这个社会的竞争是非常大的,与其坐等伯乐,不如自我推销,如果你没有一点勇气去大胆地展示自己,那么你只能默默地留在原地。

公司举办庆功会,经理突然心血来潮想展示一下自己的音乐天赋,就上台高歌了一曲,可是经理这一开喉竟然收不住了,他又开始极力邀请他们上来和自己对唱。台下的员工们都非常腼腆,没有一个人愿意上台,于是你鼓动鼓动我,我鼓动鼓动他,一时间竟然冷了场。

就在这时,有个姑娘喊了一声"我唱!"大家回头一看,原来是刚来公司没多长时间的陈艾艾。说着,陈艾艾就接过话筒大步上了台。经理可是学过美声的,敢与经理对唱,那功力肯定不一般,大家都这么猜测。

陈艾艾这一开口,果然震惊四座,不过不是因为唱得太好,而是实在让人不敢恭维。陈艾艾性格大大咧咧,但是做事很有自己的风格,如果是别人,唱不好是绝对不敢献丑的,可是她却不怕,在她看来大家聚在一起就是

高兴高兴，并不是只有懂唱歌的人才能表现自己。陈艾艾在唱的过程中，同事们笑得前仰后合，可她却仍然面不改色，唱得还很投入。

联欢会结束后，大家都知道了公司新来了一位员工叫陈艾艾。跟她关系好的都笑话她不知天高地厚，丢人丢到家了。陈艾艾却笑呵呵地回答："我觉得自己唱得挺好的。"

联欢会后没多久，经理就把陈艾艾调到了自己身边。后来，又升任她为助理。经理曾说："这姑娘有胆识，有个性，好好栽培一定能在公司做出个样子。"

事实上，陈艾艾的做法既替经理解了围，又展示了自己的大方和自信，最终在经理的心里留下了深刻的印象，得到了他的赏识。一个真正有心机的人，不仅要有能力、会做事，还要会表现自己、推销自己。绝大多数人都有自己的理想和目标，但人生的第一步是学会醒目地亮出自己，为自己创造机会。是主动出击还是被动选择？这在很大程度上决定着你的成功与否。

自我推销不是炫耀，而是一种才华，是一门艺术。善于自我推销之人，左右逢源；不善于自我推销之人，四处碰壁，不会被注意，难以被人接纳。那么，我们应当怎么做好有效的自我推销呢？

1.摆正自己的心态

有的人，想主动去为自己做点什么，可是她怕别人说她狂妄自大，骄傲自满；有的人，自视清高，信奉什么"酒香不怕巷子深"的教条，认为自己是金子就一定会发光，但却忘了"千里马常有，而伯乐不常有"的道理。女性朋友们，为何要在乎别人的眼光呢？你只是在实现自己的价值，不要想太多，如果不懂争取，机遇从何而来呢？

2.正确认识自己

我们要对外销售一个商品，如果对它的质量、性能以及与同类产品相比而特有的竞争力都不了解的话，能很好地销出这一商品吗？答案应是否定的。商品既如此，人又为何不如此呢？如果我们不知自身之长，明自身之短，要让别人接纳自己是很困难的。

3.要自然而不做作

善于自我推销的人从不会让人感觉做作,她会用自然得体的方式来展示自己。如果你用炫耀的口吻把自己的功劳大谈特谈,只会损害你在他人心中的形象。

> **心理小贴士**
>
> 人人都是自己的推销员。不管你是什么样的人,从事何种工作,无论你的愿望是什么,若要达到你的目的,就必须具备向社会进行自我推销的能力。推销能否成功,取决于你如何进行自我推销,以及你能力的大小。

走入他人心,混个脸熟很关键

乔乔是某家家电生产公司的一名销售,最近她需要让自己的产品进入某大型商场,可是事情并不是那么简单的,她知道要想让这家商场接受,就必须先和这家公司的经理王泰搞好关系。可是乔乔也听说王泰这个人很麻烦,先前也有几家公司的业务员找过他,结果全都没有成功。于是,乔乔打算好好跟这个经理耗一耗。

周一,乔乔就到王泰那里去推销,被拒绝后,乔乔非常沮丧,但是她并没有灰心。

周二,乔乔又鼓足勇气,再次到王泰那里去推销,王泰还是拒绝了她,但是这次,王泰的态度明显比上次好多了。

周三,乔乔一大早又来到了王泰那里推销。这一次,王泰虽然没有明确地拒绝她,但也没有明确地表态可以考虑考虑要她的家电。而是很友善地和乔乔聊了起来。

周四,当乔乔再次来到王泰的办公室时,王泰开始与她商量价格以及每

第17章 大胆秀自己：女人要敢于争抢，抓住机遇

次能下多少单子，但是王泰依旧没有下单子。

周五，乔乔来了以后，王泰二话没说，直接下了单子。

你有没有这样的经历，当你身处一群陌生人中间，那个经常出现在你眼前的人会给你留下深刻的印象，慢慢地，你的视线会被他吸引，从而觉得他比别人更具吸引力。其实，这就是人们所说的"多看效应"起的作用。在人才辈出、竞争日趋激烈的当下，一般来说机会不会主动找到你。只有设法吸引他人的注意，才有可能获得机会。希望女人能懂得这个道理，在交际场上灵活运用。

杨娜、李茵和张妮三个人在高中在同一个班，彼此都是很好的朋友。但是高考之后，杨娜和李茵考在了同一所大学读书，而张妮则考到了另一座城市的一所大学。杨娜和李茵几乎每个星期都会碰面四五次，有时是相约一起出去玩，有时是一起吃饭，有时是在校园巧遇。张妮在新学校也结识了许多自己的新朋友，和杨娜、李茵则是只在寒暑假才在家乡见面，一起开心地玩几天。结果很显然，尽管她们三人还是好朋友，但是不知不觉中，杨娜和李茵的关系更加亲密，而与张妮则有些莫名其妙的生疏。

可见，若想增强人际吸引力，就要留心提高自己在别人面前的熟悉度。

女性朋友们，若想增强人际吸引力，就要留心提高自己在别人面前的熟悉度，这样可以增加别人喜欢你的程度。那么，不管是职场上还是生活中，我们如何达到让别人"多看到"我们的目的呢？

1.制造一些小邂逅

当你收集了对方的信息，对对方也有足够程度的认知，你不妨制造一些巧遇，尽量去结识他。比如，你知道对方每天上午8：50会出现在电梯里，那你完全可以在那时候出现。见到对方时，你可以微笑示意、寒暄。多次见面、熟悉之后可以试着邀请对方喝喝茶、聊聊天。

2.展现你们相同的志趣

如果想跟对方多有机会见面，那你需要了解一下对方的喜好，这样才有机会一起聚聚。如此一来，当对方做自己喜爱的事情时，不由自主地就会想到你，乐于邀你参加。长此以往，陌生人也很容易成为朋友。当变成朋友之

后，你还害怕没有机会让他了解你吗?

3.多参加一些聚会及活动

对于职场女性来说，各种聚会都是相当重要的。重要的场合可能会会聚自己的很多老朋友，你可以利用这个机会，进一步加深情谊，同时还可能认识很多新朋友。所以对自己关系很重要的活动，不论是升职派对，还是生日聚会，最好都要积极参加。

4.熟人也不要忘了多走动

与熟人、友人、客户等已经建立关系的，到朋友家中多走动走动，哪怕只是露个脸，小坐一会儿，也有助于提高你的人际吸引力；多与同事拉家常，多与领导交流，往往能够帮助你赢得群众基础，受到领导的器重。

心理小贴士

偶尔见面可能会给人留下好印象，但是若不继续加强，很快地就会消失。试想，当别人问"你和某某人的关系如何"时，其一是"我们只见过一面"，其二是"我们偶尔见面"，其三是"我们时常见面"，这3种答案给人的印象当然有很大的差别。

第18章 职场交际艺术：
了解上下级，掌握沟通技巧

在一个人交际的范畴中，职场是占据很大比例的一部分，在职场中你会遇到很多的角色。比如，上司、同事、下属、客户。对这些关系的处理，将关系着你的工作、事业及未来。所以说，这个问题不容小觑。在职场当中，由于人与人之间的关系罩上了利益的光环，所以变得复杂了很多。每个人心里所想的你都不知道，即使是平日里要好的同事，或许日思夜想的都是取代你的位置。因此，女人一定要留点心，熟识职场，否则你很难站稳脚跟。那么这里面有什么生存技巧吗？相信看完本章的内容，你一定会恍然大悟。

把成绩归功于上司，获得上司的好感

乔飞飞是一名重点大学的研究生，她非常能干，可以说是一名很有头脑的人才。毕业之后，乔飞飞来到了一家知名律师事务所工作，由于平日表现出色，刚来事务所没多久，她就受到了领导的器重。后来，领导就直接让她带领着同事们主攻一个非常难办的案件。乔飞飞凭借着扎实的基本功，在所里同事的大力配合下，短短两个月的时间，就拿下了原计划要半年才能完成的一项任务。乔飞飞的卓越表现着实让领导们刮目相看。

紧接着，事务所决定举办一场庆功宴，在宴会上，领导安排乔飞飞上台讲话，谈谈经验和感想。乔飞飞站在台上，她所说的内容让在场的所有领导和同事都感到非常的惊讶。她所说的全是自己如何在这个案子中尽心尽力，自己如何利用闲暇时间来搜寻资料，如何拼命地加班加点……说了半个多小时，可是，对于在这个案子中同样付出辛劳的顶头上司及同事，她只字未提，在她看来，好像所有的一切都是她一个人完成的。

讲话还在继续，同事们就在下面开始窃窃私语，连她的顶头上司也在一边说："乔飞飞这样做真不合适，这让我们当领导的脸往哪儿搁啊？她这么有才，那我们全是饭桶了？"

宴会结束，乔飞飞的同事兼好友程颖找到她，程颖说："飞飞啊，你疯了吧？你怎么能当着所有人的面把功劳都揽在自己身上呢？你的顶头上司和同事们在此期间起的作用你怎么不提呢？你这样说让他们的脸往哪儿放啊！"

乔飞飞不以为然地说："他们帮了我什么忙，要不是我，怎么会有这个

成果呢？我付出了汗水，自然要收获果实。"

从此之后，乔飞飞的同事们都开始疏远她，甚至与她作对。乔飞飞让小林复印资料，小林给她冷冷的一句："您是整个事务所的大人物、大功臣，我可不敢高攀给您打下手。"她让小陈去派送一份文件，说了好几遍了，小陈就是不去。无奈，乔飞飞去找领导诉苦，领导不冷不热地说："你乔飞飞的能耐与功劳在事务所无人能及，你要是都安排不下去，那我更不行了。"

事实上，从那之后，乔飞飞再也没有研发成功过项目。

看完乔飞飞的案例，相信女人们明白了很多。获取功劳后的赞赏和肯定是每个人的心理需求，但是我们的心理获得满足的同时，是否应该顾及到别人的这种心理呢？否则你如何在人际场合立足？我们在职场中亦应如此，切莫贪功念利，不知进退。你要记住，你的光芒永远不能盖过上司，有心智的人应该懂得忘记功劳，急流勇退、见好就收。

肖敏是一家公司的采购员。某天，公司总部下达了一个采购命令，预计用三百万人民币购进一批原料，正当肖敏的顶头上司王经理去提货时，聪明的肖敏竟然突然想到另外一种采购方法，可以节约将近一百万元人民币，因为前段时间，子公司倒闭前还剩下了一大批刚进的原料。而刚好，这次需要购进的是同一种原料。王经理听完，很感激肖敏。但是，肖敏并没有把功劳记在自己名下，而是以领导名义申报的。在年终奖励大会上，肖敏面对领导和广大员工说："这主要是王经理的功劳，他的智慧不得不让我们佩服。"因为肖敏的名言是："领导第一，才有利益。"最后结果是王经理得了荣誉，肖敏悄悄得了奖金。两人的关系因此更拉近了一步。

肖敏的做法是明智的，她把功劳给了王经理，为王经理挣到了面子，从心理上满足了王经理的需求，王经理自然会感激她。

女性朋友们，学会适时推功是从心理上满足上司荣誉感的一种策略，这其间还有很多门道，并不是大家所认为的恭维那么简单，需要注意的还有很多。

1.风头多让给领导

作为女人，你要清楚，在说话的时候要注意好比例，少说自己，多说领

导，让领导多出风头。很多女人往往一说起自己来，就没完没了。结果自己高兴了，让领导却不高兴了。实际上并没有把功劳归给领导，相反让领导跟在你屁股后面受尽了冷落。

2.分寸要把握好

你的领导的智商绝不可小觑，推功也不可赤裸裸，而应该巧妙。另外，当你把功劳让给对方领导的同时，万不可到处宣扬。否则，会让人误认为你别有目的。

3.多表达感激之情

不管功劳是谁所获得的，这其间的成就一定离不开你领导的栽培与教导，所以说，即便是你取得的直接成就，那你也不能忽视了领导的影响力，于情于理，表达感激都是你应该做的事情。不要觉得吃亏或者是减弱了自己的光芒，眼光放长远，你的路才能走的更顺。

心理小贴士

好的东西，每一个人都喜欢；越是好的东西，越是舍不得给别人，这是人之常情。要是你有远大的抱负，就不要斤斤计较成绩的取得究竟你占有多少功劳，而应大大方方地把功劳让给你的上司。这样上司以后会给你更多建功立业的机会，从此你的职场之路也会越走顺。

以讹传讹讨人厌，不做职场广播站

颜真真今年28岁，在一家杂志社工作，是一名活泼过度的"话唠"，她待人的确很热情，不管谁有事，她总是第一时间出现，问这问那，在杂志社人称"无敌广播站"，上上下下没有她不说的事。

杂志社的一位女摄影师小米无意中说讨厌公司的某某领导。没有多久颜

真真就到处传播说小米受到了这位领导的性骚扰，闹得全单位人心惶惶的，关系都很紧张了。

有个领导被上级纪检部门找去谈话，颜真真就把话传播出去，说领导有严重问题，要被判刑了。

杂志社的编辑小艾哭着来上班，大家都忙着工作，颜真真就凑过去打听。小艾数落了她老公一大堆的不是，讲了婆婆的很多坏话。颜真真听了以后，传播说是因为小艾的老公外遇的问题，气得小艾与他几天不说话。

杂志社的晴晴辞职了，颜真真听了大家的议论，不加思考，没轻没重地传播了很多花絮，涉及单位的很多人和事，闹得大家对她意见很大。

现在颜真真一上班，杂志社的人都离她远远的，没有人愿意与她交流。杂志社没有说话的机会了，就在家里乱传播，闹得家里亲戚关系紧张起来，颜真真的老公气得不爱和她说话了。她感到很苦恼，觉得生不如死。

像颜真真这样的人在职场中不占少数，他们平时不是把精力放在工作上，而是放在打听别人的隐私，传播别人的闲话上，最后却落个人人离他远去的结果。这种人是办公室谣言的集散地，是茶水房里的大红人，以制造、传播谣言为乐。她们具备做间谍的本领，有捕风捉影洞察力和锲而不舍、不怕白眼的决心，还兼具做主播的天分，能把看来的、听来的，甚至编来的故事讲得头头是道，惟妙惟肖。

工作场合，有些话一定不能说，如果你的嘴巴上没有个"把门儿"的，那么你早晚也会像颜真真一样，最后连自己的老公都不愿与你接近。

职场中同事之间的关系有时也很复杂，因为处在同一个利益共同体中。此外，同事每天见面的时间最长，交谈内容可能还会涉及工作以外的各种事情，但说话不当经常会给你带来不必要的麻烦，故与同事相处时，语言交流必须把握好分寸。女性朋友们，千万要记得改正以讹传讹的毛病，否则早晚有一天你就会栽在上面，后悔都来不及。

女性朋友们，你知道如何对待以讹传讹的职场问题吗？

1.有心事，不在办公室谈论

当你的生活出现危机，如失恋、婚变之类，最好不要在办公室里随便找

人倾诉；当你的工作出现危机，如工作上不顺利，对老板、同事有意见或看法时，更不应该在办公室里向人袒露，任何一个成熟的职场高手都不会做出这样"坦诚"的事情的。

2.守口如瓶，保护他人隐私

有些人很注意隐私权，不喜欢让人知道个人的私事，哪怕是要好的朋友，所以我们千万别轻易侵入对方的私人"领地"。在他们看来，"你最近怎么样啊"，或"你的男（女）朋友，或老婆（老公）怎么样啊"这类话题，是没有修养的窥探别人隐私的行为。女人要记住一点，即便是对方跟你交心而谈论了很多自己的隐私，那你也记得守口如瓶，否则一旦出现问题，你就脱不了干系。

3.没事少闲谈，多用心于工作

如果有闲暇时间，女人应该多学习，多看书，多从事一些与工作相关的事情，不断提升自己才是职场中需要做的事情，切忌到处瞎谈话招惹是非。在工作中相信大家永远都有着无限的提升空间，我们应该做好自己分内的事，加强自身修养，这样我们不仅耳根清净，也会得到更多人的尊重。

4.背后少说闲话，特别是批评之词

不要背后批评别人，也不要听别人批评别人。这句话听上去有些拗口，其实，这个世界上，特别是在职场里，很难说有永远的朋友，或者永远的敌人。当本来的"互利"变成"五害"时，在利益上有了冲突，原来的朋友可以变成敌人。反之，敌人也会变成朋友。到时候你说的话想必就会流传开来。

心理小贴士

女人要记住，千万不要贪图一时的冲动和热情，肆无忌惮地表达自己听到的关于某同事的流言。更不要在别人背后议论对方的工作方法和技巧，这样做的结果只能伤害自己，损害自己与同事之间的关系。当你的话语传到了老板耳朵里，你的好形象也会大大降低。

第18章 职场交际艺术：了解上下级，掌握沟通技巧

团结同事，但也不要忘记保持距离

在职场中，人际关系是一种非常复杂而微妙的关系，人际关系处理得好坏，决定了你是否能够取得成功。其实，要跟身边的人搞好关系，首先要与他建立一种恰当的关系，这样做既可以获得别人的尊重，同时也能与其保持最合适的心理距离。那么，怎样才能让彼此的距离处于恰到好处的位置呢？其实，这并不难做，关键的是看你如何在交际中把握好说话做事的分寸。女人要注意，别太轻易与人交心，也别太冷漠无情，适当保持距离，这就是一种最恰当的美。

王梓文是一名非常优秀的服装设计师，因为能力突出，频繁地被一些服装公司挖墙脚，也就频繁地跳槽。后来，王梓文进了目前这家公司。来到新公司，就连总经理也给她几分面子，她在公司的地位也就可想而知。很快，王梓文也和公司其他同事打成一片，最重要的是，她认识了好姐妹章雨娇。

然而在这样的公司里，人际关系却非常复杂，王梓文并没留意太多，因为她一直是一个比较简单的人，不懂得私底下跟人玩手段，她满心装的是自己热爱的服装设计，平日里只是和大家一起工作，一起开玩笑。王梓文觉得章雨娇人很好，非常懂得体贴人，两人下班后经常泡在一起。

周一早上，王梓文和平时一样进总经理的办公室汇报工作，可是，王梓文在陈述完以后，却惊奇地发现总经理办公桌上已经有一份和自己设计的服装设计图纸，王梓文明白了，只有章雨娇看过自己的构思。这时候，总经理的脸色已经很难看："我本来很看重你的才华和敬业精神，一直觉得你很有创意，是一个不可多得的人才，所以公司很器重你。做这个时间久了，一时间没有新点子也没什么，但你不应该急功近利去该抄袭其他同事的创意，看来我看错人了。"

王梓文当时就急了，和上司吵了起来："你凭什么这么说我，你调查清楚了吗？你什么都搞不清楚就这样侮辱我的人格，你这算什么领导？这明明是我努力了很久、考察了很久才用心设计出的创意，怎么成了别人的了？"

"你喊什么喊，这是办公室，你要搞清楚你的位置！我告诉你，你王梓文能在各大公司间跳来跳去，这点抄袭的能力也不是没有吧。职场上的这点事谁不知道！"总经理的言中尽是鄙夷。

王梓文当时很生气，也脱口而出说了一些不该说的话："你说得对，我王梓文，既然能跳槽，就有本事，犯不着在这儿受你这种没心眼的领导的气！"话一说出口，王梓文感觉自己好像说重了，但已经晚了，不到一个小时，她就被通知离职。

王梓文没想到，她那么信任的好朋友章雨娇，竟然如此不堪，她只恨自己不懂他人的心理，只恨自己与他人走得太近。

相信女人看完上文会为王梓文感到委屈。但从她的职场经历中，我们得出一个教训，身处职场，应当与同事搞好关系，关心同事，但同时也应与同事保持好一定的距离。如果你与同事走得太近，关系太亲密，那么，最后你可能会受伤害。毕竟面对炙手可热的权益，激烈的竞争，人们首先会考虑自己的利益。毕竟，我们是同事。

女性朋友们，距离产生美，不论如何，我们一定要在职场中学会保护自己，妥善处理好彼此的距离，否则我们就会极易受伤。以下几点将会告诉我们如何把握好距离，与同事和平相处：

1.公私一定要保持分明

公私分明是很重要的一点。同事众多，总有一两个跟你特别投机，可能私底下成了好朋友。但不管你职位比他高或低，都不能因为关系好而进行偏袒纵容，一个公私不分的人，是成不了大事的，更何况，上司对这类人最讨厌，认为这是不能信赖的人。

2.分清楚敌我双方，有所防备

只有分清了敌友，才能够在职场这样一个利益混合体中躲避明枪暗箭，从而保护自己。职场中既有纷争，也有结盟，尤其在同事与同事之间，这样的情况十分普遍。但斗争也好，结盟也罢，都要视利益大小而定。

3.说话或做事,都要谨慎而为

工作之余,有的人喜欢与异性同事开开玩笑,活跃一下办公室气氛,但玩笑不能开过头,切忌伤及他人自尊或带有侮辱性质的嘲讽或歧视。在做事时也要谨慎行事,避免引起他人的不满或误会。

> **心理小贴士**
>
> 凡事都有一个"度",如果你超过了这个"度"的话,就会产生严重的后果,在职场中也是如此。如果你掌握不好与同事之间的这个"度",就有可能会自食其果,但是这个"果"有多严重,是不是你真的能够"吃"得下,就不得而知了。

注意察言观色,别撞到领导枪口上

王晓悦是某公司的一名策划人员,她准备将最近设计的这个方案的修改稿向她的顶头上司杨总汇报一下。于是,王晓悦在上班没半个小时的时间就走进杨总办公室,不顾杨总一脸的倦容,就开始叙述这个方案的新的修改理念。当王晓悦将自己的思路说给杨总时,杨总很烦躁地让她再说一遍。王晓悦又说了一遍,杨总气冲冲地问道:"你是怎么弄的,之前不是说了你不要太主观,要从多个角度来着手处理吗?你之前到底有没有认真听我说?"原来,杨总并不清楚,王晓悦修改的内容是按照杨总要求改的,只不过里面某处需要自己阐发一下个人观点,这个观点在上次的时候杨总已经认可了,这次杨总由于不在状态所以忘记了。正当王晓悦要解释时,杨总不耐烦地朝她挥了挥手,示意她出去。王晓悦的心里很不痛快,和同事在休息时谈起这件事。好心的同事告诉她:杨总最近连续加夜班赶工作,一般不喜欢上午有人打扰他。

女性朋友们,如果你对你的领导没有一定的了解,那么你就极易像王晓悦一样，不知不觉就撞到了领导的枪口上。所以说，与人交往，一定要懂得看明白对方的脸色及情绪，甚至是个人习惯，否则你就很难与对方沟通顺利。

韩熙毕业之后来到一家医疗器械厂家做销售，转眼半年过去了，虽然时间不长，但是韩熙已经成为了销售主管。其实，韩熙的升职并不是因为业绩优良，因为很多人比她做的更好，之所以提升，是因为她懂得巧妙运用职场技巧，那就是察言观色。

有一天早上，公司召集所有销售员去会议室开会。会上刘总要对前一段时间销售员的业务状况作分析和讲评。当刘总对韩熙的情况作分析时，却将韩熙两个客户遇到的不同情况混淆了起来，事实上，韩熙前天晚上提交的业务总结单上已经写得非常清楚了，刘总也不是真的迷糊了，而是一时口误说错了。

刘总当时突然意识到自己说错了，突然停顿了一下，然后眉头紧皱，好像有点尴尬。这可怎么办呢？继续分析的话就有点掩耳盗铃，让人笑话，可是不分析呢又没法交代，感觉这是在将错就错……这时韩熙迅速站起来，说："刘总，实在不好意思，这个地方我弄混乱了，我昨天写业务总结单的时候写错了，实在对不起。"

刘总顺势说："韩熙啊，作为一名销售，你怎么还能做这样的糊涂事呢？我们一直强调不管做什么事情，都要认真仔细，你现在立即给我重新填一份表，并写一份深刻的检讨，以后千万不要再出现这样的事情。"说完这话，刘总望了韩熙一眼，眼里充满了感激。

这件事情过去一段时间，刘总将韩熙叫进了办公室，对她说："韩熙啊，你做事很灵活，懂得变通，销售业绩也名列前茅，我打算提你做业务主管，希望你以后好好表现，不辜负公司的期望。"

韩熙明白刘总所说的是什么，高兴地点了点头说："谢谢刘总，我能取得进步离不开刘总的教导和帮助，我一定认真做事，不让刘总失望。"

一周左右，韩熙真的被提升当了业务主管，所有的销售员都归她管理，一下子当上了领导，这让韩熙还真有点不习惯。当别的同事们向韩熙询问如何当上这个业务主管的时候，韩熙露出了诡秘的微笑。

对一个员工来讲，最重要的人际关系莫过于与上司的关系。在每次交谈中，能否看明白上司的真实意图，是一个员工能否处理好这一关系的重要因素之一。有句话说："出门看天气，进门看脸色。"你有没有观察过领导的脸色，领导脸上的"天气预报"，你能否及时了解？如果还没有或者还做不好，那我奉劝你，你很有必要学好这一堂课。

想要看清楚领导的心理，你就要懂得察言观色，女人可以从以下几点来着手：

1.从行为动作入手

一个人的行为动作能够直观地反映出领导的态度，如在你和领导提意见之时，领导还在忙手上的工作，说明领导并不赞同你的话，切不可强烈要求领导支持你。如果领导抬头关注你，甚至还时不时地点头，就证明领导非常欣赏你的话，你可以适当提出要求。

2.从说话方式入手

说话方式最能反映出一个人的真实想法，一个人的感情或意见，都在说话方式里表现得清清楚楚，只要我们仔细揣摩，就能看透对方的心理。

3.从面部表情入手

我们不排除很多人喜怒不形于色，但是大多数人还是极易在面部表情上呈现出自己的情绪和心理的，所以说，我们想要明白领导此刻的心情，那就要懂得看他的面色，这样才不会往枪口上撞。

心理小贴士

人们常说：细节决定成败。细心观察周围的人、事、物，并非纯粹为了讨好人，或者巴结人，无论是日常交友，还是职场中与同事、领导相处，这都是应该做到的，它令你与他人交往更加融合。

女性朋友们，领导也是正常人，在工作中，领导与下属只是分工不同，并无高低贵贱之分，要和领导处理好关系，把握好交往的尺度，不要太疏远，也不要走得太近，要保持适当的距离，可以让我们有机会了解领导并采取更加有效的方法去面对领导。

用心爱护下属，赢取更多人的支持

段小艺是某个公司新来的业务员，她做事勤勤恳恳，但是由于经验不足，所以一直不是很顺利，她的顶头上司董主任总觉得她拖后腿。有一次，段小艺刚办完一个业务回到公司，就被上司董主任叫到了他的办公室。

"段小艺啊，这次咋样啊？不会有啥问题吧？"

"这次挺成功的，董主任。"段小艺兴奋地说，"我这次提前做了很多的功课，而且在与客户交谈的过程中我非常用心的向他们介绍了我们的产品，他们对此很感兴趣，我们聊了很多，最后客户决定签下了单子，我这次推销出去五百台机器呢！"

"哎呀，不错啊！"董主任赞许地说，"那个，我问一下，你对客户的情况了解得透彻吗？这个单子靠谱不？不会出现什么岔子吧？你知道我们部的业绩是和推销出去的产品数量密切相关的，如果他们再把货退回来，对于我们的士气打击会很大，你对于那家公司的情况真的完全调查清楚了吗？"

"放心吧，董主任，一切安排妥当"，段小艺兴奋的表情消失了，取而代之的是失望的表情，"首先，我从网上对他们的供货信息进行了详细的查询，然后我又去跟熟人打听了一下他们的信息，最后我打电话到他们公司联络。关键是，我是通过您批准才出去的呀！"

"你看你这人，怎么还急眼了，"董主任讪讪地说，"我这是关心你，为你业绩着想。"

"呵呵，是这样吗？"段小艺不满道，"你应该是不放心我吧！"

如果你是一名女领导，那你要懂得用心管理手下的员工，而不能像董主任那样说些过分的话。女领导要记得多鼓励和赞许员工，尤其是那些一直很努力但当前业绩不是很理想的一类，千万不要嘲讽他们，这样不仅打击他们的积极性，还会耽误公司工作，最后也没人愿意拥戴你。

一家公司开会时，经理刚宣布员工蔡宁宁由于违反公司制度而要遭受处

罚的决定，蔡宁宁就马上表示抗议，经理斥责道："你违反了公司制度，还有什么好说的？"

蔡宁宁大声说："违反公司的制度当然要按制度处理，这一点我没有任何意见。但我不理解的是，半个月前李主任同样违反了公司的制度，和我犯的错一样，为什么当时你没有处罚他？现在我违反了公司的制度，你却要处罚我，你这是偏袒他啊，叫我怎么服气？"

经理听了这话，脸色显得很难看，她稍稍停顿了一会儿，说："这个制度上个月才宣布，李主任是制度宣布后第一个违反制度的，我当时就说了，念李主任是制度推出后的首犯，所以宽容他一次，但是下不为例，今后谁违反了制度，都要受到处罚，难道当时你没听到我说的话吗？"

蔡宁宁更加气愤了，她说："为什么李主任第一次违反制度可以不被处罚，而我第一次违反制度却要受处罚？我也是第一次啊，要么每个首犯都要宽容，否则，我不服气！"

就这样，一场会议因争论处罚是否公平而中断，搞得经理和员工都非常不满意。

做好领导并不是一件容易事，有时候你的言辞或许让下属当时退步，但他们在心理上并不一定能够对你心服口服。那么，想要做一个让下属心服口服的好领导，想要你的下属更拥护你，你知道该怎么做吗？

1.对下属的进步多加赞美和鼓励

赞美的过程其实也是人际沟通的过程。跟一个与你关系一般的下属单独相处时，你的一句赞美可以瞬间缩短彼此间的距离，让对方感知到你的亲和力以及人格魅力。通过赞美，对方感受到了你的欣赏和尊重，你的心里也多了份自信和愉快。

2.少用命令及批评的口气对待下属

聪明的领导懂得，手中有权未必就要居高临下，采取以权势压人的方式对人呼来唤去，没有人会喜欢的。所以，要想让别人用什么样的态度去完成工作，就用什么样的口气和方式去下达任务。

3.对待下属要一视同仁、不可偏心

或许你并无厚此薄彼之意,但在实际中难免愿意接触与自己爱好、脾气相近的下级,无形中就冷落了另一部分人。因此,领导要适当扩大与下属交际的范围,尤其对那些曾反对过自己且反对错了的下属,更需要经常交流感情,防止有可能造成的不必要的误会和隔阂。

> **心理小贴士**
>
> 真正有修养的领导者,都能够平易近人,与下属平等相处。因为只有这样,才能赢得下属的真心拥护和爱戴。要做到这一点,领导者的言行首先必须平民化,待人随和、亲切,不摆架子。千万不要耀武扬威,故示尊严,使人觉得高不可攀。

批评下属,切忌简单粗暴的责骂

如果你的下属犯了错,你会怎么做呢?是劈头盖脸的一顿臭骂,还是问清缘由想办法解决,还是不管不顾自己默默承担?相信不同的人都有着不同的解决措施,但是你是否考虑到,你的解决方法对于自己、对于下属、对于公司,甚至对于以后,影响又是如何呢?所以说,作为一名领导,懂得如何处理下属的错误,如何批评下属,这都是有讲究的。有句话说得好"人非圣贤,孰能无过",下属犯错误是正常的,作为领导,批评也是应该的。但是,领导在批评前一定要弄清楚状况,不能把批评当成发泄自己不满情绪的机会,否则会适得其反,得不偿失。

有家公司近期要参加一个活动,需要策划人员做出一份优秀的策划方案。随后,经理王琳就找到了公司的主任张继,让他把这个任务安排下去。张继把任务派给了下属的一位骨干员工李明,这位员工忙了整整一天一夜,

第18章 职场交际艺术：了解上下级，掌握沟通技巧

终于拿出了方案。

次日早上，李明不顾疲劳去向主任汇报，不料张继只是略微扫了几眼，就露出一脸的不满意，数落道："李明啊，这个任务很重要，所以我才交给了你，你看看你这个做的什么啊！能不能认真一点！毛病这么多！拿回去修改，你赶紧的！"李明压抑住满肚子的火气，耐心地问张继："主任，您能详细指出错误吗？"张继瞪了他一眼，大声回道："你自己看不出来吗？这么多错误，你到底有没有把工作放心上！"李明一听，再也忍不住了，他气得将方案往张继桌上一丢，怒道："对！我就是糊弄你！你认真！那就你做吧！"

两个人就此大吵起来，最后闹到了经理王琳那里，王琳认认真真把方案看了两遍，拿笔在方案书上勾了好几道，然后对李明说："小伙子啊，你的方案思路对头，重点也抓得不错，很有创意，要说不足嘛，主要是细节做得还不太到位，我给你标出来了几个问题。还有啊，你挨了批评就撂挑子，这样可不行，作为骨干员工，就得有骨干员工的气度嘛。好了，我知道你为这方案熬了一天一夜，先回家休息一下，然后集中精力将这几处改一改，你看行吗？"

王琳的一席话，让李明心里暖烘烘的，李明当即承认了错误，并且当天都顾不上休息，立刻着手修改方案，经过改动后，这份方案书被王琳一字不改地采纳了。

同是中层管理人员，张继和王琳的批评艺术有天壤之别。

人人都有自尊心，即使犯了错误的人也是如此。管理者在批评时要顾及下属的情感，切不可随便加以伤害，在批评时要力争做到心平气和，冷静处理，告诫自己不要只图一时痛快而大发雷霆。虽说上司有批评的权力，但在人格上大家都是平等的。

那么，女性朋友该如何做好领导的身份，在达到批评下属的目的下又能不伤害到下属的自尊呢？

1.言辞上要注意妥当

在批评下属时要注意措辞，绝不可用粗俗下流的词句。在一个正派经

营的企业里，是不宜听到"我怎么知道""别开玩笑了""笨蛋"等这些词句。另外，有一点必须牢记，每个人必有其优点，我们要爱人、尊重人，这才是我们的生存力。该奖一定奖，该罚一定罚。

2.不要凭主观臆断来批评下属

当出现问题时，管理人员很少有亲眼看见、当场指责的机会。当下属出现不当行为时，不要立即用经验判断或臆测给予批评纠正，最好先查明错误或违纪真相，否则效果将适得其反，甚至会弄巧成拙，达不到批评的目的。

3.不要当着众人无情批评下属

如果领导非要批评下属，也一定不要当众进行，可以找一个没有外人的场合，进行说服教育。因为当众责骂，不但容易损伤下属的自尊心，也有损领导的风范。这样的责骂有百害而无一利，对谁都没有什么好处，领导们要谨慎行之。

4.领导也要主动担下应尽的责任

领导者把下属的过失作为自己的过失，是激励下属放开手脚工作的最好办法。工作中的许多错误不是由下属主观引起的，而可能是多种因素的综合结果。当管理者批评下属时，也要认真地反省自己应该承担的责任，这样你更能赢得下属的尊重。

5.不要介入下属的私人问题

"你只知打麻将，当然会发生那种错误！""你和那个女孩子做朋友不好吧？""你的家庭名声不佳，首先要从家庭整顿做起，怎么样？"此类私人问题应该避免介入，因为那只会引起"那是我家的事，和此事无关"的反感，公司并没有连家庭一起雇用。

心理小贴士

作为女领导，在批评下属时也要讲究技巧。若是随着自己的性子来，不顾及下属的自尊心，就会让下属产生抵触心理，影响其工作积极性；若是批评的言语太过轻描淡写，又往往达不到批评的效果。因此，领导在批评下属时要把握适度的原则！